中国式现代化的文化逻辑

颜旭　唐梓翔◎著

人民日报出版社

北京

图书在版编目（CIP）数据

中国式现代化的文化逻辑 / 颜旭，唐梓翔著. —北京：人民日报出版社，2024.11
ISBN 978-7-5115-8105-1

Ⅰ.①中… Ⅱ.①颜… ②唐… Ⅲ.①现代化建设—研究—中国 Ⅳ.①D61

中国国家版本馆CIP数据核字（2023）第232081号

书　　名：中国式现代化的文化逻辑
ZHONGGUOSHI XIANDAIHUA DE WENHUA LUOJI
作　　者：颜　旭　唐梓翔
出 版 人：刘华新
责任编辑：葛　倩
封面设计：中尚图

出版发行：人民日报出版社
社　　址：北京金台西路2号
邮政编码：100733
发行热线：（010）65369527　65369846　65369509　65369512
邮购热线：（010）65369530
编辑热线：（010）65363486
网　　址：www.peopledailypress.com
经　　销：新华书店
印　　刷：天津中印联印务有限公司
法律顾问：北京科宇律师事务所010-83632312

开　　本：710mm × 1000mm　1/16
字　　数：247千字
印　　张：17
版次印次：2024年11月第1版　2024年11月第1次印刷

书　　号：ISBN 978-7-5115-8105-1
定　　价：69.00元

目　录

1

导　言

中国式现代化是中国共产党领导的社会主义现代化，是中华民族近代以来奋斗求索的历史轨迹，它展现着包括中国共产党人在内的无数仁人志士"敢教日月换新天"的英雄壮举，也浸润着古老中华文明博大精深的智慧和追求。习近平总书记指出："中国式现代化是赓续古老文明的现代化，而不是消灭古老文明的现代化；是从中华大地长出来的现代化，不是照搬照抄其他国家的现代化；是文明更新的结果，不是文明断裂的产物。"①深入研究和揭示中国式现代化的文化逻辑，是坚定道路自信、理论自信、制度自信、文化自信的前提条件和底气所在。只有从文化脉络上厘清中国式现代化发展到今天的深层机理，真正理解中国式现代化的开辟之源，厘清中国式现代化的历史逻辑，才能更加深刻地把握中国式现代化形成和拓展的历史必然性，更加自觉地推动马克思主义基本原理同中国具体实际、同中华优秀传统文化相结合，更加有效地把中华优秀传统文化、革命文化和社会主义先进文化有机融合统一于中国式现代化的理论肌体之中，从而更好地凝聚全体中华儿女意志力量，坚持和发展中国特色社会主义道路，最终实现中华民族伟大复兴。

一、文化及文化逻辑

（一）文化

文化是一个十分复杂的范畴，具有多重含义。美国文化人类学家克罗伯和克拉克洪在《文化：一个概念定义的考评》中收集考察的文化定义超过160种。文化含义的多样性、复杂性可见一斑。我国学者对文化也持多种见解，莫衷一是。目前使用较多的，主要有以下几种。

第一，文化是指人类在社会发展过程中所创造的一切文明成果，包括物质文化、制度文化、行为文化、精神文化等。从本源意义上说，有人才有文化。文化是人的活动的产物，是人类社会特有的现象。在有人之前，整个世

---

① 习近平：《在文化传承发展座谈会上的讲话》，人民出版社2023年版，第7页。

界是自然的，动物是自然界的一部分，根本不存在什么文化。从本性意义上说，文化是人的内在规定性。凡是有人的时空也就有文化，凡是人触及的东西都是文化。

第二，文化是相对于人类所创造的物质财富之外的精神财富，是社会生活的重要组成部分。在这种文化观中，文化结构包含三个层次：最高层次是哲学、宗教，这是社会的最高指导思想；第二个层次是文学、艺术、科学、技术等；第三个层次是社会心理，其中包括风俗习惯以及人的思想意识。

第三，文化是与政治、经济、社会等相对应的一个概念，主要指哲学、社会科学、文学艺术和宗教等。在这里，文化主要是观念体系和思想体系，科学与技术被排除在外。我们讲的"新民主主义文化"和"中国特色社会主义文化"中的"文化"就是从这个意义上讲的。

关于文化定义的讨论是沉闷和极端抽象的，但是没有严格的定义就无法进行深入的研究。从客观实际和研究需要出发，本书涉及的文化是从第三种意义上讲的，即它是相对于政治、经济而言的哲学、社会科学、文学艺术、宗教以及蕴含其中的思想观念、意识形态。

文化是有力量的，它是人类生存和发展的重要力量。一部人类社会发展史，是人类生命繁衍、财富创造的物质文明发展史，更是人类文化积累、文明传承的精神文明发展史。人类社会每一次跃进，人类文明每一次升华，无不伴随着文化的历史性进步。文化总是历史的，一部文化史就是一部人类的生活史。文化反映着民族的创造，一个民族的文化反映了这个民族的精神发展史和物质创造史。毛泽东说："文化是不可少的，任何社会没有文化就建设不起来。"[1]习近平总书记也指出："文化是民族生存与发展的重要力量。人类社会每一次跃进，人类文明每一次升华，无不伴随着文化的历史性进步。"[2]中

---

① 《毛泽东文集》第三卷，人民出版社1996年版，第109–110页。

② 中共中央文献研究室编：《习近平关于社会主义文化建设论述摘编》，中央文献出版社2017年版，第6页。

华文化是由各民族在不同时期共同创造的文明结晶，中华优秀传统文化是中华民族的根脉，中国特色社会主义文化是当代中国文化最华丽的乐章。

（二）文化逻辑

从文化结构角度看，文化通常包括三个层面，即器物层面的文化、制度层面的文化、精神层面的文化。器物文化是表层、显性的文化，制度文化是以理性规范、条文规则为存在形式的文化，精神文化是处于思想观念、价值追求之中最深层、最内隐的文化。

文化逻辑的演进是一个由浅入深、由表及里的发展过程，并存着器物文化、制度文化和精神文化三种形态。其中，精神文化是最持久、最有力、最深厚的支配力量。文化演进的最终形态和稳定形式应是精神文化。

从文化逻辑角度分析事物，就是从文化演进的视角对事物进行动态和静态分析，运用文化元素进行深入剖析解读，以期把握事物的文化内涵和文化特质，厘清推动事物演变的内在文化联系，为文化的创造性转化、创新性发展提供依据。

二、文化坚守与中国式现代化的历史演进

实现现代化是中华民族的百年梦想，也是中国共产党的奋斗目标。中国共产党在团结带领中国人民全面推进社会主义现代化建设的过程中，不仅推动中华民族迎来了从站起来、富起来到强起来的历史飞跃，还探索形成了中国式现代化这一重大成果。任何一项伟大事业的背后，都有支撑这一事业的文化精神。中国式现代化，既是中国共产党遵循现代化建设规律、汲取各国现代化经验的结果，也是中国共产党立足中国国情、植根中华文化沃土创新发展的结果，有着广泛的现实基础和深厚的历史文化渊源。

（一）中国式现代化的历史演变

现代化是我们常用的一个概念，但对于什么是现代化并没有一致的看法。

在我们党和国家领导人的讲话和政治文献中，现代化一般是指经济文化落后国家通过改革发展，推动科技进步、经济发展和社会变革，迅速赶上世界先进水平的历史过程。作为当今世界最大的发展中国家，我国当前发展的总任务是实现社会主义现代化和中华民族伟大复兴。要实现这一总任务，必须坚持正确的发展道路，坚持以中国式现代化全面推进中华民族伟大复兴。

在人类历史的长河中，勤劳勇敢的中华民族曾以其创造的灿烂文明长期屹立于世界民族之林。但近代以后，在西方列强入侵和本国政府封建腐朽统治下，中国陷入了前所未有的危机之中：一是主权沦丧，沦为半殖民地半封建社会；二是发展停滞，错失了工业革命的机会。这两个问题相互掣肘。毛泽东就指出："没有一个独立、自由、民主和统一的中国，不可能发展工业。"[①]孙中山的《建国方略》是近代中国谋求现代化的第一份蓝图。在这本书里，他提出了建设三峡工程、修建10万英里的铁路等宏伟蓝图，但是在当时主权沦丧的条件下，这些目标都不可能实现。直到中国共产党的成立、新中国的成立，我国现代化才迎来了光明前景。

新中国的成立，解决了一直制约中国现代化建设的国家主权问题，如何将一个经济文化落后的东方大国建成现代化强国，成为摆在中国共产党面前必须回答的时代课题。美国学者费正清等对此指出："前赴后继的中国精英为解决从晚清时代遗留下来的国内问题和回答工业化西方一个世纪之久的挑战所作的努力，在1949年达到了一个新的阶段。中央政府这时已经获得了中国大陆的全部控制权，尤其取得了渴望已久的国家统一。而且，它第一次提出了国家政治、经济和社会的全面现代化。"[②]1954年，周恩来在政府工作报告中首次明确提出了"四个现代化"的发展目标："如果我们不建设起强大的现代化的工业、现代化的农业、现代化的交通运输业和现代化的国防，我们就不

---

① 《毛泽东选集》第三卷，人民出版社1991年版，第1080页。
② ［美］费正清、罗德里克·麦克法夸尔主编：《剑桥中华人民共和国史》（1949—1965），中国社会科学出版社1998年版，序言第1页。

能摆脱落后和贫困，我们的革命就不能达到目的。"①

　　发展目标已经确定，但如何实现这个目标是另外一个问题。厚重的中苏历史渊源，不断加剧的美西方国家遏制围堵，使得新中国不仅在外交上采取了"一边倒"政策，在如何建设社会主义现代化问题上也选择了"照抄""模仿"的道路。毛泽东曾说："在经济建设方面，我们只能照抄苏联，特别是重工业方面，几乎一切都抄苏联，自己的创造很少。这在当时是完全必要的。"②薄一波也曾回忆说："当时，在我们不少同志的心目中，一提起苏联的经验，是很有一些肃然起敬、钦慕不已的味道的。"③但随着时间的推移，仿效苏联模式造成的弊端也逐渐暴露出来。毛泽东后来谈到新中国成立初期仿效苏联模式时说道："总觉得不满意，心情不舒畅。"④特别是1953年斯大林去世以后，苏联和东欧现代化建设中暴露出来的一系列深层次问题，更使得毛泽东敏锐地察觉到"苏联经验并非十全十美"，并下定决心探索适合中国国情的现代化道路。

　　1956年4月，毛泽东在进行广泛而深入调研的基础上，在中共中央政治局扩大会议上作了《论十大关系》的讲话。《论十大关系》开篇就指出："特别值得注意的是，最近苏联方面暴露了他们在建设社会主义过程中的一些缺点和错误，他们走过的弯路，你还想走？过去我们就是鉴于他们的经验教训，少走了一些弯路，现在当然更要引以为戒。"⑤胡绳在《中国共产党的七十年》一书中论及《论十大关系》时认为："1956年4月论十大关系，开始提出自己的建设道路，有我们自己的内容。""这就明确了建设社会主义必须根据本国国情走自己的路这一根本思想。"⑥《论十大关系》不仅为党的八大的召开提供

---

① 《周恩来选集》下卷，人民出版社1984年版，第132页。

② 《毛泽东文集》第八卷，人民出版社1999年版，第305页。

③ 薄一波：《若干重大决策和事件的回顾》上卷，人民出版社1997年版，第417页。

④ 《毛泽东文集》第八卷，人民出版社1999年版，第117页。

⑤ 《毛泽东文集》第七卷，人民出版社1999年版，第23页。

⑥ 胡绳：《中国共产党的七十年》，中共党史出版社1991年版，第342-344页。

了理论准备，也展现了中国共产党为寻找适合中国国情的现代化之路所作出的努力。1956年9月党的八大的召开，标志着党对中国社会主义建设道路的探索取得初步成果。虽然这个探索后来经历了严重曲折，但仍取得了独创性理论成果和巨大成就。我们在不长的时间里就建立起了比较完整的工业体系和国民经济体系，独立研制出"两弹一星"，有效维护了国家主权和安全，成为在世界上有重要影响的大国。

改革开放以后，我们党重新把工作重心转到现代化建设上来，并开始了新一轮的探索。在探索的过程中，邓小平提出了两个具有重大创新意义的概念，一个是"建设有中国特色的社会主义"，这对应的是"苏联模式"。邓小平在党的十二大开幕式中指出："我们的现代化建设，必须从中国的实际出发。无论是革命还是建设，都要注意学习和借鉴外国经验。但是，照抄照搬别国经验、别国模式，从来不能得到成功。这方面我们有过不少教训。把马克思主义的普遍真理同我国的具体实际结合起来，走自己的道路，建设有中国特色的社会主义，这就是我们总结长期历史经验得出的基本结论。"①另一个是"中国式的四个现代化"概念，这对应的是"西方现代化"。1979年3月21日，邓小平在接见英国外宾时说："我们定的目标是本世纪末实现四个现代化。我们的概念与西方不同，我姑且用个新说法，叫做中国式的四个现代化。"②对于邓小平始终强调的"建设有中国特色的社会主义"。英国学者迈克尔·亚胡达认为："邓小平所阐述的'建设有中国特色的社会主义'这个纲领，意味着它是'民族共产主义'的一种形式。中国共产党完全可以独立地对什么是社会主义作出解释和创造，并可以根据自己的经验和对中国国情的认识来采取特定的形式。""中国不能照搬别人的模式，也不能俯仰别人的鼻息。但更重要的是，它意味着别人无权对中国社会主义的这种理论体系指手画脚。"③纵览

---

① 《邓小平文选》第三卷，人民出版社1993年版，第2-3页。
② 《邓小平年谱》第四卷，中央文献出版社2004年版，第496页。
③ ［英］迈克尔·亚胡达：《国务活动家邓小平》，《国外中共党史研究动态》1994年第1期。

改革开放和社会主义现代化建设新时期的整个过程，"建设有中国特色的社会主义"（中国特色社会主义）和"中国式的四个现代化"，构成了中国改革开放的思维坐标，也构成了我们党设计社会主义现代化路线图的主轴，改革过程中改什么、坚持什么，对外开放中吸收借鉴什么、拒绝反对什么，都应以"建设有中国特色的社会主义"和"中国式的四个现代化"为标准。

党的十八大以来，中国特色社会主义进入了新时代，社会主义现代化建设也进入了新的阶段。围绕"建设什么样的社会主义现代化强国、怎样建设社会主义现代化强国"，习近平总书记提出了"坚持和发展中国特色社会主义，总任务是实现社会主义现代化和中华民族伟大复兴""推进国家治理体系和治理能力现代化是全面深化改革的总目标""没有民主就没有社会主义，就没有社会主义的现代化。""没有高度的文化自信，没有文化的繁荣兴盛，就没有中华民族伟大复兴""我们要建设的现代化是人与自然和谐共生的现代化""现代化的本质是人的现代化"等一系列新思想新观念，极大地深化了我们党对社会主义现代化建设规律的认识。

在此基础上，习近平总书记在党的十九届五中全会第二次全体会议上首次提出"中国式现代化"概念，并阐述了中国式现代化的五大特征：中国式现代化是人口规模巨大的现代化，是全体人民共同富裕的现代化，是物质文明和精神文明相协调的现代化，是人与自然和谐共生的现代化，是走和平发展道路的现代化。党的十九大报告指出：明确坚持和发展中国特色社会主义，总任务是实现社会主义现代化和中华民族伟大复兴，在全面建成小康社会的基础上，分两步走在本世纪中叶建成富强民主文明和谐美丽的社会主义现代化强国。党的十九届六中全会指出：明确坚持和发展中国特色社会主义，总任务是实现社会主义现代化和中华民族伟大复兴，在全面建成小康社会的基础上，分两步走在本世纪中叶建成富强民主文明和谐美丽的社会主义现代化强国，以中国式现代化推进中华民族伟大复兴。党的十九届六中全会决议将党的十九大报告概括的"八个明确"拓展为"十个明确"，特别是在第二个

"明确"中增加了"以中国式现代化推进中华民族伟大复兴"的表述。

党的二十大报告和习近平总书记之后的一系列重要论述，继续深化了对中国式现代化的认识。党的二十大报告在进一步强调中国式现代化的中国特色、全面建成社会主义现代化强国"两个阶段"战略安排同时，明确了中国式现代化的本质要求、必须把握的重大原则和思想方法。其中，中国式现代化的中国特色包括五个方面的内容，即中国式现代化是人口规模巨大的现代化、是全体人民共同富裕的现代化、是物质文明和精神文明相协调的现代化、是人与自然和谐共生的现代化、是走和平发展道路的现代化。这五个方面，既是中国式现代化的中国特色，也是中国式现代化的科学内涵，还是推进中国式现代化的实践要求。中国式现代化的本质要求包括九个方面的内容，即坚持中国共产党领导，坚持中国特色社会主义，实现高质量发展，发展全过程人民民主，丰富人民精神世界，实现全体人民共同富裕，促进人与自然和谐共生，推动构建人类命运共同体，创造人类文明新形态。中国式现代化的重大原则包括五个方面的内容，即坚持和加强党的全面领导，坚持中国特色社会主义道路，坚持以人民为中心的发展思想，坚持深化改革开放，坚持发扬斗争精神。习近平总书记明确提出了推进中国式现代化的思想方法，即坚持统筹兼顾、系统谋划、整体推进，正确处理好顶层设计与实践探索、战略与策略、守正与创新、效率与公平、活力与秩序、自立自强与对外开放等一系列重大关系。习近平总书记对中国式现代化的系统论述，意味着中国式现代化理论体系的初步形成，也意味着中国自主的现代化知识体系的形成，为以中国式现代化全面推进中华民族伟大复兴提供了科学理论指导。

可以说，经过艰辛探索，我们党成功探索出了一条顺应时代发展大势、符合中国具体国情、具有鲜明中国特色、植根于中华文化沃土、具有深厚历史渊源和广泛现实基础的现代化道路。

（二）中国式现代化拓展背后的文化坚守

中国式现代化既有各国现代化的共同特征，又有基于自己国情的中国特色。这一特色的形成，既源于中国共产党对马克思主义基本原理的坚守，也源于对中华文化的坚守。习近平总书记曾深刻指出："中国特色社会主义道路是在马克思主义指导下走出来的，也是从五千多年中华文明史中走出来的；'第二个结合'让中国特色社会主义道路有了更加宏阔深远的历史纵深，拓展了中国特色社会主义道路的文化根基。"①

历史地看，中国的革命是在俄国十月革命的影响下进行的，中国的现代化是在苏联的支持下开启的，就此而言，无论是新民主主义革命时期的"以俄为师"，还是新中国成立后的"照抄苏联"，都具有现实合理性。但历史实践也表明，一味照搬模仿，不仅不能够带来事业的发展，更可能给事业带来巨大破坏。在新民主主义革命时期，为了打破教条主义的束缚，毛泽东创造性提出了马克思主义中国化这一重大命题，强调既要把马克思主义应用于中国的具体环境，也要推动马克思主义与中华优秀传统文化相结合，使马克思主义具有为中国老百姓所喜闻乐见的中国作风和气派。理论上的创新必然带来实践上的突破。正是在马克思主义中国化这一科学思维的引导下，"农村革命"才取代了"城市革命"，"山沟里的马克思主义"才战胜了"教条化的马克思主义"。这些都与毛泽东固有的民族文化情怀分不开。

对于毛泽东的民族文化情怀，研究毛泽东思想的美国专家施拉姆曾评价道："毛泽东确信中国文化是一个伟大的奇迹，而且或许是独一无二的奇迹，历史上的成就加强了他的民族自豪感。另一方面，他的目的非常明确：用民族传统中的思想和财富来丰富马克思主义，使其成为进行革命转变、最终实现现代化的最有力的动力，而不是用什么披着马克思主义外衣的新教条主义去取代中华优秀传统文化。"②德里克在论及毛泽东为何提出"以苏为鉴"时则深刻指出："毛泽东所进行的使社会主义本土化的工作并不仅仅是为了使民族利益或民族富强的考虑成为衡量社会主义相关性或社会主义主张有效性的

---

① 习近平：《在文化传承发展座谈会上的讲话》，人民出版社2023年版，第7页。

② ［美］斯图尔特·施拉姆：《毛泽东的思想》，中国人民大学出版社2013年版，第97页。

标准，而是标志着社会主义的真正民族化，即要使有效性社会主义学说成为当地的社会文化环境的声音……本土化的社会主义标志着社会主义被融入中国的大地之中，标志着社会主义理想在一种表达了民族理想的语言之中的再现。"①毛泽东的民族文化情怀，不仅为其思想的形成提供了丰富养料，也为其探索适合中国国情的现代化道路提供了文化支撑。

20世纪中后期，世界第三次现代化浪潮席卷全球，我国以改革开放为标志正式投入这股浪潮。作为改革开放的总设计师，邓小平在设计现代化道路时，始终秉持两个视角：一个是世界视角，一个是中国视角。社会主义建设时期所遭遇的挫折清晰地表明，中国要实现现代化就必须走向世界，做世界公民，"社会主义要赢得与资本主义相比较的优势，就必须大胆地吸收和借鉴人类社会创造的一切文明成果，吸收和借鉴当今世界各国包括资本主义发达国家的一切反映现代社会化生产规律的先进经营方式、管理方法"②。但邓小平也深知，在中国这块具有深厚历史文化底蕴的土地上建设现代化，还必须尊重中国文化、保持文化自信，"绝不允许把我们学习资本主义社会的某些技术和某些管理的经验，变成了崇拜资本主义外国，受资本主义腐蚀，丧失社会主义中国的民族自豪感和民族自信心"③。涉及现代化相关的概念，邓小平都要强调中国文化特色："我们要实现的四个现代化，是中国式的四个现代化。我们的四个现代化的概念，不是像你们那样的现代化的概念，而是'小康之家'。"④而对于邓小平提出的"建设有中国特色的社会主义"这一概念，美国学者戴维·W.张认为："中国文化价值观是几千年来发展的结果，西方的价值观，马克思或非马克思的则只是在20世纪才进入中国，这个事实也许是邓小平坚持'有中国特色的社会主义'的原因所在。在经历了按苏联模式创立一个共产主义国家失败后，邓小平不得不从中国历史发展的方向发展一个现

---

① 转引自萧延中主编：《历史的天平上》，中国工人出版社1997年版，第226页。
② 《邓小平文选》第三卷，人民出版社1993年版，第373页。
③ 《邓小平文选》第二卷，人民出版社1994年版，第262页。
④ 《邓小平文选》第二卷，人民出版社1994年版，第237页。

代化国家。"①可以说，无论是主张"建设有中国特色的社会主义"，还是提出"中国式的四个现代化"，都充分彰显了中国共产党作为马克思主义政党主动适应世界现代化潮流的历史自觉，和作为中华优秀传统文化传承者尊重历史传统的文化自觉。

进入中国特色社会主义新时代，我国现代化建设取得举世瞩目的成就。在这样的背景下，怎样看待传统与现代的关系，还要不要传统、怎样坚持传统，考验的不仅是我们党的战略定力，还有政治智慧。对此，习近平总书记给予了清晰的回答：第一，必须始终坚持中国特色社会主义，只有中国特色社会主义而不是别的什么主义才能发展中国；第二，必须尊重历史文化传统，中国特色社会主义只有深扎中华文化沃土才能根深叶茂。他指出："我们的社会主义为什么不一样？为什么能够生机勃勃、充满活力？关键就在于中国特色。""如果没有中华五千年文明，哪里有什么中国特色？如果不是中国特色，哪有我们今天这么成功的中国特色社会主义道路？"②在习近平总书记看来，"独特的文化传统，独特的历史命运，独特的国情，注定了中国必然走适合自己特点的发展道路"③。这阐述了中国道路与传统文化的关系；"中华优秀传统文化是中华民族的精神命脉，是涵养社会主义核心价值观的重要源泉，也是我们在世界文化激荡中站稳脚跟的坚实根基。"④这阐述了传统文化与社会主义核心价值观的关系。关于国家治理体系和传统文化的关系，习近平总书记指出："我国今天的国家治理体系，是在我国历史传承、文化传统、经济社会发展的基础上长期发展、渐进改进、内生性演化的结果。"⑤对于传统文化与中国式现代化的关系，习近平总书记指出："中国式现代化是赓续古老文明的现代化，而不是消灭古老文明的现代化；是从中华大地长出来的现代化，不是照

① ［美］戴维·W.张：《邓小平领导下的中国》，法律出版社1991年版，第13页。
② 习近平：《在文化传承发展座谈会上的讲话》，人民出版社2023年版，第5页。
③ 《习近平外交演讲集》第一卷，中央文献出版社2022年版，第126页。
④ 《习近平谈治国理政》，外文出版社2014年版，第164页。
⑤ 《习近平谈治国理政》，外文出版社2014年版，第105页。

搬照抄其他国家的现代化；是文明更新的结果，不是文明断裂的产物。"①美国学者熊玠在《习近平时代》中曾表达过这样的意思：对于传统文化，他并未止步于在文化态度上的致敬，在其执政实践中，更是自觉地把中华历史文化精华与中国特色社会主义紧密对接，在"中国梦"以及内政外交的各个方面，都将传统文化当作"根"和"魂"。②总之一句话：没有中国特色社会主义文化，就没有中国特色社会主义道路。

（三）中华优秀传统文化孕育了中国式现代化

相对于道路自信、理论自信、制度自信，文化自信是更基础、更广泛、更深厚的自信。对于中国式现代化来说，中华优秀传统文化是一座取之不竭的宝藏，它不仅可以为中国式现代化的选择提供最为深厚的文化支撑，也可以为中国式现代化的进一步拓展提供不竭的精神动力和智力源泉。

中华优秀传统文化是中国式现代化选择的基础。认同是自信的前提，没有文化认同，也就没有文化自信。鸦片战争后的一百多年时间里，伴随着国家的积贫积弱，一些中国人对自己的民族文化缺乏认同感。改革开放以后，这种状况虽有很大缓解，但中华优秀传统文化同中国特色社会主义的关系仍然没有得到明确的回答，我们对中华优秀传统文化一直缺乏一个科学的定位。党的十八大以来，习近平总书记站在实现民族复兴的高度，历史性地诠释了马克思主义与中华优秀传统文化的关系、中国特色社会主义与中华优秀传统文化的关系，创造性提出了"第二个结合"的时代课题，强调中华优秀传统文化是最深厚的文化软实力，它既是中国特色社会主义道路的历史文化渊源、社会主义核心价值观的根和本，也是中国特色国家治理体系形成和发展、中国特色哲学社会科学成长和发展的深厚基础。当然，与政治认同相比，文化认同需要一个更长的过程。从理论上讲，能否形成文化认同受两个因素的制约，一是文化自身的价值和生命力如何，二是人们对文化价值和生命力认识

---

① 习近平：《在文化传承发展座谈会上的讲话》，人民出版社2023年版，第7页。
② ［美］熊玠：《一介儒生的文化情结》，《学习时报》2016年6月13日，第3版。

与评价如何。没有生命力的文化，是无法承载人们精神信念寄托的，也是无法得到人们肯定的；缺乏理性、科学的认识和评价，或妄自菲薄，或妄自尊大，也是不能让人真正感受文化自身价值和生命力的。对于中华优秀传统文化来说，其生命力和价值已被五千多年的中华文明史所证明，而作为主观认识的评价态度才是问题的关键。就此而言，无论是妄自菲薄、数典忘祖的文化虚无主义，还是目光狭隘、妄自尊大的文化保守主义，都是现实民族文化认同的巨大障碍，必须被摒弃。

中华优秀传统文化是中国式现代化形成的指引。实践已经充分证明，中国式现代化是能够引领中华民族实现复兴的唯一道路，但也要看到，坚持和拓展中国式现代化始终面临着各种风险挑战。保证中国式现代化沿着正确的方向前进，一靠政治权力、法律法规的硬约束，二靠文化认同、价值认同的软约束，前者治标，后者治本。能否在强化民族文化认同的基础上，进一步形成文化软约束，影响着我们能否拓展中国式现代化的广度和提升实际成效。改革开放以来，我们找到了一条建设中国特色社会主义的正确道路，与之相随的是思想文化建设也取得了长足发展，中国共产党坚持解放思想，提出了一系列与社会进步和时代要求相一致的新思想新观点新论断。比如，在经济建设上有生产力标准、"三个有利于"标准；在政治建设上有为人民服务的根本宗旨；在文化建设上有"二为"方向、"双百"方针；在社会建设上有和谐发展要求；在生态文明建设上有"绿水青山就是金山银山"的科学论断。大批文艺工作者感应时代的脉动，创作了大批坚守社会责任、反映改革方向、透视现实生活真谛的思想文化精品，在社会生活中发挥了积极作用。但是，必须清醒地看到，我们的思想文化建设，确实还没有完全建立起一整套与中国特色社会主义相适应的、令大多数人接受的新的思想、道德、文化体系，主流思想文化还没有完全内化、积淀为一种大众的社会心理，以此支撑我们的信仰。导致这一问题出现的原因很复杂，但中华优秀传统文化的缺位是一个重要原因。相对于西方文化甚至是马克思主义，中华优秀传统文化在日常生活层面对人民群众的影响更为深厚、深远。中华优秀传统文化在主导话语体系中的缺位，客观上也影响了人民群众对主导话语体系的认同，这也是当前主导话语与群众话语相脱节的重要症结所在。这就要求我们在强调马克思主义指导地位的同时，必须不断推进马克思主义中国化的进程，让马克思主义在与中华优秀传统文化的融合中内化为一种普遍恒久的社会心理，真正变成人民群众高度认同的内在约束力量，为中国式现代化的发展保驾护航。

中华优秀传统文化是中国式现代化开拓的动力。作为外来文化，马克思主义在中国之所以能够取得成功，在于其理论的科学性、真理性、先进性，更在于其始终面向社会实践，能真正转化为指导中国革命、建设和改革实践运动的指导理论。中华优秀传统文化作为中国式现代化的重要历史文化渊源，要发挥其对中国式现代化的支撑和维护作用，必须在推动其创造性转换、创新性发展的基础上，积极融入政治实践。虽然中国共产党一再强调要大力弘扬传统文化、推动传统文化的创造性转换、创新性发展，但目前各种努力在相当大程度上仍然局限在观念文化领域自身。人们或者致力于传统文化"精华"与"糟粕"的辨别与分析，以期实现批判性继承；或者致力于传统典籍的现代诠释，运用传统文化精神去医治现代化给人带来的各种"精神疾病"；或者以简单的政治化倾向图解传统文化，使传统文化沦为缺乏论述力的粗陋的辩护工具。相对于观念解构，政治实践具有更为强大的重塑力。历史地看，它可以瓦解传统文化生存、发展以及支配人生活秩序的制度支撑；现实地看，它又会以社会物质生活实践的现实力量，对传统文化进行不断的解构与重组，最终使传统文化中那些具有现代性的文化质素，被组合到新的理论体系、新的社会制度之中，并在现代社会发挥积极的社会功能。由此可见，推进中国特色社会主义伟大事业，必须克服传统文化与现实政治相脱节的现状，将传统文化创造性转换的视线更多转向现实的政治实践特别是社会制度建构，只有这样，中国式现代化才能焕发出更加澎湃的活力，才能越走越宽广、越走越坚实。

三、中国共产党始终是中华优秀传统文化的忠实传承者和弘扬者

中华优秀传统文化凝聚着中华民族自强不息的精神追求和历久弥新的精神财富，是建设中华民族共有精神家园的重要支撑，是中国共产党发展壮大的丰厚沃土。习近平总书记指出："中国共产党从成立之日起，既是中国先进文化的积极引领者和践行者，又是中华优秀传统文化的忠实传承者和弘扬者。"①作为中华优秀传统文化的忠实传承者和弘扬者，中国共产党在领导和推进中国式现代化的历史进程中从中华优秀传统文化中汲取了丰富的精神营养，也用中国式现代化的伟大实践推动了中华优秀传统文化的创造性转化和创新性发展。

（一）中华优秀传统文化契合了中国共产党的政治追求

中华文化秉承的是"以民为本"，推崇的是"天下为公"，追求的是"大同社会"，认同的是"协和万邦"。这些独特的价值追求，与中国共产党的政治追求有着天然的契合性，从而使得中国共产党的政治追求可以获得最为深厚的文化支撑。

在政治领域，传承以民本、统一、德治为主要内容的传统政治文化，中国共产党始终坚持中国特色政治发展道路。政治文化不同，政治发展道路就不同。西方传统政治文化从根本上讲是一种以个体主义为指导，以正义、法治、分权、自由为主要内容的政治文化；而中国传统政治文化则是一种以民本、统一、德治为主要内容的政治文化。三权分立、宪政民主在西方具有深厚的文化土壤，而在中国则行不通，这已为近代中国的政治实践所证明。今日中国同一百年前的旧中国相比，已经发生了翻天覆地的变化，但作为最深沉、最稳定的部分，文化包括传统政治文化并没有发生断裂式的改变，它正在以民族政治心理、政治态度、政治情感等方式影响着人们对现有政治发展

---

① 习近平：《决胜全面建成小康社会 夺取新时代中国特色社会主义伟大胜利——在中国共产党第十九次全国代表大会上的报告》，人民出版社2017年版，第44页。

道路的评价和认同。今天，中国共产党在政治实践中探索出的以坚持党的领导、人民当家作主、依法治国有机统一为首要战略任务的中国特色政治发展道路，既是马克思主义政治思想指导的结果，也是中国传统政治文化现代转换的结果。

在经济领域，传承"不患寡而患不均"的价值取向。中国共产党始终坚持"共同富裕"这一中国特色社会主义的根本原则。纵览世界历史发展，一个国家与阶级的堕落乃至毁灭，往往是因为人们无法容忍社会资源向极少数人汇聚，从而使得两极分化的矛盾日趋凸显，这几乎是奴隶社会、封建社会与资本主义社会的一个共性。基于对世界历史发展教训的反思和社会主义的本质要求，新中国成立以来，中国共产党一直将实现共同富裕视为中国特色社会主义的根本目标和根本任务。这一目标和任务的确定，既体现了中国共产党对中国特色经济社会发展必由之路的高瞻远瞩，也体现了其对几千年来中华文明"不患寡而患不均"的社会价值目标的传承。出自《论语·季氏》的"不患寡而患不均"，经过人们口口相传，在中国传统价值体系中不仅是一种经典的表达，而且成为中国人的一种社会价值追求和衡量社会发展的重要标尺。我们剔除"不患寡而患不均"消极的一面之后，可以看到其中渗透着一种对未来社会发展目标的期待。而当中国走上社会主义道路之后，这种古老价值追求也就获得了政治实践的新土壤。

在社会领域，传承中华和谐文化，中国共产党始终坚持社会和谐的中国特色社会主义的本质属性。和谐文化在中华优秀传统文化中占有重要的位置，"和而不同""和为贵""厚德载物，天人合一"等被许多人所熟知的成语，都有和合、和谐、协调的含义。当然，西方人也讲和谐，但与东方文化相比，在立意和主旨上还是有很大差别的。西方文化讲的和谐是对立基础上的和谐，对立是第一位的；而中国传统文化虽然也讲"不同"，但目的是和谐，和谐是第一位的。对于中西文化的这一差别，罗素曾做过一个精辟的论述，中国人发现了能被全世界人采用就会使整个世界幸福的人类生活方式——和谐，并为此进行了长达几个世纪的实践，而欧洲人的生活方式是争斗、剥削、不稳定的变化、不满及强烈的寻求破坏。①作为一种国家的宏观战略选择，中国共产党提出的建设和谐社会目标，并不是哪一个领导人或哪一届政府心血来潮的偶然举措，而是改革开放进入新的时期后达成的一种全新的国家治理共识。这种共识既同中国共产党对我国国情、社会主要矛盾的判断密切相关，也同历史地延续了中国古人对社会建设的美好要求有关。

在国际政治领域，秉持"协和万邦"的和平文化传统，中国共产党始终坚持和平发展的道路。中华优秀传统文化是一种和平文化，追求的是"协和万邦"。中华民族的血液中没有侵略他人、称霸世界的基因。布热津斯基在《大棋局》一书中曾指出，在"在中国的全盛时期，中国在全球没有可以与之匹敌的国家，这是指没有其他大国向中国的帝国地位挑战，甚至如果中国想进一步扩张，也没有任何其他大国能够抵挡中国的扩张，但中国还是比较有限地使用武力。"②历史也确实如此，自西罗马帝国崩溃后的1500多年里，中国在大多数时间内都是世界上最强大的国家，但中国从来没有对世界和平形成威胁。中国人民在厚重的和平文化的影响下，对内重视道德教化，主张各族人民和谐相处；对外重视睦邻友好，主张各国和平共处。今天，中国共产党始终坚持走和平发展的道路，来源于对实现自身发展目标条件的认知，来源于对世界发展大势的把握，也来源于中华文明的深厚渊源。用"国强必霸"的历史思维定性中华民族伟大复兴，不仅是对中国道路的刻意歪曲，更是对中华传统文化的无知。

总之，中华传统文化是指中华民族在五千多年的发展过程中形成的物化形态以及内化到中国人言行中的思想精神因素的总和，其中的优秀部分能够奠定"做中国人的骨气和底气"，是我们最深厚的文化根基，足以让生于斯，

---

① ［英］伯特兰·罗素：《中国问题》，田瑞雪译，中国画报出版社2019年版，第14页。
② ［美］兹比格纽·布热津斯基：《大棋局》，中国国际问题研究所译，上海人民出版社1998年版，第21页。

长于斯的每一个华夏儿女、每一个先进政治组织自信。悠久的中华优秀传统文化是中国共产党的文化基因，它不仅为中国共产党的发展壮大提供了最深厚的文化支撑，也孕育了中国共产党最宝贵的精神基因。

（二）创造性提出"两个结合"特别是"第二个结合"重要思想

习近平总书记在庆祝中国共产党成立100周年大会上的讲话中首次提出"两个结合"重要思想："坚持把马克思主义基本原理同中国具体实际相结合、同中华优秀传统文化相结合，用马克思主义观察时代、把握时代、引领时代，继续发展当代中国马克思主义、二十一世纪马克思主义！"①在党的二十大报告中，他又指出："中国共产党人深刻认识到，只有把马克思主义基本原理同中国具体实际相结合、同中华优秀传统文化相结合，坚持运用辩证唯物主义和历史唯物主义，才能正确回答时代和实践提出的重大问题，才能始终保持马克思主义的蓬勃生机和旺盛活力。"②在文化传承发展座谈会上，习近平总书记深刻阐释了"两个结合"的重大意义，强调"两个结合"是我们在五千多年中华文明深厚基础上开辟和发展中国特色社会主义的必由之路，是我们取得成功的最大法宝。并在此基础上进一步强调了"第二个结合"的重大意义："'第二个结合'让我们掌握了思想和文化主动，并有力地作用于道路、理论和制度。""'第二个结合'是又一次的思想解放，让我们能够在更广阔的文化空间中，充分运用中华优秀传统文化的宝贵资源，探索面向未来的理论和制度创新。"③

马克思主义与中华优秀传统文化有着内在契合。任何文化都存在可传播性和可交流性，但任何文化的外传都必须有其文化契合点，即文化的共通性。只有具备内在的契合点，一种文化才能被另一种文化认同、吸收和同化，并

---

① 《习近平著作选读》第二卷，人民出版社2023年版，第483页。
② 习近平：《高举中国特色社会主义伟大旗帜 为全面建设社会主义现代化国家而团结奋斗——在中国共产党第二十次全国代表大会上的报告》，人民出版社2022年版，第17页。
③ 习近平：《在文化传承发展座谈会上的讲话》，人民出版社2023年版，第8页。

在此基础上重构为新的文化形态。作为一种科学的理论体系，马克思主义是在西方特有的社会历史条件下形成的，它对于中国传统文化以及深受这种文化熏陶的中华民族来说，确确实实是一种异体文化。马克思主义在中国得以被接受、传播并逐步中国化，是其倡导的革命精神与中华民族的生存境遇有关，但更重要的是其社会价值观与中华优秀传统文化有深层次的契合之处。对于马克思主义与中华优秀传统文化的内在契合点，习近平总书记指出："马克思主义和中华优秀传统文化来源不同，但彼此存在高度的契合性。比如，天下为公、讲信修睦的社会追求与共产主义、社会主义的理想信念相通，民为邦本、为政以德的治理思想与人民至上的政治观念相融，革故鼎新、自强不息的担当与共产党人的革命精神相合。马克思主义从社会关系的角度把握人的本质，中华文化也把人安放在家国天下之中，都反对把人看作孤立的个体。"①当代知识分子也从不同的角度给予了分析。张岱年、程宜山认为："中国人接受马克思主义，与中国传统文化有密切关系。中国文化中本有悠久的唯物论、无神论、辩证法的传统，有民主主义、人道主义思想的传统，有许多历史唯物主义的思想因素，有大同的社会理想，如此等等，因而马克思主义很容易在中国的土壤里生根。"②汪澍白认为："我国传统文化具有一些与马克思主义相同或相近的先天素质。诸如辩证的思维方式，实用理性的致思路线，以群体为本位的价值取向，'治国平天下'的忧患意识，追求均等与'大同'的社会理想，等等，这些先天素质，正是促使知识分子在十月革命以后迅速地选择了马克思主义的文化原因。"③

马克思主义因同中华优秀传统文化相契合、相结合，从而获得了中国人民的高度认同。马克思主义是我们认识世界、改造世界的强大思想武器，具有普遍的指导意义。但正如马克思指出的"历史是不能靠公式来创造的"那

① 习近平：《在文化传承发展座谈会上的讲话》，人民出版社2023年版，第5页。
② 张岱年、程宜山：《中国文化与文化论争》，中国人民大学出版社1990年版，第190页。
③ 汪澍白：《二十世纪中国文化史论》，中国青年出版社1999年版，第212-213页。

样，要发挥马克思主义的指导作用，必须同具体实际相结合、同民族文化相结合。历史地看，近代西学虽曾几度传入中国，但大都因与中华文化无法结合而折戟沉沙。而马克思主义之所以能够脱颖而出，既在于其科学回应了中国的问题，也在于其与中华优秀传统文化的内在融通。习近平总书记深刻指出："马克思主义传入中国后，科学社会主义的主张受到中国人民热烈欢迎，并最终扎根中国大地、开花结果，绝不是偶然的，而是同我国传承了几千年的优秀历史文化和广大人民日用而不觉的价值观念融通的。"①正是在不断与中华优秀传统文化的结合中，马克思主义不仅获得了为中国老百姓所喜闻乐见的中国作风和中国气派，也获得了最深层次的文化认同。

中华优秀传统文化因同马克思主义相结合而不断焕发新的生机活力。在近代中国最危急的时刻，中国共产党找到了马克思主义，并坚持把马克思主义同中国实际相结合，用马克思主义真理的力量激活了中华民族历经几千年创造的伟大文明，使中华文明再次迸发出强大精神力量。在新时代，中国共产党坚持马克思主义的立场观点方法，不仅提出了创造性转化和创新性发展等文化发展原则，更是将中华优秀传统文化与中国特色社会主义结合起来，强调中华优秀传统文化是中国特色社会主义道路的历史文化渊源，是涵养社会主义核心价值观的重要源泉，是中国特色国家治理体系形成和发展的基础，从而赋予了中华优秀传统文化更为深刻的政治意义。通过与马克思主义相结合，中华优秀传统文化不仅弦歌不绝，而且放射出了更加灿烂的时代光芒，成为中国特色社会主义先进文化不可或缺的组成部分，成为中华儿女共有的精神家园，成为新时代鼓舞人民奋勇前进的精神之源。

（三）创造性丰富和发展了"文化自信"的内涵

文化自信，是一个民族、一个国家、一个政党对自身文化传统和内在价值的充分肯定，对自身文化发展进程和生命力的坚定信念。在我们党的政治

---

① 习近平：《坚持和完善中国特色社会主义制度推进国家治理体系和治理能力现代化》，《求是》2020年第1期。

话语系统中，文化自信最早出现在庆祝中国共产党成立90周年大会报告中，"面对当今文化越来越成为综合国力竞争重要因素的新形势，我们必须以高度的文化自觉和文化自信，着眼于提高民族素质和塑造高尚人格，以更大力度推进文化改革发展"①。党的十七届六中全会决定中又指出："坚持中国特色社会主义文化发展道路，深化文化体制改革，推动社会主义文化大发展大繁荣，必须……发展面向现代化、面向世界、面向未来的，民族的科学的大众的社会主义文化，培养高度的文化自觉和文化自信，提高全民族文明素质，增强国家文化软实力，弘扬中华文化，努力建设社会主义文化强国。"②在这里，"文化自信"主要是作为对文化工作的要求提出来的。

党的十八大以来，在习近平总书记反复强调下，文化自信问题越来越引起人们的关注。2014年2月24日，在中央政治局第13次集体学习会上，习近平提到"文化自信"问题，强调要讲清楚中华优秀传统文化的历史渊源、发展脉络、基本走向，讲清楚中华文化的独特创造、价值理念、鲜明特色，增强文化自信和价值观自信。③2016年5月17日，在哲学社会科学工作座谈会上强调："我们说要坚定中国特色社会主义道路自信、理论自信、制度自信，说到底是要坚定文化自信。文化自信是更基本、更深沉、更持久的力量。"④在庆祝中国共产党成立95周年的讲话中，更是强调："文化自信，是更基础、更广泛、更深厚的自信。"⑤2016年11月30日，在中国文联十大、中国作协九大开幕式的讲话中再次强调："文化自信，是更基础、更广泛、更深厚的自信，是更

---

① 胡锦涛：《在庆祝中国共产党成立90周年大会上的讲话》，人民出版社2011年版，第23页。

② 《中共中央关于深化文化体制改革 推动社会主义文化大发展大繁荣若干重大问题的决定》，人民出版社2011年版，第8页。

③ 《把培育和弘扬社会主义核心价值观作为凝魂聚气强基固本的基础工程》，《人民日报》2013年2月26日，第1版。

④ 习近平：《论党的宣传思想工作》，中央文献出版社2020年版，第228页。

⑤ 习近平：《在庆祝中国共产党成立95周年大会上的讲话》，人民出版社2016年版，第13页。

基本、更深沉、更持久的力量。坚定文化自信，是事关国运兴衰、事关文化安全、事关民族精神独立性的大问题。"①2020年9月8日，在全国抗击新冠肺炎疫情表彰大会上的讲话中进一步指出："文化自信是一个国家、一个民族发展中最基本、最深沉、最持久的力量。"②党的十九大报告更是将"文化自信"写进党章，这标志着文化自信已经上升为全党全社会的各项工作都必须遵循的基本原则。

理解和把握习近平总书记有关文化自信的重要论述，至少有两点值得注意。第一，习近平总书记不是仅从文化的角度谈文化自信问题的，而是主要着眼于增强道路自信、理论自信、制度自信来强调文化自信的。也就是说，文化自信，既是一个文化命题，也是一个政治命题，它既事关文化的安全与发展，也事关中国特色社会主义事业发展的全局。第二，文化自信和道路自信、理论自信、制度自信并不处于同一个层面。习近平总书记在讲话中用了很多定位词，包括"基础""最根本""题中应有之义""本质"等，从这些定位词中，我们不难体会到文化自信更为基础、更为根本的作用和地位。不理解文化自信的文化意义，就无法树立起高度的文化自觉；不理解文化自信的政治意义，就无法理解文化自信对于坚持和拓展中国特色社会主义的重大意义。

（四）创造性提出建设中华民族现代文明的使命要求

建设中华民族现代文明，是习近平总书记2023年在文化传承发展座谈会上提出的一个重大命题，也是文化建设发展的最高目标要求。习近平总书记在座谈会的一开始就谈道："这段时间，我一直在思考推进中国特色社会主义

---

① 中共中央文献研究室编：《习近平关于社会主义文化建设论述摘编》，中央文献出版社2017年版，第16页。
② 习近平：《在全国抗击新冠肺炎疫情表彰大会上的讲话》，人民出版社2020年版，第21页。

文化建设、建设中华民族现代文明这个重大问题。"[1]更为重要的是，习近平总书记还将建设中华民族现代文明看作新的文化使命的重要内容。在党的十九大报告中，习近平总书记首次提出"新的文化使命"概念。在文化传承发展座谈会上，习近平总书记明确了新的文化使命的内容，即在新的起点上继续推动文化繁荣、建设文化强国、建设中华民族现代文明。其中，推动文化繁荣是基本要求，建设文化强国是远景目标要求，建设中华民族现代文明是最高目标要求。没有文化的繁荣，就没有人民精神文化生活的满足；"没有中华文化的繁荣兴盛，就没有中华民族伟大复兴。"[2]对于文化强国，我们党在"两个阶段"战略安排中，明确提出到二〇三五年"建成文化强国"。建成文化强国，并不意味着我们党文化使命的完成。对于文化发展来说，还有一个更为高远的目标要求，就是建设一种新的文明形态，即建设中华民族现代文明。历史地看，文化要早于文明的产生，但文明是文化发展的高级阶段，是人类最高的文化追求，是人们文化认同的最高范畴；从内容上看，文明的范围要大于文化，不仅包括精神文明，还包括物质文明、社会文明、生态文明等。

中华民族现代文明是中华文明的现代形态，是在传承中华文明传统形态基础上，通过创造性转化、创新性发展，建立形成的能够与时代发展相适应的现代文明。中华文明是历史和时代的结合体，既包括中华文明的传统形态，也包括中华文明的现代形态。中华文明是世界上唯一没有中断过的文明，其核心内容中华优秀传统文化是中华民族的精神家园，孕育了中国式现代化，也是中国式现代化最为深厚的文化根基。这是我们今天之所以还要赓续中华文脉的根本原因。但我们还要看到，中华文明的传统形态虽然孕育了中国式现代化的独特特征，但其提供的精神力量还不足以支撑中国式现代化的推进。

---

① 习近平：《在文化传承发展座谈会上的讲话》，人民出版社2023年版，第1–2页。

② 中共中央文献研究室编：《习近平关于社会主义文化建设论述摘编》，中央文献出版社2017年版，第7页。

因为从本质上看，中华文明的传统形态是农耕文明，它的世界观、民主观、价值观、历史观、文明观等，虽然包含着真理的颗粒，但也具有时代的局限。更为重要的是，它在同西方工业文明的交锋中已经败下阵来。对此，马克思曾结合晚清的命运这样评价道："一个人口几乎占人类三分之一的大帝国，不顾时势，安于现状，人为地隔绝于世并因此竭力以天朝尽善尽美的幻想自欺。这样一个帝国注定最后要在一场殊死的决斗中被打垮：在这场决斗中，陈腐世界的代表是激于道义，而最现代的社会的代表却是为了获得贱买贵卖的特权——这真是任何诗人想也不敢想的一种奇异的对联式悲歌。"①工业革命把西方文明推到一个更高的历史发展阶段，相比之下，中华文明则在封建主义、农业文明的泥沼中继续蹒跚。落日虽然辉煌，接踵而来的却是无尽长夜。因此，我们要通过创造性转化、创新性发展，赋予中华文明传统形态新的时代内涵，使其能够适应工业化、信息化、智能化时代发展的要求，从而为中国式现代化的推进提供强劲动力。

中国式现代化创造了人类文明新形态，为建设中华民族现代文明奠定了实践基础。习近平总书记指出："我们党领导人民不仅创造了世所罕见的经济快速发展和社会长期稳定两大奇迹，而且成功走出了中国式现代化道路，创造了人类文明新形态。"②习近平总书记将"中国式现代化"与"人类文明新形态"并列提出，这是从人类文明演进的高度赋予了中国式现代化更高的历史意义。西方工业革命和西方现代化的形成，为西方现代文明奠定了实践基础。中国式现代化这一人类文明新形态的创立，为建设中华民族现代文明奠定了实践基础。

中国式现代化是中华民族的旧邦新命，必将推动中华文明重焕荣光。习近平总书记指出："中国式现代化赋予中华文明以现代力量，中华文明赋予中国式现代化以深厚底蕴……中国式现代化是中华民族的旧邦新命，必将推

---

① 《马克思恩格斯选集》第1卷，人民出版社1995年版，第176页。
② 习近平：《以史为鉴、开创未来，埋头苦干、勇毅前行》，《求是》2022年第1期。

动中华文明重焕荣光。"①这个论断充分阐明了建设中华民族现代文明与推进中国式现代化的内在关系。中华民族现代文明是中国式现代化的文明形态，中国式现代化是中华民族现代文明的实践基础，建设中华民族现代文明与推进中国式现代化紧密相连、不可分离，二者是一枚硬币的两面。

（五）创造性提出"中国特色社会主义植根于中华文化沃土"的重大论断

习近平总书记指出，中国特色社会主义植根于中华文化沃土、反映中国人民意愿、适应中国和时代发展进步要求，有着深厚历史渊源和广泛现实基础。②站在中华民族整个历史发展进程的高度审视，中国特色社会主义是历史的选择、人民的选择，也是文化的选择。

中华文化是中国特色社会主义道路的历史文化渊源。世界上没有相同的两片树叶，也不可能有完全一样的发展模式。一个国家选择什么样的发展道路，受各种因素影响，但历史文化的影响最为深厚。可以说，有多少种文化，就可能存在多少种发展道路。习近平总书记指出："独特的文化传统，独特的历史命运，独特的国情，注定了中国必然走适合自己特点的发展道路。"③回顾历史，中国人民在选择发展道路的问题上既尝试过君主立宪制、复辟帝制，也尝试过议会制、多党制、总统制，但结果都行不通。杜维明认为，虽然现代化起源于西方，但东亚的现代化具有大大不同于西欧和北美的文化形式。同西方文化相比，中华文化强调的是"以民为本"、推崇的是"天下为公"、追求的是"大同社会"。这些独特的价值追求，使得社会主义道路在中国可以获得最为深厚的文化支撑。尤其需要指出的是，面对中国的快速发展，一些国家总是以"国强必霸"的历史思维，在世界鼓噪"中国威胁论"。实际

① 习近平：《在文化传承发展座谈会上的讲话》，人民出版社2023年版，第7页。
② 习近平：《胸怀大局把握大势着眼大事努力把宣传思想工作做得更好》，《人民日报》2013年8月21日，第1版。
③ 《习近平外交演讲集》第一卷，中央文献出版社2022年版，第126页。

上，"中国威胁论"不仅是对中国发展道路的刻意歪曲，更是对中华优秀传统文化的无知。同崇尚竞争和丛林法则的西方文化不同，中华优秀传统文化是一种和合文化，追求的是"万物并育而不相害，道并行而不相悖。"面对甚嚣尘上的"中国威胁论"，习近平总书记以深厚的文化底蕴旗帜鲜明地指出，"中华民族的血液中没有侵略他人、称霸世界的基因。"[1]"中国将坚持走和平发展道路，这不是权宜之计，更不是外交辞令，而是从历史、现实、未来的客观判断中得出的结论，是思想自信和实践自觉的有机统一。"[2]

中国坚定不移地走和平发展道路，来源于对实现自身发展目标条件的认知，来源于对世界发展大势的把握，也来源于中华文明的深厚渊源，中华文明是涵养社会主义核心价值观的重要源泉。核心价值观是文化的灵魂，凝聚着民族文化的思想精华和道德精髓。习近平总书记指出："一个民族、一个国家的核心价值观必须同这个民族、这个国家的历史文化相契合，同这个民族、这个国家的人民正在进行的奋斗相结合，同这个民族、这个国家需要解决的时代问题相适应。"[3]社会主义核心价值观，不仅与中国需要解决的时代问题相适应，与中国人民进行的现代化建设相一致，也与中华优秀传统文化相契合。中华文明绵延数千年，有其独特的价值体系。中华优秀传统文化已经成为中华民族的基因，植根在中国人内心，潜移默化影响着中国人的思想方式和行为方式。对于社会主义核心价值观来说，如果我们不能坚持在中华大地上形成和发展起来的价值观，丧失的不仅是民族特性，还有精神独立性。同时，培育和弘扬社会主义核心价值观必须立足中华优秀传统文化。习近平总书记指出，坚守我们的核心价值观，必须发挥文化的作用。"培育和弘扬社会主义核心价值观必须立足中华优秀传统文化。牢固的核心价值观，都有其固有的

①　习近平：《在中国国际友好大会暨中国人民对外友好协会成立60周年纪念活动上的讲话》，《人民日报》2014年5月16日，第2版。

②　习近平：《共创中韩合作未来 同襄亚洲振兴繁荣——在韩国国立首尔大学的演讲》，《人民日报》2014年7月5日，第2版。

③　习近平：《论党的宣传思想工作》，中央文献出版社2020年版，第76页。

根本。抛弃传统、丢掉根本，就等于割断了自己的精神命脉。博大精深的中华优秀传统文化是我们在世界文化激荡中站稳脚跟的根基。"[1]面对西方"普世价值观"的冲击，我们要坚守住社会主义核心价值观，就必须守住自己的民族文化，因为民族文化是一个民族区别与其他民族的独特标识，这个标识不可模糊；面对民族文化虚无主义的蛊惑，我们应该树立起高度的民族文化自信，通过去粗取精、去伪存真，将其中所蕴含的文化精神继承和弘扬起来，使社会主义核心价值观因为汲取了传统文化的精华而具有强大的生命力和影响力。

中华文化是中国特色国家治理体系形成和发展的基础。完善和发展中国特色社会主义制度，推进国家治理体系和治理能力现代化，是全面深化改革的总目标。作为政治文明发展的产物，国家治理体系具有超越国界的一般属性和一般要求，但作为一种国家政治行为，国家治理体系又具有鲜明的国别属性。习近平总书记指出："一个国家选择什么样的治理体系，是由这个国家的历史传承、文化传统、经济社会发展水平决定的。"[2]而在这之中，历史文化以其恒久的稳定性和强大的渗透力无疑居于中心地位。虽然一个国家的文化历经岁月的演变，其外在表现和结构会发生变化，但其内在的价值追求和本质规定并不会随着时间的演变而发生历史性断裂，而是凭借各种文化形式和社会化渠道，一代代地传下来。习近平总书记指出："我国今天的国家治理体系，是在我国历史传承、文化传统、经济社会发展的基础上长期发展、渐进改进、内生性演化的结果。"[3]在古代中国，"王权支配社会"一直是中国传统政治文化核心诉求。秦始皇结束战国乱局一统天下，率先把这种政治文化诉求变成了现实，并以此为蓝图缔造了中央集权式的国家治理体系。秦以后

---

[1] 中共中央文献研究室编：《习近平关于社会主义文化建设论述摘编》，中央文献出版社2017年版，第107-108页。

[2] 《习近平谈治国理政》，外文出版社2014年版，第105页。

[3] 《习近平谈治国理政》，外文出版社2014年版，第105页。

的历朝在具体环节方面虽时有变化，但并没有改变这种体系，反而都是以此为中心进行改革。而深受欧洲大陆文化影响，一直视自由、民主、分权为圭臬的美国，则建构了一个与中国迥异的国家治理体系。中国是先有中央，再有州府郡县，一切强调的是自上而下。而美国是先有市县州，然后才有联邦，一切是自下而上。文化塑造了国家、塑造了国民，也塑造了一个国家的治理体系。

求木之长者，必固其根本；欲流之远者，必浚其泉源。面对前进道路上的各种风险挑战，坚持中国特色社会主义道路自信、理论自信、制度自信，必须坚定不移地灌注中华文化的强劲血脉。脱离中华文化这片"沃土"，寻求旁门左道，中国特色社会主义就会成为无源之水、无本之木。

第一章

中国式现代化的理论体系

经过百余年的探索实践，特别是党的十八大以来，我们党不仅成功推进和拓展了中国式现代化，创造了经济快速发展和社会长期稳定的奇迹，更是构建了中国式现代化的理论体系。习近平总书记指出："党的十八大以来，我们党在已有基础上继续前进，不断实现理论和实践上的创新突破，成功推进和拓展了中国式现代化。我们在认识上不断深化，创立了新时代中国特色社会主义思想，实现了马克思主义中国化时代化新的飞跃，为中国式现代化提供了根本遵循。我们进一步深化对中国式现代化的内涵和本质的认识，概括形成中国式现代化的中国特色、本质要求和重大原则，初步构建中国式现代化的理论体系，使中国式现代化更加清晰、更加科学、更加可感可行。"[1]中国式现代化的中国特色、本质要求、重大原则等是顶层设计。理解和推进中国式现代化，必须在坚持中国特色的基础上，牢牢把握中国式现代化的本质要求和重大原则。

一、中国式现代化的中国特色

党的二十大报告指出："中国式现代化，是中国共产党领导的社会主义现代化，既有各国现代化的共同特征，更有基于自己国情的中国特色。"[2]中国式现代化，是人口规模巨大的现代化，是全体人民共同富裕的现代化，是物质文明和精神文明相协调的现代化，是人与自然和谐共生的现代化，是走和平发展道路的现代化。

（一）人口规模巨大的现代化

这是中国式现代化的显著特征。人口规模不同，现代化的任务就不同，其艰巨性、复杂性就不同，发展途径和推进方式也必然有自己的特点。据统

---

① 《习近平在学习贯彻党的二十大精神研讨班开班式上发表重要讲话强调 正确理解和大力推进中国式现代化》，《人民日报》2023年2月8日，第1版。

② 习近平：《高举中国特色社会主义伟大旗帜 为全面建设社会主义现代化国家而团结奋斗——在中国共产党第二十次全国代表大会上的报告》，人民出版社2022年版，第22页。

计，当前世界上真正实现现代化的国家有20多个，从人口规模看，美国是3.3
亿多，日本是1.24亿多，德国是8000多万，英国和法国都是6000多万，爱尔兰
只有500多万。我国14亿多人口实现现代化，意味着将极大改变世界现代化的
版图。大有大的好处，如规模经济的优势、创新应用场景的优势、更大的战
略纵深和抗风险能力。但大也有大的难处。一个很小的问题，乘以14亿，都
会变成一个大问题；一个很大的总量，除以14亿，都会变成一个小数目。

（二）全体人民共同富裕的现代化

这是中国式现代化的本质特征，也是区别于西方现代化的显著标志。西
方现代化的最大弊端，就是以资本为中心而不是以人民为中心，追求的是资
本利益的最大化而不是服务绝大多数人的利益，结果是造成整个社会贫富差
距大、两极分化严重。法国学者托马斯·皮凯蒂在《21世纪资本论》一书里，
用大量的数据深入分析了西方富裕国家内部不平等加剧的原因。他认为，近
几十年来，西方国家巨大的财富日益向顶层集中，中产阶层财富份额正在减
少，底层基本上一无所有。导致这一现象的主要原因就在于资本的收益率大
于经济增长率（$r>g$），顶级富豪的财富年均增速达到7%~8%，而世界GDP年
均增长率约为2%~3%。习近平总书记在哲学社会科学工作座谈会上专门提到
了这本书，认为"该书用翔实的数据证明，美国等西方国家的不平等程度已
经达到或超过了历史最高水平，认为不加制约的资本主义加剧了财富不平等
现象，而且将继续恶化下去。作者的分析主要是从分配领域进行的，没有过
多涉及更根本的所有制问题，但使用的方法、得出的结论值得深思。"[①]同西方
现代化不同，中国式现代化始终坚持发展为了人民、发展依靠人民、发展成
果由人民共享，不仅在推动全体人民共同富裕上取得重要进展，更是形成了
一套促进全体人民共同富裕的思想理念、制度安排、政策举措。比如，通过
持续不断的努力，我国按时完成了脱贫攻坚，使近1亿农村贫困人口脱贫，创

---

① 习近平：《在哲学社会科学工作座谈会上的讲话》，人民出版社2016年版，第15页。

造了人类脱贫史上的奇迹。

（三）物质文明和精神文明相协调的现代化

这是中国式现代化的崇高追求。无论是社会主义现代化还是资本主义现代化，都追求物质性的现代化，都强调要加强物质文明建设。但两者的区别在于资本主义把物质文明上升到终极目标的位置并因此忽略甚至销蚀了人的精神追求，而社会主义既强调物质富足、也强调精神富有。西方早期的现代化，一边是物质财富的积累，一边是物欲横流、拜物主义盛行。恩格斯曾经振聋发聩地提出问题："它把丑恶的物质享受提到了至高无上的地位，毁掉了一切精神内容。这会造成什么后果呢？"[①]"它使人和人之间除了赤裸裸的利害关系，除了冷酷无情的'现金交易'，就再也没有任何别的联系了。它把宗教虔诚、骑士热忱、小市民伤感这些情感的神圣激发，淹没在利己主义打算的冰水之中。它把人的尊严变成了交换价值，用一种没有良心的贸易自由代替了无数特许的和自力挣得的自由"[②]。可以说在资本主义现代化的视野中，"物质"才是一切。而中国式现代化在重视物质文明建设的同时，始终重视精神文明建设。改革开放以来，我们党围绕精神文明建设召开了三次中央全会，分别是：1986年9月召开的党的十二届六中全会，通过了《中共中央关于社会主义精神文明建设指导方针的决议》；1996年10月召开的党的十四届六中全会，通过了《关于加强社会主义精神文明建设若干重要问题的决议》；2011年10月召开的党的十七届六中全会，通过了《中共中央关于深化文化体制改革 推动社会主义文化大发展大繁荣若干重大问题的决定》。党的十八大以来，习近平总书记围绕精神文明建设发表了一系列重要讲话，反复强调"实现中国梦，是物质文明和精神文明均衡发展、相互促进的结果。没有文明的继承和发展，

---

① 《马克思恩格斯全集》第1卷，人民出版社1956年版，第636页。

② 《马克思恩格斯选集》第1卷，人民出版社2012年版，第403页。

没有文化的弘扬和繁荣，就没有中国梦的实现"[1]。这些都彰显了我们党对精神文明建设的重视和对社会主义现代化建设规律的把握。

（四）人与自然和谐共生的现代化

人与自然关系是人类社会发展必须面对和处理的重大关系。尊重自然、顺应自然、保护自然，促进人与自然和谐共生，是中国式现代化的鲜明特点。西方资本主义社会，对资本的过度放纵和对剩余价值的无限追求，不仅异化了人与人的关系，也异化了人与自然的关系。回顾西方现代化的历程可以发现，他们虽然率先实现了现代化，但这种现代化是以"透支自然"为代价的。马克思在《1844年经济学哲学手稿》中深刻指出：异化使自然界与人相脱离，"对于工人来说，甚至对新鲜空气的需要也不再成其为需要了。人又退回到洞穴中居住，不过这洞穴现在已被文明的污浊毒气所污染"[2]。1952年12月5日至9日，伦敦上空被大量工厂生产和居民燃煤取暖排出的废气笼罩，直接导致4000多人死亡。从1850年到2019年，全球累计的二氧化碳排放量是2.42万亿吨，其中发达国家排放了1.4万亿吨，占比是57%。中国式现代化，是植根中华文化并以马克思主义为指导的社会主义现代化。无论从哪个角度讲，中国式现代化都是坚持人与自然和谐共生的现代化。中华文化历来推崇"天人合一"，马克思则把共产主义定义为"人和自然界之间、人和人之间的矛盾的真正解决"[3]。在推进社会主义现代化进程中，生态文明建设是"五位一体"总体布局中的一位，坚持人与自然和谐共生是新时代坚持和发展中国特色社会主义基本方略中的一条，绿色是新发展理念中的一个，污染防治是"三大攻坚战"中的一大攻坚战。这"四个一"符合人类社会发展规律，顺应人民群众对蓝天碧水的期盼，已经成为全党全社会的思想共识和行动自觉。

---

[1]　中共中央党史和文献研究院编：《习近平关于社会主义精神文明建设论述摘编》，中央文献出版社2022年版，第4—5页。

[2]　《马克思恩格斯文集》第1卷，人民出版社2009年版，第225页。

[3]　《马克思恩格斯文集》第1卷，人民出版社2009年版，第185页。

（五）走和平发展道路的现代化

和平发展是人类社会发展的首要条件，也是人类追求的共同目标。坚持和平发展，在坚定维护世界和平发展中谋求自身发展，又以自身发展更好维护世界和平与发展，推动构建人类命运共同体，是中国式现代化的突出特点。西方国家虽然率先实现了现代化，但它们的现代化是通过战争、殖民、掠夺等方式实现的，是损人利己、充满血性罪恶的现代化。亨廷顿认为："15世纪结束时摩尔人最终重新征服了伊比利亚半岛，葡萄牙人开始了对亚洲的渗透，西班牙人开始了对美洲的渗透。在其后的250年间，整个西半球和亚洲的重要部分都被置于欧洲的统治和控制之下。"[①]到19世纪中后叶，西方文明最终确立了其在世界政治经济格局中主导地位，但"西方赢得世界，并不是通过其思想、价值或宗教的优势（其他文明中几乎没有多少人皈依它们），而是通过它运用有组织的暴力方面的优势"[②]。这是任何曾经遭到西方势力侵略的美洲、亚洲和非洲各民族的共同感受和认识。与西方现代化不同，中国式现代化始终高举和平、发展、合作、共赢的旗帜，在坚定维护世界和平与发展中谋求自身发展，又以自身发展更好维护世界和平与发展。走和平发展道路，是中华文化基因使然，也是社会主义制度使然。在中华民族五千多年的悠久文化传统中，"和合"文化始终居于主导地位。今天，坚持和平发展，不仅被写入党章、宪法，成为我们处理对外关系的基本准则，更是被写入联合国宪章成为各国处理国际关系的基本准则。

---

① ［美］塞缪尔·亨廷顿：《文明的冲突与世界秩序的重建》，周琪、刘绯、张立平、王圆译，新华出版社2002年版，第36页。

② ［美］塞缪尔·亨廷顿：《文明的冲突与世界秩序的重建》，周琪、刘绯、张立平、王圆译，新华出版社2002年版，第27页。

二、中国式现代化的本质要求

党的二十大报告指出："中国式现代化的本质要求是：坚持中国共产党领导，坚持中国特色社会主义，实现高质量发展，发展全过程人民民主，丰富人民精神世界，实现全体人民共同富裕，促进人与自然和谐共生，推动构建人类命运共同体，创造人类文明新形态。"①这个概括是党深刻总结我国和世界其他国家现代化建设的历史经验，对我国这样一个东方大国如何加快实现现代化在认识上不断深入、战略上不断成熟、实践上不断丰富而形成的思想理论结晶。

（一）坚持中国共产党领导

这是对中国式现代化领导力量的本质要求。坚持党对一切工作的领导，是党和国家的根本所在、命脉所在，是全国各族人民的利益所在、幸福所在。历史地看，中国对现代化的追寻开启于鸦片战争以后。以毛泽东同志为主要代表的中国共产党人在深刻总结近代中国改良、革命经验教训的基础上，通过艰辛的探索，最终找到了一条通过"革命化"解决政权和主权问题进而实现"现代化"的发展道路。经过28年的艰苦奋斗，我们取得了新民主主义革命的胜利，成立了新中国，实现了国家主权独立，我国现代化建设迎来了光明前景。在社会主义革命和建设时期，我们党团结带领人民进行社会主义革命，消灭了在中国延续几千年的封建制度，确立社会主义基本制度，实现了中华民族有史以来最为广泛而深刻的社会变革，为现代化建设奠定了根本政治前提和制度基础。在改革开放和社会主义现代化建设新时期，我们党作出把党和国家工作重点转移到经济建设上来、实行改革开放的历史性决策，开启了中国式现代化的新征程。中国特色社会主义新时代，我们党在已有基础上继续前进，坚持问题导向，围绕解决现代化建设中存在的突出矛盾和问题，

---

① 习近平：《高举中国特色社会主义伟大旗帜 为全面建设社会主义现代化国家而团结奋斗——在中国共产党第二十次全国代表大会上的报告》，人民出版社2022年版，第23-24页。

全面深化改革，不断实现理论和实践上的创新突破，成功推进和拓展了中国式现代化。可以说，中国式现代化，是中国共产党领导全国各族人民在长期探索和实践中历经千辛万苦、付出巨大代价取得的重大成果，必须由中国共产党来领导，也只能由中国共产党来领导，这直接关系中国式现代化的根本方向、前途命运、最终成败。

（二）坚持中国特色社会主义

这是对中国式现代化社会制度的本质要求。中国式现代化，是社会主义的现代化，不是资本主义的现代化，也不是其他什么主义的现代化。历史地看，中国特色社会主义是在改革开放四十多年的伟大实践中得来的，是在新中国成立七十多年的持续探索中得来的，是在我们党领导人民进行伟大社会革命一百多年的实践中得来的，是在近代以来中华民族由衰到盛一百八十多年的历史进程中得来的，是在世界社会主义五百多年波澜壮阔的发展历程中得来的，是在对中华文明五千多年的传承发展中得来的。改革开放以来，我国现代化建设取得的一切成绩和进步的根本原因，归结起来就是：开辟了中国特色社会主义道路，形成了中国特色社会主义理论体系，确立了中国特色社会主义制度，发展了中国特色社会主义文化。中国特色社会主义道路是实现途径，中国特色社会主义理论体系是行动指南，中国特色社会主义制度是根本保障，中国特色社会主义文化是精神力量，四者统一于中国特色社会主义伟大实践。因此，中国式现代化必须坚持中国特色社会主义，是历史的结论、人民的选择，是被实践证明了的能够引导中华民族走向伟大复兴、实现建成社会主义现代化强国目标的唯一正确道路，我们必须倍加珍惜、长期坚持、永不动摇。习近平总书记指出："只有社会主义才能救中国，只有坚持和发展中国特色社会主义才能实现中华民族伟大复兴。"[1]面对前进道路中可能遇到的风险挑战，只有坚持和发展中国特色社会主义，始终不渝地坚定道路自

---

[1] 习近平：《在第十三届全国人民代表大会第一次会议上的讲话》，《人民日报》2018年3月21日，第2版。

信、理论自信、制度自信、文化自信，才能牢牢掌握自己的前途和命运，才能不断开辟新天地、创造新奇迹。

（三）实现高质量发展

这是对中国式现代化经济建设的本质要求。高质量发展是全面建设社会主义现代化国家的首要任务，也是构建新发展格局的战略任务。所谓高质量发展，就是能够很好满足人民日益增长的美好生活需要的发展，是体现新发展理念的发展，是以创新为第一动力、协调为内生特点、绿色为普遍形态、开放为必由之路、共享为根本目的的发展。经过几十年的快速发展，新时代我国经济发展的重要特征是，由高速增长转向高质量发展、从量的扩张转向质的提升。现实也表明，过去那种依靠资源等要素投入推动经济增长和规模扩张的粗放型发展方式，不仅质效不高，而且不具有可持续性。推动高质量发展，根本在于完整准确全面贯彻新发展理念，关键在于推动创新成为发展的第一动力，实现高水平科技自立自强。党的二十大首次把科教兴国战略、人才强国战略和创新驱动发展战略放在一起统筹部署、一体安排，就是为了强化创新发展、科技自立自强在全面建设社会主义现代化国家中的地位。推动高质量发展，还要在不断提高发展质效的基础上，保持我国经济运行在合理的区间，实现合理的经济增长、充分的就业、稳定的物价和基本平衡的国际收支，只有这样才能推动经济发展和人民生活不断迈上新台阶。按照"两个阶段"战略安排，我国人均收入到2035年要达到中等发达国家的水平。即使按照现有的标准，要达到中等发达国家的人均收入水平，也要求我国经济在未来的10余年中保持每年5%左右的增速。

（四）发展全过程人民民主

这是对中国式现代化政治建设的本质要求。人民民主是社会主义的生命，是全面建设社会主义现代化国家的应有之义。没有民主就没有社会主义，就没有社会主义现代化，就没有中华民族伟大复兴。党的二十大报告指出："全过程人民民主是社会主义民主政治的本质属性，是最广泛、最真实、最管用的民主。"①民主不是装饰品，不是摆设。如果人民只有在投票时被唤醒、投票后就进入了休眠期，只有竞选时聆听各种天花乱坠的口号、竞选后就毫无发言权，只有选举时受宠、选举后被冷落，这样的民主并不是真正的民主。同西方资本主义民主不同，我国全过程人民民主是全链条、全方位、全覆盖的民主，不仅有完整的制度程序，而且有完整的参与实践，形成了全面、广泛、有机衔接的人民当家作主制度体系，构建了多样、畅通、有序的民主渠道，实现了过程民主和成果民主、程序民主和实质民主、直接民主和间接民主、人民民主和国家意志相统一。面对西方打着民主旗号推销"普世价值论"、煽动"颜色革命"的行径，我们必须在坚定政治自信、坚定不移地走中国特色社会主义政治发展道路的同时，积极引导国际社会树立正确的民主观，捍卫各国正当民主权利。面对人民群众日益增长的民主权利诉求，我们要继续推进全过程人民民主建设，把人民当家作主具体地、现实地体现到治国理政的政策措施上来，体现到党和国家机关各个方面各个层级工作上来，体现到实现人民对美好生活向往的工作上来。

（五）丰富人民精神世界

这是对中国式现代化文化建设的本质要求。人无精神则不立，国无精神则不强。如果说物质是一个民族赖以发展的血脉，精神则是一个民族赖以长久生存的灵魂，唯有精神上达到一定的高度，这个民族才能在历史的洪流中屹立不倒、奋勇向前。习近平总书记指出："一个民族的复兴需要强大的物质力量，也需要强大的精神力量。没有先进文化的积极引领，没有人民精神世界的极大丰富，没有民族精神力量的不断增强，一个国家、一个民族不可能

---

① 习近平：《高举中国特色社会主义伟大旗帜 为全面建设社会主义现代化国家而团结奋斗——在中国共产党第二十次全国代表大会上的报告》，人民出版社2022年版，第37页。

屹立于世界民族之林。"①世界文明发展史也表明，一个信仰缺失、道德低下、精神萎靡的民族必然会陷于衰亡，根本谈不上振兴。实现中华民族伟大复兴、全面建成社会主义现代化强国的目标，既离不开社会物质财富的不断增长，也离不开人民精神世界的极大丰富。我们要坚持马克思主义在意识形态领域指导地位的根本制度，坚持为人民服务、为社会主义服务，坚持百花齐放、百家争鸣，坚持创造性转化、创新性发展，以社会主义核心价值观为引领，发展社会主义先进文化，弘扬革命文化，传承中华优秀传统文化，满足人民日益增长的精神文化需求。特别是要大力实施公民道德建设工程，弘扬中华传统美德，加强家庭家教家风建设，加强和改进未成年人思想道德建设，推动明大德、守公德、严私德，不断提高人民思想觉悟、道德水准、文明素养，提高全社会文明程度。

（六）实现全体人民共同富裕

这是对中国式现代化社会建设的本质要求。毛泽东曾指出："现在我们实行这么一种制度，这么一种计划，是可以一年一年走向更富更强的，一年一年可以看到更富更强些。而这个富，是共同的富，这个强是共同的强，大家都有份。"②1990年12月，邓小平在同几位中央负责同志谈话时指出："共同致富，我们从改革一开始就讲，将来总有一天要成为中心课题。社会主义不是少数人富起来、大多数人穷，不是那个样子。社会主义最大的优越性就是共同富裕，这是体现社会主义本质的一个东西。"③一方面，共同富裕是社会主义的本质要求，我们必须把实现共同富裕作为现代化建设的出发点和落脚点。我们之所以花费那么大的精力、财力、人力去实施脱贫攻坚战略，解决绝对贫困问题，说到底是由社会主义本质决定的。另一方面，共同富裕是一个目

①　中共中央文献研究室编：《习近平关于社会主义文化建设论述摘编》，中央文献出版社2017年版，第7页。
②　《毛泽东文集》第六卷，人民出版社1999年版，第495页。
③　《邓小平文选》第三卷，人民出版社1993年版，第364页。

标要求，实现它需要经历一个历史过程。比如，2022年城乡居民收入差距是
2.45：1，实现共同富裕的目标应该是降到2：1以内。再如，现在我国中等收
入群体人口有4亿多，这个数量比美国的总人口都多，但这个人口总数只占到
我国人口总量的30%，下一步的目标是中等收入群体超过人口总量的50%。所
以，实现共同富裕是一个长期的历史过程，不可能一蹴而就，必须久久为功，
咬定青山不放松，不断取得新进展。

（七）促进人与自然和谐共生

这是对中国式现代化生态文明建设的本质要求。大自然是人类赖以生存
发展的基本条件，人与自然关系是人类社会最基本的关系。生态兴则文明兴，
生态衰则文明衰。人类历史教训表明，在推进现代化的进程中，对自然界不
能只讲索取不讲投入，不能只讲发展不讲保护，不能只讲利用不讲修复。改
革开放以来，我国经济发展取得了巨大成就，但也积累了大量生态环境问题，
成为明显短板，甚至在一个时期内成为民生之患、民心之痛。伴随着社会主
要矛盾的变化，人民群众从"求生存"到"求生态"，从"盼温饱"到"盼环
保"，对干净水质、绿色食品、清新空气、优美环境等的需求日益迫切。回应
人民群众期盼，党的十八大报告首次把生态文明建设纳入社会主义现代化建
设总体布局，提出要"把生态文明建设放在突出地位，融入经济建设、政治
建设、文化建设、社会建设各方面和全过程，努力建设美丽中国，实现中华
民族永续发展"[1]。在中国特色社会主义新时代，党中央更是把生态文明建设
作为关系中华民族永续发展的根本大计，坚持绿水青山就是金山银山的理念，
全方位、全地域、全过程加强生态环境保护，推动我国生态环境保护发生历
史性、转折性、全局性变化。党的二十大报告进一步指出："尊重自然、顺应
自然、保护自然，是全面建设社会主义现代化国家的内在要求。必须牢固树
立和践行绿水青山就是金山银山的理念，站在人与自然和谐共生的高度谋划

---

[1]　胡锦涛：《坚定不移沿着中国特色社会主义道路前进　为全面建成小康社会而奋斗——
在中国共产党第十八次全国代表大会上的报告》，人民出版社2012年版，第39页。

发展。"①在推进中国式现代化的过程中，我们必须坚持可持续发展，坚持节约优先、保护优先、自然恢复为主的方针，像保护眼睛一样保护自然和生态环境，坚定不移走生产发展、生活富裕、生态良好的文明发展道路，实现中华民族永续发展。

（八）推动构建人类命运共同体

这是对中国式现代化对外交往的本质要求。当前，世界之变、时代之变、历史之变正以前所未有的方式展开。一方面，和平、发展、合作、共赢的历史潮流不可阻挡，但另一方面，恃强凌弱、巧取豪夺、零和博弈等霸权霸道霸凌行径危害深重，和平赤字、发展赤字、安全赤字、治理赤字加重，人类社会面临前所未有的挑战。和平、发展、进步的阳光与霸权、战争、贫穷的阴霾交错交织，共同构成了今日世界的发展图景。让阳光穿透阴霾，让世界实现共赢共享，成为各国人民的共同期待。习近平总书记指出："中国坚持走和平发展道路，奉行独立自主的和平外交政策，实行互利共赢的对外开放战略，着力点之一就是积极主动参与全球治理，构建互利合作格局，承担国际责任义务，扩大同各国利益汇合，打造人类命运共同体。"②党的二十大报告强调："中国始终坚持维护世界和平、促进共同发展的外交政策宗旨，致力于推动构建人类命运共同体。"③构建人类命运共同体，对于中国来说，是习近平新时代中国特色社会主义思想的重要组成部分，也是新时代中国特色社会主义必须坚持的基本方略之一；对于世界来说，不仅为人类应对当前各种风险挑战提供了路径方案，也为人类未来的发展描绘了美好蓝图。面对浩浩荡荡的世界大势、时代潮流，我们必须坚持在和平共处五项原则基础上同各国发

①　习近平：《高举中国特色社会主义伟大旗帜　为全面建设社会主义现代化国家而团结奋斗——在中国共产党第二十次全国代表大会上的报告》，人民出版社2022年版，第49—50页。

②　《习近平外交演讲集》，中央文献出版社2022年版，第375页。

③　习近平：《高举中国特色社会主义伟大旗帜　为全面建设社会主义现代化国家而团结奋斗——在中国共产党第二十次全国代表大会上的报告》，人民出版社2022年版，第60页。

展友好合作，推动构建新型国际关系，深化拓展平等、开放、合作的全球伙伴关系，致力于扩大同各国利益的汇合点；坚持对外开放的基本国策，坚定奉行互利共赢的开放战略，不断以中国新发展为世界提供新机遇，推动建设开放型世界经济，更好惠及各国人民，以实际行动推动人类命运共同体落地开花。

（九）创造人类文明新形态

这是对中国式现代化文明形态的本质要求。文明与现代化紧密相关，现代化承载着文明的发展，决定着文明的兴衰。近代中国，错过了工业革命和科技革命的机遇，逐步沦为半殖民地半封建社会，国家蒙难、文明蒙尘、人民蒙辱。在中国共产党的领导下，中华民族不仅走上了民族复兴的伟大历程，更是探索形成了中国式现代化。习近平总书记指出："中国式现代化，深深植根于中华优秀传统文化，体现科学社会主义的先进本质，借鉴吸收一切人类优秀文明成果，代表人类文明进步的发展方向，展现了不同于西方现代化模式的新图景，是一种全新的人类文明形态。"[1]这一人类文明新形态，既是对中华传统文明和传统社会主义文明的超越，也是对资本主义文明的超越。中国式现代化蕴含的独特世界观、价值观、历史观、文明观、民主观、生态观等及其伟大实践，不仅把中华文明、社会主义文明推到了新高度，更是打破"现代化就是西方化、西方文明就是现代文明"的迷思，打破了"东方从属于西方"的旧文明格局，拓展了发展中国家走向现代化的路径选择，为人类对更好社会制度的探索提供了中国方案。在全面建设社会主义现代化国家的历史进程中，我们既要一如既往、始终不渝地坚持和拓展中国式现代化，也要承担起大国责任，为人类文明进步贡献更多中国智慧和中国力量。当然，这绝不意味着我们要向世界输出"中国模式"，而只是为发展中国家的现代化建设提供有益借鉴。实现现代化是世界各国人民的权利和必然选择，关键是找

---

[1] 《习近平在学习贯彻党的二十大精神研讨班开班式上发表重要讲话强调 正确理解和大力推进中国式现代化》，《人民日报》2023年2月8日，第1版。

到符合本国国情、符合人类社会发展规律的发展道路，这既是中国式现代化的精髓所在，也是广大发展中国家迈向现代化必须遵循的规律性要求。

三、中国式现代化必须把握的重大原则

全面建设社会主义现代化国家是一项伟大而艰巨的事业，前途光明，任重道远。党的二十大报告指出，我国发展进入战略机遇和风险挑战并存、不确定难预料因素增多的时期，各种"黑天鹅"、"灰犀牛"事件随时可能发生。我们必须增强忧患意识，坚持底线思维，做到居安思危、未雨绸缪，准备经受风高浪急甚至惊涛骇浪的重大考验。[①]在推进中国式现代化的道路上，必须牢牢把握以下重大原则。

（一）坚持和加强党的全面领导

党政军学民，东西南北中，党是领导一切的。党的全面领导直接关系中国式现代化的根本方向、前途命运、最终成败。党的二十大报告指出："坚决维护党中央权威和集中统一领导，把党的领导落实到党和国家事业各领域各方面各环节，使党始终成为风雨来袭时全体人民最可靠的主心骨，确保我国社会主义现代化建设正确方向，确保拥有团结奋斗的强大政治凝聚力、发展自信心，集聚起万众一心、共克时艰的磅礴力量。"[②]坚持和加强党的全面领导，不是空洞的、抽象的，必须体现到经济建设、政治建设、文化建设、社会建设、生态文明建设和党的建设、国防军队、祖国统一、外交工作等各方面。哪个领域、哪个方面、哪个环节缺失了弱化了，都会削弱党的力量，损害党和国家事业。坚持和加强党的全面领导，还必须坚决维护党中央权威和集中统一领导。事在四方，要在中央。习近平总书记指出："我们这么大一个

---

①　习近平：《高举中国特色社会主义伟大旗帜 为全面建设社会主义现代化国家而团结奋斗——在中国共产党第二十次全国代表大会上的报告》，人民出版社2022年版，第26页。

②　习近平：《高举中国特色社会主义伟大旗帜 为全面建设社会主义现代化国家而团结奋斗——在中国共产党第二十次全国代表大会上的报告》，人民出版社2022年版，第26页。

党、这么大一个国家，如果党中央不能实行坚强有力的集中统一领导，就会出现各自为政、自行其是的局面，那就什么事情也干不成。"①在世界现代化的历史上，之所以有那么多的国家倒在现代化的门槛上，一个重要的原因就是缺乏强有力政党的领导。亨廷顿在总结第三次世界现代化浪潮时专门就发展中国家政党力量与经济社会发展的关系进行了深入阐述："凡达到目前和预料的高水平政治安定的发展中国家，莫不至少拥有一个强有力的政党；同有强大的政党的政治体系相比，在没有强有力政党的政治体系中，更容易出现暴乱、骚动和其他形式的政治不安定。"②当前，全面建设社会主义现代化国家的蓝图已经擘画，时间表、路线图已经确定。能否按照既定的战略部署和目标任务顺利推进社会主义现代化建设，能否有效抵御各种风险挑战，确保不偏向、不变通、不走样，关键在于能否坚定维护党中央权威和集中统一领导。我们必须始终坚持党中央集中统一领导，坚定维护党中央权威，深刻领悟"两个确立"的决定性意义，增强"四个意识"、坚定"四个自信"、做到"两个维护"。

（二）坚持中国特色社会主义道路

道路关乎党的命脉，关乎国家前途、民族命运、人民幸福。推进中国式现代化，必须坚持正确的方向。党的二十大报告指出："坚持以经济建设为中心，坚持四项基本原则，坚持改革开放，坚持独立自主、自力更生，坚持道不变、志不改，既不走封闭僵化的老路，也不走改旗易帜的邪路，坚持把国家和民族发展放在自己力量的基点上，坚持把中国发展进步的命运牢牢掌握在自己手中。"③进入新时代以来，伴随着中国式现代化的成功实践，东西方

---

① 《中共中央政治局召开民主生活会强调 坚持团结奋斗 贯彻落实好党的二十大重大决策部署 中共中央总书记习近平主持会议并发表重要讲话》，《人民日报》2022年12月28日，第1版。

② ［美］塞缪尔·亨廷顿：《变革社会中的政治秩序》，华夏出版社1988年版，第396页。

③ 习近平：《高举中国特色社会主义伟大旗帜 为全面建设社会主义现代化国家而团结奋斗——在中国共产党第二十次全国代表大会上的报告》，人民出版社2022年版，第27页。

发展道路之争日益激烈。2022年10月，美国政府发布拜登任内首份《国家安全战略报告》，声称"中国是唯——个既有意图又有能力重塑国际秩序的竞争者，对美构成最严重地缘政治挑战"。2022年11月，美国国防部发布2022年度《中国军力报告》，称中国对美国的国家安全和自由开放的国际体系构成"最严重、最具系统性的挑战"。所谓"最严重"的挑战，是美国认为中国的发展削弱了发展中国家对美国的认同，制约了美国的全球领导地位，已经触及美国的全球利益和核心利益；所谓"最具系统性"的挑战，是美国认为中国式现代化的成功不仅威胁其在世界上的霸主地位，还威胁美国利益集团在全球获得巨额利益的空间，而且威胁其所宣扬的价值观和发展模式。中美战略博弈既是复兴大国和霸权国家的国家实力之争，也是社会主义和资本主义两条道路、两种制度之争，还是多边和单边、人类命运共同体和全球霸权两种国际秩序观之争，将比历史上任何一次大国竞争都尖锐复杂，将贯穿全面建设社会主义现代化国家全过程。面对不断加剧的发展道路之争，我们必须坚定走中国式现代化道路的自信，既不走封闭僵化的老路，也不走改旗易帜的邪路。

（三）坚持以人民为中心的发展思想

江山就是人民，人民就是江山。中国共产党领导人民打江山、守江山，守的是人民的心。坚持以人民为中心，是中国式现代化与西方现代化最本质的区别。西方现代化是以"资本"为中心的现代化，它的一切社会活动都是围绕资本进行的，遵循的是"资本逻辑"。一些发展中国家在现代化进程中曾接近发达国家的门槛，却掉进了"中等收入陷阱"，长期处于停滞状态，甚至严重倒退，一个重要原因就是没有解决好为谁发展的问题。中国式现代化必须坚持以人民为中心的发展思想，是由中国共产党的性质宗旨决定的，也是社会主义的本质要求。当然，以人民为中心的发展思想，不是一个抽象的、玄奥的概念，不能只停留在口头上，止步于思想环节，而要体现在经济社会发展各个环节。列宁曾指出："大多数人是根据实际生活得出自己的信念的，他们不相信书本和空谈。"[1]党的二十大报告指出："维护人民根本利益，增进民生福祉，不断实现发展为了人民、发展依靠人民、发展成果由人民共享，让现代化建设成果更多更公平惠及全体人民。"[2]当前，伴随着社会主要矛盾的变化，人民群众不再满足于一般性的物质文化生活，而是期盼有更好的教育、更稳定的工作、更满意的收入、更可靠的社会保障、更高水平的医疗卫生服务、更舒适的居住条件、更优美的环境。必须通过深化改革、创新驱动，提高经济发展质量和效益，生产出更多更好的物质精神产品，不断满足人民日益增长的物质文化需要。必须大力发展全过程人民民主，推进人权法治保障，坚决维护社会公平正义，让人民享有更加广泛、更加充分、更加全面的民主权利。必须调整收入分配格局，完善以税收、社会保障、转移支付等为主要手段的再分配调节机制，解决好收入差距问题，使发展成果更多更公平惠及全体人民。

（四）坚持深化改革开放

改革开放是决定当代中国命运的关键抉择，是党和人民事业大踏步赶上时代的重要法宝。进入中国特色社会主义新时代，我们党以巨大的政治勇气全面深化改革，打响改革攻坚战，解决了许多长期想解决而没有解决的难题，办成了许多过去想办而没有办成的大事；实行更加积极主动的开放战略，提出"一带一路"倡议，积极参与全球治理体系改革和建设，推动形成了更大范围、更宽领域、更深层次的对外开放格局。但我们也必须看到，无论是改革还是开放，只有进行时，没有完成时。回望历史，我们依靠改革开放，创造了人类历史上少有的发展奇迹，在富起来、强起来的征程上迈出了决定性步伐。展望未来，我们继续深化改革开放，着力破解发展难题，增强发展活力，厚植发展优势，为经济持续健康发展提供强大动力。党的二十大报告指

---

① 《列宁全集》第35卷，人民出版社1985年版，第374页。
② 习近平：《高举中国特色社会主义伟大旗帜 为全面建设社会主义现代化国家而团结奋斗——在中国共产党第二十次全国代表大会上的报告》，人民出版社2022年版，第27页。

出："深入推进改革创新，坚定不移扩大开放，着力破解深层次体制机制障碍，不断彰显中国特色社会主义制度优势，不断增强社会主义现代化建设的动力和活力，把我国制度优势更好转化为国家治理效能。"[①]面对各种制约高质量发展的体制机制障碍，必须坚持社会主义市场经济改革方向，着力构建高水平的社会主义市场经济体制。面对不断抬头的逆全球化思潮和甚嚣尘上的单边主义、保护主义，既要旗帜鲜明地反对保护主义，反对"筑墙设垒""脱钩断链"，反对单边制裁、极限施压，又要坚定奉行互利共赢的开放战略，着力推进更高水平对外开放，不断以中国新发展为世界提供新机遇，推动建设开放型世界经济。

（五）坚持发扬斗争精神

敢于斗争、敢于胜利是党和人民不可战胜的强大精神力量。中国共产党的建立、中华人民共和国的成立、改革开放的实施、中国特色社会主义事业的推进，都是在斗争中诞生、在斗争中发展、在斗争中壮大的。通过斗争，我们取得了政权；通过斗争，我们赢得了国际社会的尊重；通过斗争，我们走近了世界舞台的中央。没有伟大斗争，就没有新时代历史性成就、历史性变革。当前，世界百年未有之大变局加速演进，世界之变、时代之变、历史之变的特征更加明显。我国发展面临新的战略机遇、新的战略任务、新的战略阶段、新的战略要求、新的战略环境，需要应对的风险和挑战、需要解决的矛盾和问题更加错综复杂。习近平总书记指出："推进中国式现代化，是一项前无古人的开创性事业，必然会遇到各种可以预料和难以预料的风险挑战、艰难险阻甚至惊涛骇浪，必须增强忧患意识，坚持底线思维，居安思危、未雨绸缪，敢于斗争、善于斗争，通过顽强斗争打开事业发展新天地。"[②]以斗争

① 习近平：《高举中国特色社会主义伟大旗帜 为全面建设社会主义现代化国家而团结奋斗——在中国共产党第二十次全国代表大会上的报告》，人民出版社2022年版，第27页。
② 《习近平在学习贯彻党的二十大精神研讨班开班式上发表重要讲话强调 正确理解和大力推进中国式现代化》，《人民日报》2023年2月8日，第1版。

求安全则安全存，以软弱退让求安全则安全无；以斗争谋发展则发展兴，以软弱退让谋发展则发展衰。要增强全党全国各族人民的志气、骨气、底气，不信邪、不怕鬼、不怕压，知难而进、迎难而上，统筹发展和安全，全力战胜前进道路上各种困难和挑战，依靠顽强斗争打开事业发展新天地。各级领导干部要增强斗争本领，科学预见形势发展的未来走势，蕴藏其中的机遇和挑战、有利因素和不利因素，透过现象看本质，抓好战略谋划，牢牢掌握斗争主动权。

四、大力推进中国式现代化需要处理好的重大关系

习近平总书记指出："推进中国式现代化是一个系统工程，需要统筹兼顾、系统谋划、整体推进，正确处理好一系列重大关系。"[①]这些重大关系包括：顶层设计与实践探索的关系，战略与策略的关系，守正与创新的关系，效率与公平的关系，活力与秩序的关系，自立自强与对外开放的关系。

（一）处理好顶层设计与实践探索的关系

顶层设计事关行动的理念、目标、方向与路径，实践探索是落实理念、实现目标的具体行动，二者是辩证统一的，缺一不可。没有科学的顶层设计，实践探索就可能在迷雾中前行，就意味着有误入歧途的风险；没有大胆的实践探索，顶层设计就可能是乌托邦式的空想。

重视顶层设计、重视发展规划设计，是我们党治国理政的一个突出特点，也是我们能够用几十年的实践走完发达国家用几百年走完工业化历程的重要机制保障。德国学者韩博天在《红天鹅：中国独特的治理和制度创新》中比较中外基础上曾指出："发展规划设计作为一种预期性公共政策协调机制，不但时间跨度长而且涉及范围广，其对政策制定者的要求之高让很多国家望而却步，从20世纪80年代开始，大多数国家减少了发展规划的制定，甚至默默

---

① 习近平：《推进中国式现代化需要处理好若干重大关系》，《求是》2023年第19期。

放弃了在这方面的努力，唯有中国一直在锲而不舍地完成其规划设计。在过去的30多年里，中国经济充满活力，政府一方面削弱了社会主义计划经济体制下的大部分行业行政管理部门，另一方面重新对经济、社会、科技和环境保护等领域进行长远综合规划和设计。"①从五年规划的制定，到"三步走"发展战略的提出，再到制定"两个阶段"战略安排，都体现了我们党对顶层设计的重视。顶层设计分为最高层顶层设计、阶段性顶层设计、领域性顶层设计。中国式现代化的中国特色、本质要求和重大原则，是对推进中国式现代化的最高顶层设计。阶段性顶层设计则包括未来每五年制定的"五年规划"、2035年基本实现现代化、到本世纪中叶全面建成社会主义现代化强国的顶层设计。领域性的顶层设计则包括政治（发展全过程人民民主）、经济（推动高质量发展）、文化（丰富人民精神世界）、社会（实现全体人民共同富裕）、生态文明（促进人与自然和谐共生）以及国防和军队等诸领域现代化的顶层设计。这些阶段性、领域性的顶层设计就是推进中国式现代化的蓝图和时间表，我们必须坚持一张蓝图干到底，按照设计好的时间表稳步推进现代化的历史进程。

推进中国式现代化需要加强实践探索。事物的发展总是在确定性和不确定性的交织中前进的。如果说顶层设计着眼解决的是确定性问题，那么实践探索着眼解决的是不确定性问题。中国式现代化的成功，不仅在于我们重视顶层设计，也在于我们能够在坚持正确方向的基础上大胆实践、敢于探索。从"摸着石头过河"到实行农村联产承包责任制，再到建立经济特区、推动国有企业改革，再到我们党提出"一带一路"倡议、成立雄安新区，都展现了我们党敢于改革、敢于探索实践的精神。今天我国的现代化建设已经驶进了新的航程，前进的道路上不仅有"灰犀牛"，还会有"黑天鹅"；不仅有战略机遇，还有风险挑战。习近平总书记指出："推进中国式现代化是一个探索

① ［德］韩博天：《红天鹅：中国独特的治理和制度创新》，中信出版集团2018年版，第21页。

性事业，还有许多未知的领域，需要我们在实践中大胆探索，通过改革创新来推动事业发展，决不能刻舟求剑、守株待兔。"①每一个领域、每一个部门都要结合自身具体实际开拓创新，特别是在前沿实践、未知领域，鼓励大胆探索、敢为人先，寻求有效解决新矛盾新问题的思路和办法。

（二）处理好战略与策略的关系

战略和策略是我们党领导人民改造世界、变革实践、推动历史发展的有力武器。正确运用战略和策略，是我们党创造辉煌历史、成就千秋伟业、战胜各种风险挑战，不断从胜利走向胜利的成功秘诀。战略上判断得准确，战略上谋划得科学，战略上赢得主动，事业就大有希望；策略是在战略指导下为战略服务的，为战略实施提供科学方法。战略和策略是辩证统一的关系，离开了战略的指导，策略就可能陷入事务主义的陷阱，战略离开策略就可能变成好高骛远的代名词。

战略是从全局、长远、大势上作出判断和决策，对国家的发展进步有着极为重要的影响。所以，我们党历来重视战略问题。美国经济学家斯蒂芬·罗奇曾这样总结：长期以来，中国擅长将战略性思维应用于经济政策的设计中，从20世纪70年代第五个五年计划引入邓小平的改革开放，到"十四五"规划明确一套广泛的以消费者为主导的经济再平衡大政方针，战略一直是中国现代化发展奇迹中的精髓。邓小平作为卓越的政治家和战略家，特别善于从全局、战略的高度来思考中国的现代化建设问题。他多次指出："我们处理任何问题，都要从大局着眼。"②简略统计，在三卷本的《邓小平文选》中，"战略"一词出现了123次，"大局"一词出现了62次，"全局"一词出现了31次。③习近平总书记同样高度重视战略问题，指出："我们是一个大党，领导的是一

---

① 习近平：《推进中国式现代化需要处理好若干重大关系》，《求是》2023年第19期。

② 中共中央文献研究室编：《邓小平思想年谱（1975—1997）》，中央文献出版社1998年版，第92页。

③ 李忠杰：《中国的国家发展战略》，外文出版社2019年版，引言第13页。

个大国，进行的是伟大的事业，要善于进行战略思维，善于从战略上看问题、想问题。"①习近平任浙江省委书记时，提出了统领浙江发展的"八八战略"。这是经典的顶层设计，是谋划浙江新发展大势的战略筹划。但在"八八战略"刚提出来时，有一些同志是不理解的。曾任浙江省委副书记、省政协主席的李金明就说："'八八战略'提出要主动接轨上海、积极参与长江三角洲地区合作与交流，省里一些领导干部还是有顾虑的。有人说，我们浙江有民营经济优势，可以依托自己发展；还有人对'接轨'接什么、怎样去'接轨'，感到很茫然……而习近平同志当年是站在全局的战略高度，去考量浙江的定位问题，去思考浙江如何更好地发展，充分体现了他深谋远虑的大格局。"②今天，推进中国式现代化面临新的战略机遇、新的战略要求、新的战略环境，需要应对的风险和挑战、需要解决的矛盾和问题更加错综复杂。中国的问题会成为世界的问题，世界的问题也会演变为中国的问题。面对这样的局面，我们必须不断增强战略的前瞻性、全局性、稳定性。

策略为战略实施提供科学方法。正确的战略需要正确的策略来落实。比如，抗日战争时期，我们党基于反对法西斯主义的共同利益，提出要建立反法西斯国际统一战线，这是一个争取国际力量支持中国抗战的战略举措，但怎样把它落到实践中执行，需要采取符合实际的政策措施。在初期，提出只要是反对日本法西斯主义，不论其意识形态如何，阶级与党派如何，是否已经独立，是否曾经绥靖过日本，都可以成为被统战的对象。但在实践中逐渐发现，对不同对象不加区别地进行"统战"会对统战效果产生消极影响。毛泽东及时发现了这个不足，并进行了调整，提出了"既要广泛联合，又要区别对待"的策略方针。1938年10月，毛泽东在中共六届六中全会报告中对区

————————

① 《习近平在省部级主要领导干部学习贯彻党的十九届六中全会精神专题研讨班开班式上发表重要讲话强调 继续把党史总结学习教育宣传引向深入 更好把握和运用党的百年奋斗历史经验》，《人民日报》2022年1月12日，第1版。

② 《干在实处 勇立潮头——习近平浙江足迹》，人民出版社、浙江人民出版社2022年版，第29页。

别原则作了详细阐述。他指出，尽管中国的抗战得到了国际和平阵线国家的一致援助，但必须看到国际和平阵线内各国的不同情况，不可忘记资本主义国家与社会主义国家的区别，不可忘记资本主义国家之政府与资本主义国家之人民的区别，不可忘记现时与将来的区别。[①]所谓现时与将来的区别，就是时期的区别。太平洋战争爆发前，英美均在不同程度上对日执行了绥靖政策，直到太平洋战争爆发后才实现了态度上的彻底转变。由此可见，策略不能僵化不变，而是应该根据事物的变化发展及时调整。今天大力推进中国式现代化，我们不仅要有科学的战略谋划，还要有灵活的策略，也就是要结合本地区、本部门的实际制定策略。当然，策略的制定要在战略的框架下进行，绝不是脱离战略另搞一套。

（三）处理好守正与创新的关系

习近平总书记指出："守正创新是我们党在新时代治国理政的重要思想方法。守正才能不迷失方向、不犯颠覆性错误，创新才能把握时代、引领时代。"[②]历史地看，中国式现代化的探索就是一个在继承中发展、在守正中创新的历史过程。从"以俄为师"到"以苏为鉴"，从照搬照抄苏联模式再到建设有中国特色社会主义，都是我们党始终坚持守正创新的结果。

在推进中国式现代化进程中，首先要守好中国式现代化的本和源、根和魂，毫不动摇坚持中国式现代化的中国特色、本质要求和重大原则，守好中国特色社会主义道路之正、理论之正、制度之正、文化之正，确保中国式现代化的正确方向。在指导思想上，坚持马克思主义指导地位毫不动摇；在领导力量上，坚持党的领导毫不动摇；在发展道路上，坚持中国特色社会主义毫不动摇；在价值取向上，坚持以人民为中心毫不动摇。在这之中，坚持党的领导是管总的、管根本的。习近平总书记强调："党的二十大报告明确指出：'中国式现代化，是中国共产党领导的社会主义现代化。'这是对中国式现代

---

① 《建党以来重要文献选编》第15册，中央文献出版社2011年版，第637页。

② 习近平：《推进中国式现代化需要处理好若干重大关系》，《求是》2023年第19期。

化定性的话，是管总、管根本的。为什么要强调党在中国式现代化建设中的领导地位？这是因为，党的领导直接关系中国式现代化的根本方向、前途命运、最终成败。"①党的领导决定中国式现代化的根本性质，确保中国式现代化锚定奋斗目标行稳致远，激发建设中国式现代化的强劲动力，凝聚建设中国式现代化的磅礴力量。中国共产党是中国式现代化的领导力量，中国式现代化必须由中国共产党来领导，也只有由中国共产党来领导，才能确保中国特色得到保持、本质要求得到贯彻、重大原则得到坚持。

创新才能引领时代、把握时代。在世界现代化的历史进程中，创新是最强大的动力。工业革命的最早爆发地之所以是英国，一个重要的原因是英国实现了制度创新，在世界上最早确立了资产阶级的政治制度——君主立宪制。马克思对此评价道："正是随着君主立宪制的确立，在英国才开始了资产阶级社会的巨大发展和改造。"②作为现代化的后来者，我国在推进现代化过程中要实现弯道超车，更需要始终保持充足的创新锐气和动力。2022年4月，世界知识产权组织发布了《2022年全球创新指数报告》。报告显示，在132个参评的经济体中，我国排名为第11位，是前15名中唯一的发展中国家，也是世界上进步最快的国家。当然我们跟美国、德国、日本相比，还是要低一些，比如：我们的专利数量很多，发表的论文数量也很多，但质量有待提高。在科技上，我们总体上处在跟跑和并跑的阶段，领跑的少。关键核心技术，我们还存在卡脖子问题，所以要有清醒的认识。在思想认识上，我们要牢固树立"创新是发展的第一动力"理念；在国家战略上，要坚决贯彻实施创新驱动发展战略；在体制机制上，要坚持全面深化改革不动摇，为创新提供重要保障；在环境条件上，要坚决落实容错机制，确保人人敢创新。

（四）处理好效率与公平的关系

效率与公平的关系是人类在迈进现代化过程中必须面对的一对关系。在

---

① 习近平：《中国式现代化是中国共产党领导的社会主义现代化》，《求是》2023年第11期。
② 《马克思恩格斯全集》第7卷，人民出版社1959年版，第251—252页。

西方现代化过程中，受制于资本主义社会的本性，无法从根本上处理好效率与公平的关系问题。在西方现代化的早期，资本主义创造了前所未有的效率，用马克思在《共产党宣言》中的话就是："资产阶级在它的不到一百年的阶级统治中所创造的生产力，比过去一切时代创造的全部生产力还要多，还要大。"[1]但这种发展是以牺牲公平为代价的："由于推广机器和分工，无产者的劳动已经失去了任何独立的性质，因而对工人也失去了任何吸引力。工人变成了机器的单纯的附属品，要求他做的只是极其简单、极其单调和极容易学会的操作。因此，花在工人身上的费用，几乎只限于维持工人生活和延续工人后代所必需的生活资料。"[2]虽然在资本主义现代化推进过程中，资产阶级试图通过增加工人福利推进效率与公平的统一，但并没有从根本上解决好二者的关系。美国学者厄尔·怀松、罗伯特·佩卢奇、大卫·赖特合著的《新阶级社会：美国梦的终结？（第四版）》通过对美国社会的深入分析研究指出，美国社会中存在大范围的以阶级、性别和种族为基础的不平等形式，富裕而稳固的"特权阶级"（20%的人口）和越来越多贫困而不稳固的"新工人阶级"（80%的人口）构成了两极化的双钻石型的新阶级体系。美联储的统计数据显示，2021年第四季度末，美国1%人口的总财富达到创纪录的45.9万亿美元，他们的财富在新冠疫情大流行期间增加了12万亿美元以上，增幅超过三分之一。相对于西方现代化，中国式现代化既要创造比资本主义更高的效率，又要更有效地维护社会公平，更好实现效率与公平相兼顾、相促进、相统一。

中国式现代化要创造更高的效率。效率是资源的有效配置和有效使用，没有效率就没有社会进步。长期以来，一些人认为西方资本主义是高效率的代名词，而社会主义则是低效率的代名词。这种认识是错误的。效率的核心是资源的优化配置和使用，能否有效地配置资源和使用资源是衡量效率高低的核心。历史已经表明，作为资源调节和配置的手段，市场经济对资源的配

---

[1] 《马克思恩格斯选集》第一卷，人民出版社2012年版，405页。
[2] 《马克思恩格斯选集》第一卷，人民出版社2012年版，407页。

置一般优于计划经济，但这绝不等于资本主义的效率就高于社会主义的效率，因为市场经济不等于资本主义，计划经济也不等于社会主义，市场经济和计划经济只是资源配置的手段。当中国式现代化将社会主义同市场经济结合起来的时候，就意味着中国式现代化必将创造出比西方现代化更高的效率。事实也是如此。美国GDP从1万亿美元增长到10万亿美元，用了大约30年时间（1969—2000年），中国实现这一目标用了大约15年（1998—2014年）；美国GDP2000年是10.25万亿美元，2022年是25.47万亿美元，22年时间增加了1.48倍；中国GDP2000年是8.9万亿元人民币，2022年是121.02万亿元人民币，22年时间增加了12.6倍。中国式现代化的实践，打破了传统西方经济学理论认为的效率与公平二元对立关系。今天，中国式现代化要创造比资本主义更高的效率，一是必须保持比资本主义更高的发展速度；二是必须创造比资本主义更高的资源配置和使用效率；三是必须创造出比资本主义更高的生产效率。这是我们目前的短板，但同时也可以成为我们的"增长点"。生产效率主要靠科技研发，当前我国科技研发能力同欧美主要国家相比还有一定的差距，但同几十年前相比已有很大进步。我国研发总支出同美国相比已经非常接近，2025年应该可以超过美国。我国每年理工类大学毕业生有375万，超过世界上大多数的国家。人才和资金都具备了，生产效率的提升也就指日可待了。

中国式现代化要更有效地维护社会公平。维护社会公平，涉及最广大人民群众的根本利益，是我们党坚持立党为公、执政为民的必然要求，也是我国社会主义制度的本质要求。在改革开放初期，为了迅速赶上世界发达国家水平，我们采取的是"效率优先、兼顾公平"的原则。这在当时具有历史必然性和合理性，对于激发社会活动动力、推动现代化进程起了很大的作用。但我们也不能忽视其带来的消极作用，就是造成了贫富差距的拉大。时至今日，我国已经成为世界第二大经济体，社会主要矛盾已经发生变化，效率问题虽然仍然存在，但已经不是主要矛盾。人们关注的重点已经不再是发展的速度、资源配置的效率问题，而是社会公平、财富分配、共同富裕问题。市场失灵是造成社会不公的主要原因。但解决社会不公问题，显然不能靠市场，关键在靠政府。政府不是社会不公的制造者，但负有解决社会不公的政治责任。所以习近平总书记讲："实现共同富裕不仅是经济问题，而且是关系党的执政基础的重大政治问题。我们决不能允许贫富差距越来越大、穷者愈穷富者愈富，决不能在富的人和穷的人之间出现一道不可逾越的鸿沟。"①对于政府来说，在推进现代化建设过程中维护社会公平，一方面，要始终坚持以人民为中心的发展思想，让现代化建设成果更多更公平地惠及全体人民。另一方面，要加快建立以权利公平、机会公平、规则公平为主要内容的社会保障体系，坚决破除可能导致阶层固化的体制机制障碍，保证人民平等参与、平等发展权利。

（五）处理好活力与秩序的关系

秩序代表着社会的有序、和谐与稳定，活力则蕴含着社会的丰富性、多样性。活力与秩序是辩证统一的关系。社会要发展就需要充满活力，没有活力的社会是发展不起来的；社会要发展也需要秩序，没有秩序的发展则不可能长久，甚至会引发动荡和动乱。在现代化的历史进程中，处理好活力与秩序的关系是一道世界性难题。很多国家倒在了现代化的门槛上，就是没有处理好活力与秩序的关系。20世纪50年代以后，国际局势出现了有利于社会主义国家加快生产力发展的环境。苏东国家本应实行改革，克服高度集中模式带来的弊病，同时扩大开放，吸收世界各国先进的科学技术和管理经验。然而它们非但未能抓住机遇，反而在30多年中不断强化特殊历史条件下形成的高度集中的体制。到20世纪80年代，苏东国家同西方国家在科技、经济领域的差距进一步拉大，社会危机重重。

对于活力与秩序这一道世界性难题，习近平总书记指出："中国式现代化

---

① 习近平：《把握新发展阶段，贯彻新发展理念，构建新发展格局》，《求是》2021年第9期。

应当而且能够实现活而不乱、活跃有序的动态平衡。"①过去，在党的领导下，我国不仅创造了世所罕见的经济快速发展奇迹，也创造了社会长期稳定的奇迹；不仅用几十年时间走完发达国家几百年走过的工业化历程，更是在实现经济快速发展的同时有效应对转型阵痛，确保社会长期稳定，让经济社会发展的活力有序释放。今天，以中国式现代化全面推进中华民族伟大复兴，需要我们继续处理好活力与秩序的关系。一方面，要有效激发社会活力。一是全面深化改革，营造包容的制度环境和社会环境，解决科学家、企业家、文艺家等各方面人才不敢创新、不愿创新的问题，充分释放全社会创造潜能；二是充分调动广大党员干部干事创业的积极性，采取有效措施解决党员干部中存在的不愿担当、不敢担当、不善担当等问题，充分调动广大党员干部干事创业的积极性；三是加强社会舆论引导，有效遏制轻视劳动、不劳而获、一夜暴富、坐享其成、消极躺平等不良思想的蔓延，充分激发社会创造活力。另一方面，要保持社会良好秩序。我们必须坚持以总体国家安全观为指导，把维护国家安全贯穿党和国家工作各方面全过程，不断推进国家安全体系和能力现代化，以新安全格局保障新发展格局。同时，不断提高公共安全治理水平，完善社会治理体系，提升社会治理效能，确保人民安居乐业。

（六）处理好自立自强与对外开放的关系

在全球化时代推进现代化建设，必须处理好自立自强与对外开放的关系。成功实现现代化的国家和地区，有一个共同的特征，就是始终坚持对外开放，是在对外开放的状态下实现现代化的。对于后发国家来说，更需要坚持对外开放，只有坚持对外开放，才能有效学习借鉴世界各国现代化的成功经验，才能缩短自身现代化的历程，实现追赶和超越的目标。马克思指出："各民族之间的相互关系取决于每一个民族的生产力、分工和内部交往的发展程度。这个原理是公认的。然而不仅一个民族与其他民族的关系，而且这个民族本

---

① 习近平：《推进中国式现代化需要处理好若干重大关系》，《求是》2023年第19期。

身的整个内部结构也取决于自己的生产以及自己内部和外部的交往的发展程度。"①落后文明通过与先进文明之间进行交流，可以与先进文明共享最新发展成果，避免了"一切从头开始"、重复劳动时间的消耗以及失败的消极后果，从而能以人类已经取得的文明成果为发展起点，不断创造更新的东西，实现自身的跨越式发展。

推进中国式现代化，必须坚持自立自强。早在改革开放初期，邓小平就指出："绝不允许把我们学习资本主义社会的某些技术和某些管理的经验，变成了崇拜资本主义外国，受资本主义腐蚀，丧失社会主义中国的民族自豪感和民族自信心。"②正是因为我们坚持自立自强，我们才没有像一些国家那样跟在西方国家后面亦步亦趋而掉进依附型现代化的陷阱。今天，大国竞争日益激烈，发展道路之争不断凸显，科技创新正成为国际战略博弈的主战场，坚持自立自强显得更为可贵。习近平总书记指出："推进中国式现代化，必须坚持独立自主、自立自强，坚持把国家和民族发展放在自己力量的基点上，坚持把我国发展进步的命运牢牢掌握在自己手中。"③

开放是人类文明进步的重要动力，是世界繁荣发展的必由之路。坚持自立自强，并不是对对外开放的否定，相反，只有不断扩大对外开放才能实现更高水平的自立自强。一方面，不断扩大高水平对外开放。对外开放战略已经实施了四十多年，我国也实现了从"面对世界"到"融入世界"再到开始"改变世界"的历史性变化。在这样的背景下，既要坚持对外开放基本国策不动摇，也要顺应时代发展不断提高我国的对外开放水平。所谓高水平对外开放，既包括不断提升对外贸易、投资合作的质量和水平，也包括稳步扩大规则、规制、管理、标准等制度型开放。另一方面，还要旗帜鲜明地反对逆全球化思潮。现在，逆全球化思潮甚嚣尘上，有的国家大筑"小院高墙"，大搞

① 《马克思恩格斯选集》第1卷，人民出版社1995年版，第68页。
② 《邓小平文选》第二卷，人民出版社1994年版，第262页。
③ 习近平：《推进中国式现代化需要处理好若干重大关系》，《求是》2023年第19期。

单边主义、保护主义，传统国际循环明显弱化。这个时候，作为世界第二大经济体，中国能否旗帜鲜明地反对逆全球化思潮，不仅事关自身的发展，也事关世界的发展。党的二十大再次强调了坚持对外开放的基本国策，并旗帜鲜明亮出了"反对保护主义，反对'筑墙设垒'、'脱钩断链'，反对单边制裁、极限施压"的态度，这不仅进一步展示了我国将继续坚持对外开放的决心，也对我们占领国际道义制高点、有效提升国家影响力有着积极作用。

第二章

超越中华文明传统发展方式

在中国话语中，所谓"超越"，有着极其广泛的内涵，既有战胜超过的意思，也有传承扬弃的意思；而就对象而言，既包括对对手的超越，也包括对自身的超越。中国的现代化肇始于鸦片战争，形成于社会主义革命和建设时期，在这漫长的一百多年时间里，先进的中国人为了实现国家富强、民族复兴、人民幸福的现代化之梦，进行了不懈的探索。历史地看，这个过程至少实现了三次历史性超越：第一次是在西方列强的枪炮声中，先进的中国人对规约中华民族千年历程的封建帝制进行了彻底的反思，反思的结果是推翻封建帝制传统而走上现代化之路；第二次是在封建帝制传统被推翻之后，面对军阀割据、官僚资本猖獗的现实，中国共产党以苏俄为师，毅然带领中国人民走上了新民主主义革命的道路，实现了对西方资本主义道路的超越；第三次是在国家主权实现完全独立、社会主义现代化建设大面积铺开的背景下对苏联模式和自身现代化建设曲折历程进行了深刻反思，反思的结果是超越传统社会主义的桎梏而坚定地走上中国特色社会主义道路。这三次超越，每一次都惊心动魄，每一次都具有革命性意义，但这三次超越，并不是三次历史断裂。每一次超越的背后都有一种无形的力量在制约着中国式现代化的发展方向和价值取向，这个力量就包括传统和文化的力量。历史也证明，中华优秀传统文化与现代化并非对立的关系，而是可以互相融合的，中国传统社会内部也存在着某些有助于现代化的"潜力"和契合点。

一、帝制传统与中华文明发展方式

在人类发展史上，中华文明的独特性不仅在于其历史性，更在于其坚韧性。"中国是独一无二的，没有哪个国家享有如此悠久的连绵不绝的文明，抑或与其古老的战略和政治韬略的历史及传统如此一脉相承。"[①]从时间上看，在世界四大文明古国中，中华文明产生并非最早，但中华文明是唯一没有中断过的文明。这期间虽经历过外族入侵、内部分裂之变，但中华文明始终屹立

---

① ［美］亨利·基辛格：《论中国》，中信出版社2012年版，前言。

于东方不倒，并形成了独具东方特色的帝制传统。

（一）帝制传统的形成

从殷墟这座目前所确认的中国最古老的古都所遗留下来的历史文物、文化遗迹来看，殷商时代的中国就已经迈入了文明社会。在殷商时代，国王、贵族、平民、奴隶构成了政治和社会结构的金字塔。处于最顶端的国王，不仅占有广阔的土地和大量的奴隶，并且掌握着对人生杀予夺的大权。为了维护自己的统治，国王不仅建立了国家暴力机关如军队、监狱，执行着强力的统治，也充分利用当时人们迷信蒙昧的特点，宣扬"上帝"是商族的至上神，是殷王的保护神和象征。王权借神权而不断巩固自己的地位，又因神权而更加肆无忌惮，结果就是政息人亡。

取代殷商的是西周。西周本是殷商的属国，历数百年的扩大发展，于公元前11世纪一举灭掉殷商，定鼎中原，建立周朝。周朝统治者吸取了殷商覆亡的教训，一方面强调改革创新，另一方面也因袭了商代的家族血缘统治、土地的奴隶主所有制，此即所谓"周虽旧邦，其命维新"。西周的国王们灭殷商后，随即便把从殷人处得来的土地，分封给其兄弟亲戚及有战功的武士们，并授予他们爵位。为了维护等级秩序，西周的统治者还制定了礼和刑。"礼"的作用在于维系统治阶级内部的等级秩序，消除阶级内部的分歧；"刑"的作用则是镇压广大劳动人民。但是到了春秋时期，伴随生产力的发展、阶级关系的新变化，政治形势也发生了巨大变化，周天子式微，诸侯、卿大夫势力崛起。司马迁曾说："《春秋》之中，弑君三十六，亡国五十二，诸侯奔走不得保其社稷者，不可胜数。"[①]诸侯可以弑君，卿大夫也可以弑君、杀诸侯。春秋时期政治形势的新变动，说明周天子的统治已经开始瓦解。到了战国时期，周天子完全丧失了权力，所有较小的封地逐渐被齐、楚、燕、韩、赵、魏、秦七个诸侯国吞并，这七个诸侯国的最高统治者先后称王，标志着周朝统治

---

① 《史记·太史公自序》。

的彻底结束。

公元前221年，秦国经过多年伐战最终统一六国，秦国国王嬴政自称始皇帝。在总结历史经验的基础上，秦始皇采纳李斯的建议，决定不再分封国土，废除诸侯制，并在全国实行郡县制度，从而实现了对地方的直接管辖。除此之外，秦始皇还统一了货币和度量衡，这进一步强化了中央的权力。在中国的历史上，秦朝是短暂的，因其仅仅存在了十五年，但又是永恒的，因为它终结了奴隶制社会，并确立了封建制社会和君主专制官僚体制。公元前202年，汉朝建立。对于前朝留下的历史遗产，汉朝的最高统治者采取了批判继承的方式，一方面继承了秦朝中央集权的官僚体制，另一方面又通过"罢黜百家，独尊儒术"抛弃了秦朝推崇的法家思想，确立了儒家思想在治国理政中的主导地位。自此，以皇帝为核心的中央集权官僚体制不仅在组织形态上得到了支撑，在思想观念上也得到了支撑。这种体制，一直延续到辛亥革命推翻清朝统治，中国长达两千多年时间，基本上没有发生质的变化。如果非说有变化的话，那也仅仅是细节方面的变化，比如秦朝时期的三公九卿制，到魏晋南北朝时期则转变为三省六部制，到明朝则转变为内阁制，而这些转变的根本目的都是强化这一体制。

（二）帝制传统的内核："治统"和"道统"

同神权弥漫的西方传统社会不同，中国传统社会是一个王权居于核心的社会，整个国家政治、经济、文化、社会的发展无不受王权的支配。中国从有文字记载开始，就一直存在一个最显赫的政治集团，这就是以王权（后来发展为皇权）为核心的官僚集团。这个集团的成员虽然在不停地更替，但其结构则是十分稳定的。而历代的统治者特别是居于权力顶端的皇帝，为了维护自身的统治地位，一方面不断完善以巩固王权为核心的国家治理方式，另一方面又不断从思想上论证自身统治的合理性。这两方面共同构成了中华帝制传统的内核，即"治统"和"道统"。

历史地看，中国古代社会王权的获得多伴有武力争夺，"兵胜者王""马上得天下"表达的就是这个意思。但对于统治者而言，武力可以解决"得天下"的问题，但并不能从根本上解决合理性与合法性问题。解决合理性与合法性问题，必须从"治统"和"道统"两方面入手。1651年，清朝顺治皇帝在祭告黄帝文中曰："自古帝王，受天明命，继道统而新治统。"[①] 1662年，刚刚登上皇帝宝座的康熙在"御制"祭黄帝陵文中也说："帝下继天立极，功德并隆，治统道统，昭垂奕世。"[②] 这些看似简单的话，针对性却非常明确，内涵也极其丰富。中国历史上，王朝鼎革之后，对统治合法性进行论证从来都是新朝统治者首要的理论要务。明清易代，满洲贵族入主中原，统治合法性的论证更是尤显紧迫和必要。这是因为，在深受夷夏观念浸淫的汉人眼中，满洲统治者毕竟是"非我族类"的"夷虏"，其"治统"的合法性自会受到质疑。面对这种信任危机，清初统治者自然会在政治上宣传"继道统而新治统"，以强调其"得统之正"。

何谓"治统"与"道统"？明末清初思想家王夫之提出："天下所极重而不可窃者二：天子之位也，是谓治统；圣人之教也，是谓道统。"简单来说，"道统"主要指儒家思想传统。"治统"主要指政治统治的传统，体现为政治统治的继承性。

作为"道统"的儒家思想传统，虽然在历史上也曾遭到其他思想的挑战，但在几千年的传统社会里基本上属于主导思想。这既与儒家思想倡导积极"入世"、服务现实政治的主张有关，也与历代统治者的有意扶持有关。儒家思想内涵丰富，天道人伦、政治规范、经济行为无不涉及，但历史地看，其最为历代帝王看中的是其所宣扬的仁义道德等对封建专制统治合法性的诠释，倚重的是它所宣扬的"君君、臣臣、父父、子子"对封建帝制的巩固，从而形成"天下以道而治"的共识。因此，汉朝以后的历代帝王无不把"继道统"作为巩固自己统治的重中之重，即使是曾对"道统"比较陌生的少数民族统

---

① 曲英杰：《祭祀典》，吉林文史出版社2002年版，第387页。
② 曲英杰：《祭祀典》，吉林文史出版社2002年版，第396页。

治者，入主中原后也很快就明白"道统"事关统治的合法性与稳固性。顺治皇帝认为，须继道统而新治统。康熙皇帝更是强调，万世道统之传，即万世治统之所系也。我们还要看到，"继道统"既体现在帝王的政治主张中，又体现在帝王的人才选拔过程中。比如，儒家经典曾被官方指定为教科书，书生只有熟背并会运用这些经典著作，才能在官方主导的人才选拔考试中胜出，并进而得到相应的官职和待遇。

几千年来，一个个封建王朝依据"道统"不断更迭，但以王权为核心的政治体制一直继承着，并形成了自己的"治统"。如，在事关政权稳定和社会发展的权力结构、经济结构、等级结构、血缘结构中，王权体系居于主导地位；在社会诸种权力包括王权、族权、父权、夫权之中，王权是最高的权力；在日常社会运转中，王权起着枢纽作用；社会与政治动荡的结局，最终是回复到王权秩序。虽然在每个新王朝诞生之初，新的帝王都会以前朝覆亡为鉴不断改进治理之术，强调自己尝试构建一种"新治统"，但"继道统"为基础的"新治统"，其"新"是极其有限的。一个新王朝替代前朝，不会去否定其封建专制制度，而是认为前朝统治失德离道，所以天命转移。不去否定封建专制制度的"新治统"，只能对治理之术进行细枝末节的修修补补，实则是在总体上不断强化封建专制统治。

（三）帝制传统对中华文明的复杂影响

中国历史上，"道统"与"治统"相互交织、相互强化，共同构成了中华帝制传统。这个传统决定着古代社会的基本面，使得中国的政治、经济、文化发展无不展现出一种不同于西方的特征。

在经济领域，君主专制制度的经济基础是土地的国有和自给自足的小农经济。在封闭的小农经济环境下，帝制传统从某种程度上是适应小农经济需要的生产关系，在实践中也极大地刺激了小农经济的效能。英国学者安格斯·麦迪森在《世界经济千年史》中估算，中国从公元1000年开始，国内生产总值一直占世界的五分之一以上。就是在所谓积弱的宋朝（960—1279年）

也是富甲天下的，GDP总量占当时世界的三分之一。在第一次鸦片战争以前的数百年间，世界的重心在亚洲，亚洲的重心在东亚，东亚的重心在中国。19世纪初，全世界50万以上人口的大城市当时共有10个，中国就占了6个。[①]可以说，当时的中国是推动人类发展进步的发动机。但是，我们也必须看到，帝制传统在推崇农业文明的同时，却对工业文明采取了一种蔑视的态度。为了维护自身的经济基础，历代统治者无不采取压制工商业的政策。历史地看，工商业的出现不但是社会经济进步的标志，更是推动历史前进的驱动力。压制工商业发展，在某种程度上就是压制这股历史前进的动力。由于封建小农经济被人为地保护起来，而能够瓦解自然经济基础的工商业始终处于被压制的地位，因而这个基础就变得异常稳固，使资本主义生产方式在中国始终未能形成一股强大势力。

帝制传统对中国文化品格的形成起到关键性的影响作用。作为"道统"的儒家思想，历来倡导和平、和谐、包容思想，这种文化精神相对于历来崇尚竞争的西方来说绝对是一种"稀缺性精神"。法国汉学家谢和耐在其所著的《中国社会史》一书中批评那些把中国看成是"孤立的"观点是"幼稚可笑"的[②]。他认为"中国欢迎从外国传给他的一切"[③]，"中国社会比其他任何一种社会都更与那些与其生活方式和文化与自己相差甚殊的民族保持着长久的接触和交流"[④]。他坚定地认为，"中国以其幅员和气候的差异性而独自形成一个世界。它始终对外开放，同时也不断地受不同国家的影响：西域、印度、伊朗、伊斯兰世界、地中海国家、东南亚、美洲和欧洲国家，但它同时也不停地对世界上的其他地区或直接或间接地施加最为广泛的影响"[⑤]。

---

① ［英］安格斯·麦迪森《世界经济千年史》，伍晓鹰、许宪春译，北京大学出版社2003年版，第238页。

② ［法］谢和耐：《中国社会史》，耿昇译，江苏人民出版社1995年版，第1页。

③ ［法］谢和耐：《中国社会史》，耿昇译，江苏人民出版社1995年版，第231页。

④ ［法］谢和耐：《中国社会史》，耿昇译，江苏人民出版社1995年版，第29页。

⑤ ［法］谢和耐：《中国社会史》，耿昇译，江苏人民出版社1995年版，第2页。

当然，儒家积极入世的价值取向也使得整个中华传统文化形成一种政治型文化。这种政治型文化带来的正价值是塑造了中华民族的整体观念、国家利益至上的观念，造就了民族心理上的文化认同；它的负价值是使国人存在严重的服从心态，对权威和权力迷信，缺乏个人自信心，还有文化的影射传统等。中国文化的政治化，加以小农经济和宗法社会作为基础，组合成一个严密体系。这个体系是如此强大，强大到可以把入主中原的少数民族政权都纳入自己的发展轨道上来，也可以使中国在西方列强接连不断的侵略下始终没有分崩离析。从这个意义上说，帝制传统对于保持中华文明的连续性和统一多民族国家的发展有着积极作用。

但当中国要向现代社会转型时，帝制传统就成为沉重的历史包袱，让我们步履蹒跚、跌跌撞撞走了近百年。世界上许多国家都经历过从传统社会向现代社会转型的艰难历程，但像中国这样历经百年、遍尝其间艰辛与苦涩的却很少，这与我们的帝制传统不无关系。譬如，日本在19世纪中叶也曾面临与中国相似的境遇，但通过明治维新就开始向现代转型。日本能顺利转型，不应忽略的一点就是它没有中国这样的帝制传统，这在转型时成为一种优势，使其更容易放弃"原来的自己"。而中国在鸦片战争之后，在面临"三千年未有之大变局"的形势下，有识之士也希望通过改良挽救民族危亡，但根深蒂固的帝制传统却阻碍着中国的现代转型。近代历史上，早期改良派人物王韬说："器则取诸西国，道则备自当躬。盖万事而不变者，孔子之道也，儒道也，亦人道也。"[1]这是当时的代表性思潮。此后的"中体西用"思潮和洋务运动，与其说是向现代转型的一种努力，不如说是对帝制传统的竭力维护。再往后，即使辛亥革命敲响了封建专制丧钟后，依然有袁世凯称帝的闹剧。由此也可以看出，各种名目的改良主义、旧式农民战争、资产阶级革命派领导的民主主义革命，都不可能挽救中国、实现中国的现代转型。

---

[1] 王韬：《弢园文录外编》卷十一。

二、帝制传统的全面危机

在中华民族发展史中，1840年爆发的鸦片战争无疑是一道分水岭。战争爆发前，虽然封建帝制已经显现了它的颓势，但历史的惯性使得其仍能在固有的轨道上蹒跚前行；战争爆发后，在西方列强的隆隆炮声中，古老中国不仅陷入了半殖民地半封建的苦难深渊，也第一次领略了现代工业文明的威力。建设现代化，追赶西方，救亡图存，成为最为紧迫的历史任务。

（一）半殖民地半封建的苦难深渊

中国是一个拥有几千年历史的文明古国，独特的地理环境使其处于同外界相对封闭的环境。这种历史和地理条件，加上缓慢发展的农业经济，滋长了"天不变，道亦不变"的文化心理，使得许多人盲目自大、安于现状，对世界正在发生的变化往往不屑一顾，明清时期就实施过不同程度的"闭关锁国"政策。然而，这一切都被鸦片战争中西方列强的隆隆炮声打碎了，中国陷入了历史上从未有过的灾难深渊。

鸦片战争是中国社会性质发生变化的界标。战前，中国是一个政治上独立自主的主权国家，清政府可以完全行使国家主权而不受外国干涉；战后，不仅中国的领土完整被破坏，国家主权也从多方面被侵害，已经丧失完全的独立自主地位。在《南京条约》中，中国割让香港岛给英国开了列强逼迫中国割让土地的先例，在后来的一系列不平等条约中，英国又强迫中国割让了九龙司，俄国割占了中国东北150多万平方公里土地。《五口通商章程及海关税则》规定，英国人在中国犯罪时，其英人如何科罪，由英国议定章程、法律，发给管事官（领事）照办。中美《望厦条约》增添了美国侨民犯罪须由美国领事逮捕，以及美国人与其他外国人在中国发生的一切诉讼，由美国领事审理，中国官员均不得过问等内容。

不言而喻，这些给中国造成的危害和负面作用极为严重。具体而言，一是在政治上束缚中国的主权，致使中国的社会性质发生变化，由一个独立自主但又与世界隔绝的封建国家变成一个半殖民地国家，中国的国际地位由此一落千丈。布热津斯基指出，19世纪强加给中国的一系列条约、协定和治外法权条款，使人们清清楚楚地看到：不仅中国作为一个国家地位低下，而且中国人作为一个民族同样地位低下。[①]二是在经济上殖民性质的掠夺使得中国长期处于国弱民穷的落后状态。通过巨额赔款和各种经济特权，尤其是片面协定关税特权，列强扼制了中国的经济命脉，不仅使中国遭受巨大的财税损失，而且严重限制了民族工商业的发展。贫穷造成并加深了社会动荡，中国几十年的内乱，也是帝国主义赐给我们的"恩惠"。三是在思想文化上，通过条约特权，列强不断扩大在华传教和教育事业，试图改造中国的国民性，试图对中国人民进行精神上的支配，从而在一定程度上造成了奴化思想的滋长。诸如此类不胜枚举。总之，民族的深重灾难，国家的积弱不振，社会的贫弱穷困，正是不平等条约造成的。

（二）民族危机背后的文化危机

民族危机必然引发文化危机，文化危机是更为深刻的民族危机。文化危机的表现、缘由多种多样，但就近代中国的文化危机而言，可以理解为西方工业文明的冲击，造成内部文化心态的失衡，引起人们普遍的心理焦虑、行为失范，进而陷入危机的状态。

梁启超从进化的观点出发，将鸦片战争以来国人对于民族危机认识的逐渐深化过程，概括为三个时期：第一个时期从鸦片战争到洋务运动；第二个时期从甲午战争到"民国"六七年间；第三个时期是新文化运动时期。他强调，国人文化危机意识的形成始于第二个时期，是依次经由器物、制度层面，才最终达到的真正深层次的一种民族自觉。这一见解无疑是深刻的，但也有失于绝对化。因为器物、制度从本质上讲也是文化问题。所以，近代中国文化危机应始于鸦片战争。当鸦片战争的失败刺激国人对"夷之长技"另眼相

---

① 人民日报评论部：《任仲平十年精选》，人民出版社2015年版，第133页。

看，也就是魏源讲"师夷长技"、洋务派讲"中体西用"时，不论其自觉与否，实际上都已经认可了中国文化有"不如人处"这一前提。

事实也确是如此。鸦片战争以后，随着西方列强侵略力度和幅度的不断扩大，近代中国主权沦丧、民生凋敝，民族危机日趋加重。随之而来的是在欧风西雨的冲击下，自然经济在西方工业经济的冲击下面临崩溃，曾经作为中国"稳定基石"的传统社会结构面临急剧转型，新政治、新经济、新思想、新风尚蔚然成风，以儒家纲常礼教为代表的封建"道统"根本动摇，"礼乐崩坏"成了当时社会的真实写照。陈独秀认为，孔子之道已不适合现代的社会生活了。李大钊则认为："时代变了！西洋的文明打进来了！西洋的工业经济来压迫东洋的农业经济了！孔门伦理的基础就根本动摇了！"[1]陈独秀、李大钊所指出的正是由民族危机引发"文化的心态"失衡而产生的社会失范，即中华传统文化陷入了危机状态。对于这种危机状态，贺麟曾一语道之："中国近百年来的危机，根本上是一个文化的危机。"[2]近代中国的民族危机同时就包含着文化危机，而且后者是更为深刻的民族危机。

在近代中国，文化危机的表现无疑是多样的，但核心无疑是作为主导中国几千年发展的儒家思想受到了普遍怀疑，当时的儒家思想不仅被认为是导致中国落后挨打的主要原因，更是被那些力图改变中国命运的仁人志士视为现代化的对立面。1901年，晚清政府开始实行新的教育政策，要求各省都兴办新式学堂，并派留学生出国学习先进技艺。这本是符合历史发展趋势的有力举措，但这一行动的真正目的随着政府主导"尊孔"运动的展开，很快被识破。1907年，孙中山领导的同盟会的机关报《民报》发表了一篇题为"孔子专制之护符"的文章，文章指出：虏廷以革命风潮，起于新学，遂尊孔子为上祀，冀以君臣之义钳制之。可见，在孙中山等革命党人的眼里，清政府当时所大力提倡的"尊孔"运动并不是为了解决当时日益严重的文化危机问

---

① 《李大钊文集》第三卷，人民出版社1999年版，第142页。

② 贺麟：《儒家思想的新开展》，商务印书馆1999年版，第5页。

题，而是为了维护自身的统治。对此，列文森在《儒教中国及其现代命运》中指出，"满洲人对儒教的这种热忱反而加剧了儒教的枯萎。因为它明显地被用来服务于某种社会目的，即抵制反满思想或民族主义的现代思想的兴起和传播"。"这样，儒学最后的一点思想意义也被剥夺了，它现在主要成了抵制革命的一种象征，当革命来到时，显而易见，政体上的变革有力地推进了思想上的变革。经典和礼仪被广泛地抛弃了，而旧儒家力图结合成一些私人团体，他们成了最完整意义上的反动分子，由于他们唯一的事情就是反对新潮流，因此，儒家已不再是他们自己社会中的天生的行动者。"①

（三）改良还是革命

伴随着洋务运动、戊戌变法的失败，特别是伴随着清政府在甲午战争中的失败，人们逐渐认识到以改良的方式实现现代化的路径在中国是根本行不通的。而在这之中，1894年甲午战争的失败，对清政府统治的合理性和合法性可以说是一次毁灭性的打击，因为在中国人眼里，近邻日本历来是"学生"的角色。"学生"打败"老师"，对中国人心理震撼的程度是可想而知的。所以，梁启超在《戊戌政变记》一书中劈头就写道："吾国四千余年大梦之唤醒，实自甲午战败、割台湾、偿二百兆以后始也。"②而甲午战争失败后，西方列强再次掀起了瓜分狂潮。1897年底，德国占领胶州湾。1900年，八国联军占领北京城，并血洗了这座千年古都。这一系列事件使得清朝政府统治的合法性遭到普遍怀疑。虽然从1901年到1905年，清廷颁布新政，宣布立宪，试图挽救颓势，但革命的火种已经在民众心中燃起。1906年，围绕清廷政府的立宪问题，以同盟会为核心的革命派和以梁启超为代表的立宪派，分别以《民报》和《新民丛报》为阵地展开论战。这场论战涉及清王朝的性质、种族与民族

---

① ［美］列文森：《儒教中国及其现代命运》，郑大华、任菁译，中国社会科学出版社2000年版，第155页。

② 梁启超：《戊戌政变记》，载《饮冰室合集饮冰室专集之一》，中华书局1989年版，第1页。

问题、国民素质、中国应该建立什么样的政体、土地制度以及要不要革命等许多方面，其中要不要革命是最为核心的问题。

引发论战的直接导火索是1906年梁启超在《新民丛报》上先后发表的《开明专制论》和《申论种族革命与政治革命之得失》两篇长文，并把两文合刊为《中国存亡之大问题》的小册子出版。文章的主要观点是：中国国民程度太低，没有自治的能力，还不具有共和国民的资格，因此必须强调程序，如果发生革命，就会破坏程序，导致内乱，最后还会招致列强的瓜分，中国就将灭亡。梁启超特别痛恨《民报》鼓吹的"社会革命"，认为这将造成"下等社会"蜂起，天下大乱，使中国"亿劫不可复"，在这样的背景下，只能实行开明专制，国民可以请愿立宪，然后"由开明专制以移于立宪"。这才是"拾级而上，又不致于助长此冲突"①。

梁启超文章发表后不久，《民报》就做出了回应，4月28日的《民报》以"第三号号外"的形式单独印行《〈民报〉与〈新民丛报〉辩驳之论纲》。纲领的主要观点包括：第一，这场辩论是从"中国存亡"这个根本问题出发的；第二，《新民丛报》站在政府方面，认为国民恶劣，所以主张开明专制，而《民报》站在国民方面，所以主张共和；第三，《民报》主张专制革命的同时，还要进行种族革命、社会革命；第四，革命事业一定要靠"实力"，反对《新民丛报》提倡的"请愿立宪"。接着《民报》发表了一系列旗帜鲜明的论战文章，论战文章的执笔者主要有胡汉民、汪精卫、朱执信等。论战文章的主要观点是：已有的经历充分证明清廷政府是不可能主动变革的，它只会采取一切可能的措施延缓变革甚至扼杀变革，所以只有先用暴力手段推翻清廷政府，才能实现共和立宪。虽然在暴力革命过程中会出现流血情况，但现实生活中，在清廷政府的统治下，流血死亡人数绝不在少数，只有革命才能免他们于死亡。

随着"革命"和"立宪"两派争论的深入，越来越多的人加入争论阵营，

---

① 金冲及：《二十世纪中国史纲》第一卷，社会科学文献出版社2009年版，第67页。

渐成大潮。作为实际掌权者的慈禧太后显然对此争论不能熟视无睹，也不得不顺应民意而支持对自身统治有利的一方——改良派，宣布要实行政治体制改革性质的"预备立宪"。然而，后来发生的事情说明清廷政府并没有珍视对其来说极其珍贵的民情民意。历经数年的拖延推诿，1911年5月8日，清廷终于搞出了一个"内阁名单"。当这个名单呈现在大众面前时，就是连一贯主张改良的那些"立宪派"也坐不住了，因为这个由13人组成的内阁中，竟然有9个为满人，而这9个满人中皇族成员又占去了7个，所谓"内阁"俨然是一个"皇族内阁"。

事实说明，在巨大的社会压力下，清廷政府虽然做出了一些妥协和让步，但这种妥协和让步是极其有限的。它的立宪无论是理论原则还是具体实践，都远未达到立宪派的要求，更遑论革命派和广大人民群众的要求了。当一个政权的改革动机受到大众普遍怀疑的时候，这个政权所面临的就不仅仅是改革的必要性问题了，而是严重的政权合法性问题了。严重的合法性危机堵上了改良派的"嘴巴"，也为革命派准备了条件。清廷政府抛弃了历史，历史也必然抛弃清廷政府。当一切的争论和妥协都无意义时，革命也就成了最后的选项。而这也印证了亨廷顿的一句话："革命是现代化所特有的东西。它是一种使一个传统社会现代化的手段。"[①]伴随着武昌起义的枪声和中华民国临时政府的成立，统治中国268年的清王朝宣告结束。当然，中国现代化并未随着清王朝的覆灭而走上坦途，它的进程依然充满曲折艰难。

三、从传统性走向现代性

辛亥革命结束了清王朝268年的统治，也结束了中国几千年的帝制，曾经统摄人心几千年的皇权观念受到强烈震撼，并进而证明中国也可以实行历史上从未有过、曾被认为绝不可能的"共和制"。然而历史的发展再一次击碎了

---

① ［美］塞缪尔·亨廷顿：《变化社会中的政治秩序》，王冠华、刘为等译，上海人民出版社2008年版，第220-221页。

人们的梦想，取代清王朝而成立的"中华民国"虽有"共和"之形式，但仍缺乏"共和"之实质。中国人对现代化的追寻，仍然任重道远。

（一）现代性、传统与现代化

现代性是一个饱含歧义的概念，迄今为止尚无确切统一的权威界定，但用的最多的是表征一种与"古代""古典"等概念相对照的现代"新"的社会文明演进状态或现代化特性。①本文所说的现代性，是指欧洲文艺复兴以来，在资本主义现代化运动中形成的一种社会价值体系。它推崇人道主义、理性主义和科学主义，强调人的"主体性"地位，推崇知识和科学在社会发展中的作用。

现代性既是一种文化现象，也是一种社会实践。现代性不仅标识出近现代各种科学知识和技术发展的基本视野和路径，而且几乎贯穿于所有社会制度、组织架构和发展政策中，并在政治、经济和文化等各领域和全过程中发挥着核心作用。它通过一系列制度安排，最大限度地刺激了制度效能、资本效能、科技效能和人的效能，使"资产阶级在它的不到一百年的阶级统治中所创造的生产力，比过去一切世代创造的全部生产力还要多，还要大"②。就此而言，现代性蕴含的生产方式、生活方式和思维方式，是实现社会现代化的必要条件。如果没有启蒙运动对封建意识形态的颠覆性批判，人们的思想就无法挣脱传统偏见、神学教条和封建专制的束缚；同样，如果没有一系列现代科学和技术的发展，社会经济、政治等领域也就不会发生那么多创新与革命性变革。

现代性与现代社会、现代化存在着紧密的关系，没有现代性就没有现代化，但这并不意味着传统就与现代性处于一种完全对立的状态。所谓传统，主要是指一个社会的文化遗产，"它是围绕人类不同活动领域而形成的世代相

① 万俊人：《现代性的多元镜鉴》，《中国社会科学》2022年第7期。
② 《马克思恩格斯选集》第一卷，人民出版社2012年版，第405页。

传的行为方式，是一种对社会行为具有规范作用和感召力的社会力量"[①]。从一定意义上来说，传统是人类历史创造活动的积淀，任何一个社会的发展都不能完全破除传统，相反，它只能在传统的基础上对其进行创造性的改造。马克斯·韦伯在《新教伦理与资本主义精神》一书中虽然在分析资本主义现代化的文化原因时颇有见地，但他以此为逻辑出发点认为现代化就等于西方化、东方社会不能产生现代化的观点，显然颇具争议性。因为，作为中华优秀传统文化标志的儒家思想，虽然诞生于农耕经济基础之上，但其在现代化中也显示出了极大的价值。对此，熊玠在《大国复兴》中对韦伯的这个观点也进行了评述，他说："韦伯所作出的儒家思想抑制资本主义发展的结论是正确的，因为以儒家学说为核心所确立的科举制度在很大程度上是用知识取代财富作为升迁的衡量标准，由此便阻碍了商业文化的发展。但是，韦伯的结论却不是基于正确的理由。这恰恰是为当代学者将亚洲四小龙的经济成就归因为儒家影响提供依据。"[②]历史地看，中华传统文化中确实缺少现代性因素，但我们不能以此认为中华传统文化的存在就是中国通往现代化的路障。

当然，我们也必须看到，作为现代化运动的支撑，现代性首先意味着对传统的突破，这就决定了传统和现代性实际上始终处于一种矛盾的冲突之中。如果这种矛盾冲突发生在内生型现代化国家如西欧国家，其表现则是一个渐进的、推陈出新的自然发生过程；如果这种矛盾冲突发生在后发型现代化国家，其表现则是另外一番景象。相对于内生型现代化，后发型现代化是一种由外来文明引发的传导性、被动性社会变迁，传统与现代性的冲突由此主要表现为两种不同文明的冲突，而且这种冲突在较短时间内往往是以突发的方式展开的，到处引起历史传承性的断裂。近代中国就是如此。

[①] 杨耕：《东方的崛起：关于中国式现代化的哲学反思》，北京师范大学出版社2009年版，第183页。

[②] ［美］熊玠：《大国复兴》，湖北教育出版社2016年版，第36页。

（二）尚未成功的"革命"与仍在路上的现代化

在中国的历史上，辛亥革命无疑具有重大的历史意义，它终结了中国两千多年的封建帝制。但在中国现代化历史进程中，它打开的仅仅是一扇窗。对于一个民族、一个国家来说，现代化的实现是需要一定历史条件的，没有这些历史条件，再美好的现代化蓝图可能只是海市蜃楼。作为"前现代化国家"，近代中国要顺利实现现代化，必须具备一些基本条件：政治上，必须实现国家主权的独立和完整；国家治理上，必须有强有力的政府以保障政令畅通；经济上，必须建立与现代社会要求相适应的经济基础和经济结构；文化上，必须建立与现代化相契合的新思想、新理念、新价值。但这些条件，在辛亥革命发生后的中国几乎全部缺失。

对于国家而言，主权独立是其实现现代化的首要条件。可是，中国在迈向现代社会的历史关头，却逐步丧失了国家主权。历史地看，近代中国主权丧失的起点是鸦片战争的失败。辛亥革命推翻了清王朝的统治，国家收回了部分主权，但并没有完全解决这个问题。如果说，在辛亥革命前，西方以不平等条约和赤裸裸占有的方式剥夺了中国的主权，辛亥革命以后，西方则以代理人方式继续控制着中国。费正清在《美国与中国》一书中这样写道："外国势力无所不在是中国政治舞台上一件主要的事实，这是一股无孔不入的势力。"[①]中国大大小小的统治集团，在政治上对西方列强的依赖性实际上更强了。各路军阀为了维护自身的生存、拓展自己的地盘，无不寻找自己的外国靠山，而国家利益包括主权利益，就成了他们用来和西方列强交易的筹码。

世界现代化的历史表明，对于初步走进现代化进程的国家而言，建立强有力的政府特别是中央政府是必备的条件。对此，亨廷顿在《变化社会中的政治秩序》一书中有相关表述，他认为，要根除后发国家现代化进程中政治动荡和政治腐败，必须建立起强大的政府，舍此无他路可走，只有建立一个强大的政府，才能保证欠发达国家的现代化过程中所需要的政治稳定，使其

① ［美］费正清：《美国与中国》，张理京译，世界知识出版社2000年版，第154页。

现代化顺利发展。但是，近代中国的中央政府是什么样子的呢？从晚清政府到民国政府，无不处于一种软弱分散的状态。罗兹曼在《中国的现代化》中这样描述晚清政府："当统治集团日益腐朽，政府的职能在上层首先废弛时，官僚组织的运行也在规模和质量上随之萎缩。"[①]中国的帝制传统发展到晚清政府时，其鼎盛时期早已过去。姑且不论太平天国运动及义和团运动直接损害了政府的政权力量，就是在政治体制内部也出现了分化中央权力的官僚阶层如地方督抚等。历史表明，晚清政府已经无法对全国进行有效的统治。伴随辛亥革命爆发而成立的民国政府，虽然在1928年名义上"统一"了中国，建立了全国政权，但旧式军阀拥兵自重、割据一方的政治格局并未清除。"国民党统治的建立并没有消除军阀时期留下来的官僚解体和政治分裂，正像清末所出现的那些变化，由于缺乏强有力的中央政府指导和倡办而成了无根之木一样，30年代现代因素的出现也缺乏把他们结合进社会的必要指导。"[②]可以说，政治上的失败，是中国现代化起步缓慢的一个最重要原因。

现代化需要构建现代性，但几千年的帝制传统遏制了中国的现代性。中国历史传统中蕴含的崇古倾向、官本位思想、文化中心主义、小农意识以及无处不在的泛道德主义无时不在阻碍着中国迈向现代化。虽然有人认为这些因素已然存在千年，中华文明所创造的辉煌历史也是诞生于其基础之上，只要我们运用恰当，其依然可以焕发出现代的光芒。这种认识具有一定的合理性，但就近代的中国来说，这些历史传统所聚合而成的能量，已经远远超过历史传统内部有助于推动早期现代化进程的各种因素之和。马克思在分析东方社会时曾深刻指出："这些田园风味的农村公社不管看起来怎样祥和无害，却始终是东方专制制度的牢固基础，它们使人的头脑局限在狭小的范围内，成为迷信的驯服工具，成为传统规则的奴隶，表现不出任何伟大和任何历史

① ［美］吉尔伯特·罗兹曼：《中国的现代化》，国家社会科学基金"比较现代化"课题组译，江苏人民出版社1995年版，第138页。
② ［美］吉尔伯特·罗兹曼：《中国的现代化》，国家社会科学基金"比较现代化"课题组译，江苏人民出版社1995年版，第637页。

首创精神。"①近代中国确如马克思所描述的那样，再加之包括辛亥革命在内的各种革命运动本身就不彻底，所以整个国家政治经济社会结构并没有发生彻底的变化，主宰国家命运的仍是帝国主义、封建主义和官僚资本主义。当固有的历史传统和固有的政治经济社会结构结合在一起时，任何现代化的努力都会显得力不从心，这也是中华民国虽然成立，但近代中国仍然在历史传统的轨道上继续前行而无法真正迈向现代化轨道的原因所在。恩格斯曾指出："如果说我们的法律的、哲学的和宗教的观念，都是一定社会内占统治地位的经济关系的近枝或远蔓，那么，这些观念终究不能抵抗因这种经济关系的完全改变所产生的影响。除非我们相信超自然的奇迹，否则，我们就必须承认，任何宗教教义都难以支撑一个摇摇欲坠的社会。"②不改变传统的政治经济社会结构，不改变传统的生产方式，根本不可能铲除历史传统中的消极因素。

（三）新民主主义革命与中国现代性建构的全新道路

19世纪40年代，传统中国遭遇了现代性。西方列强用坚船利炮打断了中国社会原本的历史进程，使中国被迫卷入了资本主义殖民化浪潮。面对西方列强的入侵，中国开始了追求现代性之路。这种追求，有其外因——由于西方列强入侵和资本主义渗透，形成了"侵略—反侵略"（所谓"反帝"）路径；有其内因——由于中国近代社会与文化的停滞落后性，形成了"传统—现代性"（所谓"反封建"）路径；内外因素的合力作用，形成了通过"革命化"达成"现代化"的独特道路，其进路呈现错综复杂的多重矛盾以及多线性、多方向的历史运动。通过透视社会向现代化转型的广泛内容，可以看到中国现代性的建构，呈现从经济（"洋务运动"）到政治（"戊戌维新""辛亥革命"），再到文化（新文化运动）的不断展开过程。在这一过程中，"救亡"与"启蒙"伴生，"问题"与"主义"相争，学习西方与反抗西方并存，追求现代化与反对"西化"同在，彰显了共同的现代性吁求与不同的现代性方案

---

① 《马克思恩格斯选集》第1卷，人民出版社2012年版，第853-854页。
② 《马克思恩格斯选集》第3卷，人民出版社2012年版，第773页。

的矛盾冲突，昭示出"中国的现代化过程和现代性方案的制定是在帝国主义时代出现的，它本身具有反抗的潜能"①。它深刻启迪了1919年五四运动，回应了"十月革命"的隆隆炮声。十月革命给我们送来了马克思列宁主义，"帮助了全世界也帮助了中国的先进分子，用无产阶级的宇宙观作为观察国家命运的工具，重新考虑自己的问题"②，开辟了中国现代性建构的全新道路。

历史地讲，五四运动时期的中国社会，尚处于"前现代"发展阶段。这就决定了当时中国人不可避免地从现代性意义上去解读、接受马克思主义，并赋予了马克思主义救中国于"水火"的内涵。实际上，马克思主义中国化也确实具有承担起这种时代责任的内涵。以毛泽东同志为主要代表的中国共产党人在深刻总结近代中国改良、革命经验教训的基础上，逐渐形成了强调阶级斗争，通过阶级革命实现民族独立、国家富强、人民解放的新民主主义革命路线。围绕这条革命路线，毛泽东从政治、经济、文化等方面对中国未来发展进行了初步设计。在政治上，通过武装斗争建立一个新型的民主共和国，目的是解决近代以来困扰中国现代性建构的国家主体身份问题；在经济上，通过解放生产力，实现国家繁荣富强和人民丰衣足食，目的是解决中国现代性建构所必需的经济基础问题；在文化上，建立民族的、科学的、大众的新民主主义文化，目的是解决现代性建构的主体身份认同、现代化的发展方向和精神动力问题。新民主主义革命的理论与实践，既是对现代性的诠释，也比较好地解决了传统与现代衔接、本土与西方沟通、马克思主义与中国特殊国情相结合的问题。

马克思主义的价值追求和十月革命的示范效应，使得"走俄国人的路"，通过革命化建立新政权进而实现现代化，成为中国共产党重觅中国现代化道路的时代结论。然而，在中国这块已有几千年历史传统的土地上"走俄国人的路"谈何容易，它必然会遇到一系列难题，其中最为核心的问题就是如何

---

① 汪晖：《关于现代性问题答问》，《天涯》1999年第1期。
② 《毛泽东选集》第四卷，人民出版社1991年版，第1471页。

处理同中国历史传统的难题。拥有古老农业文明传统的中国具有强大抗拒现代化工业文明的韧性；同时，中国的现代化运动起源于对西方资本主义入侵导致的民族危机的反应，又需要从历史传统中汲取反抗的精神力量。如何对待古今文化、中西文化（从某种意义上讲，在近代中国，古今文化和中西文化这两对范畴具有某种重合性，因为在当时西方文化就是现代文化的化身，而中国文化则代表古代封建文化），怎样才能既变革历史传统，又凭借历史传统蕴含的精神动力来完成社会变迁，的确是中国现代化进程中令人困惑的难题。作为辩证法大家，毛泽东高出一筹的地方，就在于他很好地解决了这个问题。他在讲到如何看待马克思主义与中国历史传统的关系时，在历史性提出"马克思主义中国化"这一命题的基础上，又创造性提出了"新民主主义文化"这一概念。所谓新民主主义文化，就是民族的、科学的、大众的文化。在毛泽东看来，新民主主义文化生成的过程，既不可能像西方文化那样"推陈出新"地自然演化，也不能离开中华优秀传统文化"无中生有"，而是将中华传统文化、西方文化、马克思主义综合创新的过程。这个过程同时是一个分析、批判、融合本土文化与外来文化、古代文化与现代文化的过程。"在中国的长期封建社会中，创造了灿烂的古代文化。清理古代文化的发展过程，剔除其封建性的糟粕，吸收其民主性精华，是发展民族新文化提高民族自信心的必要条件。"[1]就这样，毛泽东为中国走向现代化探寻到一条历史必由之路，并科学解答了其中的文化难题。由此，中国现代化进程才走出历史的泥沼，实现了对帝制传统的真正超越。

---

[1] 《毛泽东选集》第二卷，人民出版社1991年版，第707页。

第三章

超越西方现代化

鸦片战争以后，现代化浪潮席卷中华大地，已经在传统农耕文明大道上行走了千年的中国不得不面对挑战、进行选择。从封建帝王到国民党再到中国共产党，从晚清政府到民国政府再到中华人民共和国，不同的政治党派和政治力量面对西方资本主义的挑战，都进行了深入的思考并给出了不同的答案。如果说面对西方资本主义的冲击，晚清的封建帝王们着眼于维护封建帝制选择的是回避，国民党着眼于官僚资本主义立场选择的是顺从，而中国共产党着眼于人民大众的利益选择的则是超越。这种超越既是对资本主义的否定，又是对现代化的认可，结果是通过建立社会主义制度实现国家现代化。

一、资本主义与西方现代化

作为世界历史进程，现代化反映了人类社会从农业社会向工业社会转变所经历的历史巨变。现代化始于西欧，后扩张到北美和欧洲其余地区，然后蔓延至亚洲、拉丁美洲。现代化的曙光为何最先照亮西方？这是历史之问，也是文化之思。

（一）西方现代化的历史进程

在现代化历史上，18世纪发生在英国的工业革命具有开创性意义，它不仅带来了社会生产方式的历史性转变，也引导人类社会由古老的农业文明时代迈向新型的工业文明时代。正如诺斯所言："这个大转变的过程，……是生产力形态和社会形态的大转变，是一个整整的过渡时代。"[①]肇始于英国工业革命的西方现代化历史进程，大概可以分为三个阶段。

西方第一次现代化浪潮，时间大约从18世纪中期至19世纪中期，首先从英国发端，然后迅速向欧洲大陆和北美局部地区扩散。卷入第一次现代化浪潮的国家有两类：一类是最早开始现代化的英国、法国，以及稍后的荷兰、比利时、挪威、丹麦、意大利、瑞典等；另一类是西欧的海外移民殖民地，

---

① ［美］道格拉斯·诺斯:《经济史中的结构与变迁》，陈郁、罗华平等译，生活·读书·新知三联书店1994年版，第180页。

如美国、加拿大等。第一次现代化浪潮以蒸汽机的改进和广泛应用为标志。工业革命使机器参与到生产当中，使手工工场变为机器工厂。机器生产首先是从纺织业开始，并逐步由棉毛纺织等小中型企业向大中型的钢铁、交通运输等行业扩展。随着工业生产从英国向西欧、北美等其他地区的扩展，世界开始逐步出现了生产和贸易的区域性分工，以西方国家为主导的资本主义政治经济实体逐渐建立起来。同时，英国资产阶级革命和法国大革命等掀起一次次的资产阶级革命浪潮，也导致了政治领域内的结构性变革。英法的一些海外殖民地为维护本地利益，掀起了反对宗主国剥削和掠夺的浪潮——首先是北美爆发了独立战争，不久又形成了席卷拉美的殖民地革命。一次次革命交织在一起，形成了推动社会变革的强大动力，从而使西欧和北美地区第一次掀起了现代化的浪潮。

西方第二次现代化浪潮，时间大约从19世纪中期至20世纪初期，由西欧向中东欧国家和北美全境扩散。当现代化在西欧取得巨大发展后，欧洲其他国家面对先发展国家有形无形的压力，也通过对国内政治、经济等要素的人为改造，自觉地走上了现代化发展之路。在德国，经过一系列王朝战争，在血与火的交织中，普鲁士王国完成了统一。统一后的德国为了保证资本主义的长足发展，迅速在经济、教育、社会诸领域掀起一场场强有力的改革创新，开始了资本主义的现代化发展。在俄国，沙皇政府则自上而下，通过废除农奴制改革踏上了资本主义征途。美国经过为期四年的南北战争后，迅速进入了现代化进程的腾飞阶段，不仅实现了农业的现代化，而且还实现了工业乃至管理的现代化。第二批走向现代化的国家从以电气化为代表的第二次世界科技革命中获得了强大动力。电气技术带来的经济增长和社会发展速度大大超过蒸汽机时代，导致生产规模扩大，技术含量增加，资本积累加速。到20世纪初，西欧、北美初步完成了现代化，从事农业生产的人口一般都降到40%以下，成为资本主义现代化的核心地区。在此期间，美国经济规模后来居上，于1895年超过英国而成为资本主义各国之首。

西方第三次现代化浪潮，时间从20世纪下半叶持续至今。"二战"以后，新的科技和工业革命带来了战后经济的调整与发展。人工合成材料、生物工程、人工智能、集成电路等新的高精尖技术的应用，带来了社会生产力的迅速发展，并进一步带动了产业结构的更新换代和工业化的升级，卷入前两次现代化浪潮的西方国家的经济和社会得到迅速发展，相继进入现代化发展的新时期。1953—1973年，西方工业总产量相当于1800年以来一个半世纪的工业总产量之和。同前两次现代化浪潮相比，第三次现代化浪潮更具有世界意义。第二次世界大战结束以后，特别是到了20世纪五六十年代，亚非拉地区的国家大多获得了政治上的独立。目睹与发达国家的巨大差距，广大人民群众创造历史的热情空前高涨，主动性得到巨大发挥，纷纷将现代化置于国家发展战略之首，从而在全球范围内掀起了一轮现代化发展浪潮。

通过历史回顾，我们不难发现，西方现代化的发展是同资本主义紧密相连的，从某种意义上说，没有资本主义生产关系的建立和发展，就没有西方现代化的开启和推进。正是得益于资本主义所释放出来的政治、文化、经济、社会以及人的效应，西方才能在现代化的征途上走在世界的前列。

（二）西方的现代化与资本主义精神

罗荣渠在《现代化新论》一书中，提出了一个已被大家普遍认可的观点："由于创新性变革与传导性变革两种方式之不同，在实际的历史进程中，通向现代化的多样化道路大致概括成两大类不同起源，从而形成两种不同类型的现代化。一类是内源的现代化，这是由社会自身力量产生的内部创新，经历漫长过程的社会变革的道路，又称内源性变迁，其外来的影响居于次要地位。一类是外源或外诱的现代化，这是在国际环境影响下，社会受外部冲击而引起内部的思想和政治变革并进而推动经济变革的道路，又称外诱变迁，其内部创新居于次要地位。"[1]最早进入现代化门槛的西方国家，其现代化显然是一

---

① 罗荣渠：《现代化新论》（修订本），华东师范大学出版社2013年版，第101页。

个自我发展或内源性现代化，而亚洲、拉丁美洲国家的现代化大都是在西方冲击和近现代国际环境影响下发生的，属于外源性现代化。但问题在于，现代化的曙光为何最早在西方而不是在东方照亮？要知道，从某种意义上说，东方具有比西方更容易进入现代化的条件，因为在农业文明时代，东方是发达地区，西方则是欠发达地区，在发展水平上东方是走在西方前列的。

对于这一"悖论"现象，罗荣渠认为，"在东方特别是东亚，社会发展具有较多的统一性、长期连续性、渐进性；而在西方则具有较多的分散性、多变性、突发性。正是这种西方式的发展范式较易形成内源性现代化所需的物质技术条件和推动创新的机制"[①]。谁先具有现代化所需的物质技术条件和推动创新的机制，谁就可能率先迈进现代化的门槛。相对于西欧各国，英国是工业革命的爆发地，也是最早迈进现代化门槛的。这种结果不是偶然的，而是必然的，因为在蕴含推动现代变革的潜在要素的西欧各国中，只有英国首先具备了启动这一大变革的物质技术条件和社会前提：1.内战后国家政治稳定、行政统一、社会协调，是欧洲最大的国内自由贸易区；2.农业革命先行；3.得天独厚，早期工业革命所需的煤、铁资源丰富；4.传统政治结构多元化，土地贵族权势早衰落，王权经历资产阶级革命而受到限制；5.社会分化程度较高，市民阶级兴起，社会内部未出现大分裂；6.宗教世俗化较早，清教主义的神祷理性与谋利精神；7.科技革命先行；8.国家脱离罗马教廷而独立自主，在经济上不依赖外国，并拥有海峡的独特战略性地位。[②]这八个方面，涉及经济、政治、文化、资源、科技、社会、地缘等多个层面的内容，构成了一个国家要实现突破式发展所必需的一切因素。而在这之中，应该引起我们注意的是作者将文化因素或者说精神因素也视为西欧国家率先进入现代化原因之一。在这一点上，德国社会学家马克斯·韦伯在《新教伦理与资本主义精神》这部经典著作中进行了更深入的分析。

---

① 罗荣渠：《现代化新论》（修订本），华东师范大学出版社2013年版，第106页。
② 罗荣渠：《现代化新论》（修订本），华东师范大学出版社2013年版，第107页。

在马克斯·韦伯看来，资本主义工业发展的一个关键因素是企业活动的合理组织，并以此保持稳定的利润和资本积累。虽然合理的经济行为无疑将带来更大的利润，但是挣钱并不是刺激这种行为的主要因素。单纯挣钱的动机转变为从事大规模企业活动的动机，需要一种特别的活力，也就是所谓的合理化的"资本主义精神"。韦伯引用本杰明·富兰克林的话来说明什么是资本主义精神，将其概括为珍惜时间、讲究信用、用钱生钱、勤劳、节俭、守时、公正、谨慎、诚实等。这些品质绝不单纯是立身处世的手段，而是一种独特的伦理，这种伦理将挣钱视为人生的唯一目的，但挣钱方式必须是合理的。"在现代经济秩序中，只要干得合法，赚钱就是职业美德和能力的结果与表现。"①而促进西方"资本主义精神"产生的一个重要因素不是经济，而是宗教。"上层劳动阶层，特别是在技术上或商业上受过高等教育培训者，全部带有非常浓重的基督新教的色彩。"②正是由于新教伦理在西方的传播，产生了与这一伦理相适应的资本主义精神。"现代资本主义精神，以及全部现代文化的一个根本要素，即以天职思想为基础的合理行为，产生于基督教禁欲主义。"③新教伦理与资本主义精神的结合带来了现代资本主义在西方的发展。

韦伯是从新教伦理、精神力量和精神境界对物质生产方式产生作用的角度研究资本主义及西方现代化的。尽管这位伟大的思想家自己认为，这种研究只是认识和揭示历史真理的一个方面，他不能够代替也不能够否定其他人的不同研究，然而韦伯独特的观点，以及建立在大量史实材料基础上的雄辩论证，还是能够帮助我们认识资本主义产生的历史条件和西方现代化的内在原因。而在这一点上，与罗荣渠的认识也不谋而合。在罗荣渠看来，"内源的

---

① ［德］马克斯·韦伯：《新教伦理与资本主义精神》，彭强、黄晓京译，陕西师范大学出版社2002年版，第26页。

② ［德］马克斯·韦伯：《新教伦理与资本主义精神》，彭强、黄晓京译，陕西师范大学出版社2002年版，第9页。

③ ［德］马克斯·韦伯：《新教伦理与资本主义精神》，彭强、黄晓京译，陕西师范大学出版社2002年版，第174页。

现代化，是在西方基督教文明的历史背景和传统下孕育起来的，它的原动力即现代生产力是内部孕育成长起来的，具有较强的自我发挥能力"①。

（三）价值理性缺失与资本主义现代化的野蛮性

在人类社会发展史上，资本主义的出现毫无疑问具有历史性意义。对此，马克思主义经典作家们都曾给予了积极肯定。对于现代化的起源地西欧来说，现代化不仅带来了西方社会的辉煌，也最终促使了资本主义生产方式的全球扩张。正如马克思、恩格斯在《共产党宣言》中所指出的那样："不断扩大产品销路的需要，驱使资产阶级奔走于全球各地。它必须到处落户，到处开发，到处建立联系。资产阶级，由于开拓了世界市场，使一切国家的生产和消费都成为世界性的了。"②它"使城市人口比农村人口大大增加起来，因而它使很大一部分居民脱离了农村生活的愚昧状态。正像它使乡村从属于城市一样，它使未开化和半开化的国家从属于文明的国家，使农民的民族从属于资产阶级的民族，使东方从属于西方"③。显然，"未开化的和半开化的国家从属于文明的国家""东方从属于西方"的依赖从属关系就是建立在现代化基础之上的资本主义生产方式向全世界扩张的结果。正因为世界现代化潮流的形成和现代社会的建立是和资产阶级紧密联系在一起的，所以马克思才客观地指出："资产阶级在历史上曾经起过非常革命的作用。"④但与此同时，马克思也深刻认识到，资产阶级开创世界历史的过程，也是一部充满血腥的野蛮的侵略史、掠夺史。"它无情地斩断了把人们束缚于天然尊长的形形色色的封建羁绊，它使人和人之间除了赤裸裸的利害关系，除了冷酷无情的'现金交易'，就再也没有任何别的联系了。"⑤

---

① 罗荣渠：《现代化新论》（修订本），华东师范大学出版社2013年版，第102页。
② 《马克思恩格斯选集》第1卷，人民出版社2012年版，第404页。
③ 《马克思恩格斯选集》第1卷，人民出版社2012年版，第405页。
④ 《马克思恩格斯选集》第1卷，人民出版社2012年版，第402页。
⑤ 《马克思恩格斯选集》第1卷，人民出版社2012年版，第403页。

西方资本主义现代化的历史，可以说既是一部不断创造历史的历史，也是一部不断向外野蛮扩张的历史，而造成这一历史性结果与资本主义精神的内在缺陷有着深刻的内在联系。这个缺陷，就是资本主义精神中的价值理性缺失。

价值理性是马克斯·韦伯提出的一个概念，其相对应的另一个范畴是工具理性。马克斯·韦伯认为，人是理性的存在物，理性作为人类所特有的一种把握世界的方式，是手段和目的的统一，是工具理性和价值理性的统一。所谓价值理性就是"通过有意识地对一个特定的行为——伦理的、美学的、宗教的或作任何其他阐释的——无条件的固有价值的纯粹信仰，不管是否取得成就"①。价值理性实际上也就是人们在实践中逐渐形成的价值智慧、价值良知。所谓工具理性就是"通过对外界事物的情况和其他人的举止的期待，并利用这种期待作为'条件'或者作为'手段'，以期实现自己合乎理性所争取和考虑的作为成果的目的"②。也就是说，工具理性关注的是目的、手段和后果的综合。在韦伯看来，价值理性和工具理性应该是一种互相补充、互相制约的关系。韦伯的研究对于我们理解不同文明在思维方式上的深层特征，应该说是非常有帮助的。从本质上讲，现代化应该是价值理性和工具理性的统一，即既要强调手段的合理性，也要强调动机的合理性。如果说中华民族在历史上因为过分强调道德的价值而表现出工具理性缺失的缺陷，那么，西方在其现代化过程中则因为过分的强权意识而表现出价值理性缺失的缺陷。

西方资本主义价值理性的缺失集中表现在对"权力"的尊崇和运用上。在西方文化的视野中，利用"权力"获得"利益"具有天然的"合理性"。纵览西方文明发展史，我们不难发现，"权力"手段的介入使得西方文明温情脉脉面纱下面沾染了太多的鲜血，特别是资本主义现代化，更是建立在对亚洲、非洲、美洲血腥掠夺基础上的。虽然在西方文化中，也曾经出现过理想主义

---

① ［德］马克斯·韦伯：《经济与社会》上卷，林荣远译，商务印书馆1998年版，第56页。
② ［德］马克斯·韦伯：《经济与社会》上卷，林荣远译，商务印书馆1998年版，第56页。

的光芒，但总体而言，"自我利益优先于任何道德原则，权力优先于正义"的"权力—利益"思维模式一直是西方处理不同文明之间关系的基本准则。

价值理性缺失所产生的影响是复杂的。一方面，它使西方的现代化不会像中华文明那样注重道德。这也是西方之所以能够最早走出封建主义泥沼、发生工业革命的重要原因；另一方面，价值理性的缺失，打破了工具理性和价值理性的平衡，使西方文明在其现代化的过程中始终缺乏最基本的道义意识，"强权即正义"成为被西方社会普遍认可的生存法则，战争和暴力被认为是最有效的利益工具。无节制的对外扩张和无原则的暴力运用必然带来世界范围内的价值冲突。正如亨廷顿所叙述的那样："15世纪结束时摩尔人最终重新征服了伊比利亚半岛，葡萄牙人开始了对亚洲的渗透，西班牙人开始了对美洲的渗透。在其后的250年间，整个西半球和亚洲的重要部分都被置于欧洲的统治和控制之下。"①到19世纪中后叶，西方文明最终确立了其在世界政治经济格局中的主导地位。当然，"西方赢得世界，并不是通过其思想、价值或宗教的优势（其他文明中几乎没有多少人皈依它们），而是通过它运用有组织的暴力方面的优势"②。这是任何曾经遭到西方势力侵略的美洲、亚洲和非洲各民族的共同感受和认识。马克思、恩格斯对此有过精辟的论述："资产阶级，由于一切生产工具的迅速改进，由于交通的极其便利，把一切民族甚至最野蛮的民族都卷入到文明中来。它的商品的低廉价格，是它用来摧毁一切万里长城、征服野蛮人最顽强的仇外心理的重炮。它迫使一切民族——如果它们不想灭亡的话——采用资产阶级的生产方式；它迫使它们在自己那里推行所谓的文明，即变成资产者。一句话，它按照自己的面貌为自己创造出一个世界。"③

---

① ［美］塞缪尔·亨廷顿：《文明的冲突与世界秩序的重建》，周琪、刘绯、张立平、王圆译，新华出版社2002年版，第36页。
② ［美］塞缪尔·亨廷顿：《文明的冲突与世界秩序的重建》，周琪、刘绯、张立平、王圆译，新华出版社2002年版，第27页。
③ 《马克思恩格斯选集》第1卷，人民出版社2012年版，第404页。

可以说，东西方的不同历史造就了各自不同的文化，西方的暴力强权与东方的"王道谦和"形成了鲜明对照。西方资本主义以摧枯拉朽之势瓦解着苟延残喘的东方自然经济体系，并将暴力强权的价值观念带到世界各地，深刻地影响了世界局势。现代社会的冲突、流血、杀戮大都可以从西方文明的现代化扩张中找到最初的源头。正是在这个意义上我们说，"冲突和暴力是西方世界体系的常态；多元政治实体——希腊罗马时代的城邦国家、中世纪的封建国家、近代的民族国家——之间的竞争和冲突，是西方历史的主题；而暴力和冲突意识，则构成西方世界秩序观念的核心"[①]。

二、中国现代化道路的文化论争与中国共产党的选择

在思考现代化的问题上，西方与历史传统是不能回避的两个因素。在西方现代化理论中，历史传统和现代化之间是一种对立关系，非西方国家要实现自身的现代化，只能西方化。这也是马克斯·韦伯得出东方社会无法建设现代社会结论的原因所在。然而，理性和实践又在不断地提醒我们，建设现代化真的能抛开历史传统吗？

（一）知识分子的反思："中体西用"还是"全盘西化"

西方列强对近代中国的入侵是全方位的，由军事领域开始，而后至经济、政治、社会、文化、外交各领域。在特定时代，当整个社会进入非常规期和变革期时，最先感受到危机的常常是敏锐的知识分子，特别是人文知识分子。一般来说，知识精英不仅会以感性的方式体验社会危机，做出直觉的反应，而且会以自觉的理性反思来揭示和把握社会危机。在近代中国，如果说对于朝廷和政府而言，政治和主权的沦丧是最为痛苦的；对于工商业者而言，西方洋产品的输入是最痛苦的；那么对于知识分子而言，由西方文化冲击所产生的文化反思是最为痛苦的。所以，罗荣渠说："对于像中国这样一个历史悠

---

① 宫玉振:《中国战略文化解析》，军事科学出版社2002年版，第39页。

久的东亚文明传播中心来说，西方冲击在传统知识分子思想中激起的最大的回应是文化回应，即东西两种不同文化体系的冲突。"①东西文化的碰撞，表面上是文化观点之争，实质上是现代化道路方向之争。

同西方内生型现代化道路不同，近代中国的现代化是在西方列强的炮声中被迫打开的。"要救国，只有维新，要维新，只有学国外。"②这是早期知识分子在思考现代化问题时的最初回应，也可以说是一种本能回应。因为对于任何一个落后挨打的民族来说，学习对手、超越对手、战胜对手都是一种正常的逻辑选择。但问题的关键是，在学习西方的同时如何看待中国自己的传统。统治阶级精英包括一部分保守主义知识分子着眼于保种、保教、保国、保民，提出了"中学为体，西学为用"这一近代中国最早的现代化口号。在这之中，张之洞有关"中体西用"的阐述应该算最为清晰，也可以代表"中体西用"思想的主流。张之洞于1898年5月著成四万言的《劝学篇》。在《劝学篇》中，张之洞对"中学"与"西学"的内涵、外延予以界定并对两者关系予以说明。《劝学篇》分内外两篇：内篇务本，主以中学，维护纲常名教，以抵制民权；外篇务通，主以西学，以开通风气，学以致用。张之洞将"中学"称为"旧学"，主要包括"四书""五经"、中国史事、政书、地图；"西学"被称为"新学"，包括西政、西艺、西史等。张之洞强调，"纲常名教"是中学之本，是"五伦之要，百行之原"，是中国之所以为中国的标志，具有本体价值，不可变更。他将"西政"理解为学校、地理、度支、赋税、武备、律例等具体管理措施，而不是民权等民主政治，将"西艺"理解为算、绘、矿、医、声、光、化、电等自然科学技术知识，具有器用的价值，是必须增加的内容。在两者关系上，"旧学为体，新学为用，不使偏废"；在功用上，"中学治身心，西学应世事"；在学习次序上，先"中学"后"西学"③。作为晚

---

① 罗荣渠主编：《从"西化"到现代化——五四以来有关中国的文化趋向和发展道路论争文选》上册，黄山书社2008年版，第3页。
② 《毛泽东选集》第四卷，人民出版社1991年版，第1470页。
③ 《张文襄公全集》第202卷、203卷《明纲》《变法》篇。

清政府中的开明派，张之洞对于"中学"和"西学"的认识，相对于曾国藩、李鸿章的观点已经有了很大的进步，可以说已经达到了当时统治阶层所能容许的边界。

从本质上讲，"中体西用"语境下的现代化既是一种"防御式现代化"，也是一种"折中式现代化"。将西学与中学关系界定为"体""用"关系，从哲学上看无疑具有荒谬性，这也是后人对"中体西用"颇多责难的一个原因。但如果我们以历史的眼光看待"中体西用"式的现代化，它的提出和实践又具有某种历史进步性。首先，它承认"中学"是不完美的，是需要完善补充的；其次，它为后来洋务运动、维新运动的展开奠定了理论基础。虽然历史证明，洋务运动、维新运动都无法实现中国的现代化，但我们不能以此"后果"来彻底否定"中体西用"对推动中国现代化的积极作用。因为这种现代化模式在世界上也是有成功案例的，我们近邻日本就是在"和魂洋才"口号下进行明治维新，最终走上现代化之路的。如果我们把晚清政府所主导的现代化尝试的失败，完全归咎于"中体西用论"，实际上就把复杂的历史问题简单化了。中国第一次现代化尝试的失败，是多重原因造成的，统治阶级的腐朽、政治制度的落后以及国民精神的面貌，都是重要原因。

当然，伴随着洋务运动、维新运动的失败，人们必然对其理论基础"中体西用"论提出怀疑，并逐渐认识到"中体"不变，再好的"西用"也解决不了中国的问题。在这样的背景下，"全盘西化"解决"中体"问题就成为首选问题，章太炎、陈独秀、胡适则是这种思想的代表。章太炎在"戊戌变法"失败后对传统文化进行了深刻的反思。他得出结论，改造中国社会，不能像康有为期望的那样借助于中国封建传统文化的权威来进行，而只能"驰骋欧美""兼容并包"，吸收外来文化，创造一种全新的文化意识来代替传统文化。陈独秀则以绝不调和的立场来对待中西文明的冲突，旗帜鲜明主张用"全盘西化"否定"中学西用"。他在《宪法与孔教》里写道，"欧洲输入之文化与吾华固有之文化，其根本性质极端相反"，因此，"吾人倘以新输入之欧化为是，则不得不以旧有之孔教为非；倘以旧有之孔教为非，则不得不以输入之欧化为是，新旧之间绝无调和两存之余地"①。胡适则进一步提出要打破那种认为东方文明是"精神文明"而西洋文明是"物质文明"的成见，认为西洋文明不仅是"物质"的也是"精神"的。在《我们对于西洋近代文明的态度》一文中，胡适认为，"神圣的不知足是一切革新一切进化的动力"，而"这样充分运用人的聪明智慧来寻求真理以解放人的心灵，来制服天行以供人用，来改造物质的环境，来改造社会政治制度，来谋人类最大多数的最大幸福——这样的文明应该能满足人类精神上的要求；这样的文明是精神的文明"②。胡适的这个认识应该说突破了当时很多人将西方文明仅仅界定为"物质文明"的局限，从而为全面学习西方而不再仅仅局限于器物层面奠定了理论基础，不能不说是一大进步。

历史地看，有关中国如何跟上世界发展潮流、实现现代化的文化论争在五四运动前后进行了几十年，至于到底产生了多大的政治效果仁者见仁、智者见智，但就文化层面而言，其对近代中国各种新思潮的兴起无疑产生了极大的推动效应。也正是在这样的背景下，马克思主义连同诸多西方社会思潮涌入中国，并逐渐在中国扎下根来。但西方列强在中国的暴行以及西方文明固有的历史局限性，使得西方文明及其所蕴含的西方道路在中国的实践中所遭受的怀疑不断增多。曾经鼓吹西方民主自由的陈独秀，后来逐渐从西欧文明转向俄国社会主义文明，曾经大声讴歌过西方文明的梁启超在游历欧洲后，也丧失了对西方文明的信心。

（二）中国共产党的选择："第三种文明"

纵观中国近代历史，中华传统文化及其价值结构经历了一个从被怀疑到

---

① 罗荣渠主编：《从"西化"到现代化——五四以来有关中国的文化趋向和发展道路论争文选》上册，黄山书社2008年版，第5-6页。
② 罗荣渠主编：《从"西化"到现代化——五四以来有关中国的文化趋向和发展道路论争文选》上册，黄山书社2008年版，第7页。

被批判、从疏松到解体的过程。在这个过程中，虽然先进知识分子在对传统文化的批判上存在一定程度的非历史主义倾向，未能从科学意义上真正完成对儒学乃至对整个传统文化的批判任务。但我们也必须看到，伴随着这个过程的是近代社会思潮的高潮迭起和西方文化的大量涌入。"丧乱之后多文章"固然是人们对现实不满的情感发泄，但更多的是近代中国知识分子对现实的理性反思。理性反思的直接结果是结束了以儒家思想为主导的封建文化在中国的长期统治，从而为国家富强、社会进步所必需的政治民主和思想民主扫清障碍，开辟前进的道路。文化危机深化到一定程度必然带来文化的转型，即长期占据主导地位的文化模式必将为另一种新的主导文化模式所取代。面对中国封建传统文化主导地位的丧失，先进的知识分子开始试图建立新的文化以取代传统封建文化，并希冀新的文化能够指引中国走向正确的方向。

对于近代蜂拥而至的西方文明，毛泽东也曾深有体会地指出："在一个很长的时期内，即从一八四〇年的鸦片战争到一九一九年的五四运动的前夜，共计七十多年中，中国人没有什么思想武器可以抵御帝国主义。旧的顽固的封建主义的思想武器打了败仗，抵不住，宣告破产了。不得已，中国人被迫从帝国主义的老家即西方资产阶级革命时代的武器库中学来了进化论、天赋人权论和资产阶级共和国等思想武器和政治方案，组织过政党，举行过革命，以为可以抵御列强，内建民国。但是这些东西和封建主义的思想武器一样，软弱得很，又是抵不住，败阵下来，宣告破产了。"[1]李大钊在经过一番比较和对现实的失望之后，也深刻指出："由今言之，东洋文明既衰颓于静止之中，而西洋文明又疲命于物质之下。"[2]因此两种文化都不可取。

正是在这种情况下，人们期待并呼唤着能克服这两种文化弊端的又兼有两种文化特质的新文化，"为救世界之危机，非有第三新文明之崛起不足渡此

---

① 《毛泽东选集》第四卷，人民出版社1991年版，第1513–1514页。
② 《李大钊文集》第二卷，人民出版社1999年版，第205页。

危崖"①。"第三新文明"遂成为此时中国人在救亡图存道路上寻求文化支撑的目标指向。而此时发生的俄国十月革命及其强大的示范效应，使中国先进知识分子不由自主把目光聚焦在指导十月革命取得胜利的马克思主义身上。于是，先进的知识分子便根据这种新的觉悟和新的认识来重新考虑中国的问题。正如毛泽东所说："十月革命一声炮响，给我们送来了马克思列宁主义。十月革命帮助了全世界的也帮助了中国的先进分子，用无产阶级的宇宙观作为观察国家命运的工具，重新考虑自己的问题，走俄国的路——这就是结论。"②正是从这时起，新文化运动无论在思想上还是政治上都向前迈进了一大步。在思想上，已经突破了资产阶级民主主义的范围，开始具有社会主义的因素。经过短短的几年时间，在通过对各种社会主义学说的比较、鉴别，特别是在同各种反马克思主义思潮的斗争后，马克思主义迅速从众多的西方文化思潮中脱颖而出并逐渐赢得了先进知识分子和中国人民的认同。

众多西方文化思潮之所以湮没在历史发展的车轮下，根本原因就在于当它们与解决现实的危机相联系时，几乎所有的文化思潮都不能为近代中国摆脱被侵凌地位、实现救亡图存的社会目标提供理论指导。而实践的需要又迫使百家之说归于一宗、杂多趋于单一、多元复归一统，以便经济有效地调动和配置社会资源。对于近代中国而言，救亡图存是压倒一切的社会实践需要，能否实现救亡图存的目标就成为各种文化思潮能否最终生存的生死检测器。马克思曾提出："理论在一个国家实现的程度，总是取决于理论满足这个国家的需要的程度。"③马克思主义所特有的批判性、科学性和实践性特征，特别是其对资本主义文明体系的全面扬弃，正好融释了中国知识分子对西方文化的矛盾心理，满足了他们试图从西方文化中寻找超越资本主义文明的救国良方的希望。这也正如毛泽东所指出的那样，"马克思列宁主义来到中国之所以

① 《李大钊文集》第二卷，人民出版社1999年版，第205页。
② 《毛泽东选集》第四卷，人民出版社1991年版，第1471页。
③ 《马克思恩格斯选集》第1卷，人民出版社2012年版，第11页。

发生这样大的作用，是因为中国的社会条件有了这种需要，是因为同中国人民革命的实践发生了联系，是因为被中国人民掌握了。任何思想，如果不和客观的实际的事物相联系，如果没有客观存在的需要，如果不为人民群众所掌握，即使是最好的东西，即使是马克思列宁主义，也是不起作用的"[①]。而这也恰恰是马克思主义在众多西方文化思潮中脱颖而出并不断扩大影响的根本原因。

三、中国式现代化的两个"文化基点"

世界进入近代以来，东西方社会都发生了巨大的变化，西方通过资产阶级革命和工业革命率先迈入了现代化的门槛。但在东方特别是经历两千多年漫长封建统治的中国，仍然在现代化的门槛之外徘徊，迫切需要一场来自内部的革命性变革，以革除一切阻碍自身走向现代文明的障碍，从而实现中国社会的创新发展。在这个过程中，思想的力量起到了重要作用，这就是马克思主义。马克思主义经过中国革命和实践的大浪淘沙，是近代中国历史选择的结果，也是中国文化选择的结果。

（一）文化的内在契合与马克思主义的脱颖而出

作为一种崭新的无产阶级文化，马克思主义是在西方特有的社会历史条件下形成的，它对于中华传统文化以及深受这种文化熏陶的中华民族来说，确确实实是一种异体文化。任何文化都存在可传播性和可交流性，但任何文化体系的外传，都必须有其文化契合点，即文化的共通性。只有具备内在的契合点，一种文化才能被另一种异体文化认同、吸收和同化，并在此基础上重构为新的文化形态。

作为一种科学的理论体系，马克思主义在中国得以被接受、传播并逐步中国化，是其倡导的革命精神与中华民族文明主体的生存境遇悲惨甚烈有关，

[①] 《毛泽东选集》第四卷，人民出版社1991年版，第1515页。

但更重要的是其社会价值观与中华优秀传统文化有深层次的契合之处。契合是结合的前提。对于马克思主义与中华优秀传统文化的内在契合点，习近平总书记指出："马克思主义和中华优秀传统文化来源不同，但彼此存在高度的契合性。比如，天下为公、讲信修睦的社会追求与共产主义、社会主义的理想信念相通，民为邦本、为政以德的治理思想与人民至上的政治观念相融，革故鼎新、自强不息的担当与共产党人的革命精神相合。马克思主义从社会关系的角度把握人的本质，中华文化也把人安放在家国天下之中，都反对把人看作孤立的个体。"[1]当代知识分子也从不同的角度给予了分析。张岱年、程宜山认为："中国人接受马克思主义，与中华优秀传统文化有密切关系。中国文化中本有悠久的唯物论、无神论、辩证法的传统，有民主主义、人道主义思想的传统，有许多历史唯物主义的思想因素，有大同的社会理想，如此等等，因而马克思主义很容易在中国的土壤里生根。"[2]汪澍白认为："我国传统文化具有一些与马克思主义相同或相近的先天素质。诸如辩证的思维方式，实用理性的致思路线，以群体为本位的价值取向，'治国平天下'的忧患意识，追求均等与'大同'的社会理想等等，这些先天素质，正是促使知识分子在十月革命以后迅速地选择了马克思主义的文化原因。"[3]

如果说文化是一个民族精神的沉淀，社会理想则是民族文化精神的核心，是引导人们奋斗的目标，也集中地反映了一个民族对现实及历史的态度。从服务于"救亡图存"这个时代主题出发，马克思主义与中华优秀传统文化最重要、最根本的契合点是在社会理想的追求上。对于马克思主义而言，无论是作为一种崇高的信仰追求，还是作为一种新型的文化，在马克思主义理论体系中，资本主义必然灭亡、共产主义必然取代资本主义是首要的也是最基本的命题。马克思主义的整个体系都是为论证这一理想社会而服务的。

---

[1]　习近平：《在文化传承发展座谈会上的讲话》，人民出版社2023年版，第8页。
[2]　张岱年、程宜山：《中国文化与文化论争》，中国人民大学出版社1990年版，第190页。
[3]　汪澍白：《二十世纪中国文化史论》，中国青年出版社1999年版，第212—213页。

对美好社会的向往也是中华优秀传统文化的内在价值追求。《礼记·礼运》篇中描绘的大同世界和小康社会，成为影响中国社会几千年的社会理想的范本。近代康有为的《大同书》则是将几千年来中国人对大同世界的追求做了详细的规划和设计。虽然中华优秀传统文化中的"大同世界"与马克思的"共产主义"之间有着质的区别，但无论共产主义还是大同世界，都是对私有制的否定，对剥削制度的否定，都充满着对平等的向往。因此，在生产关系方面，在终极关怀方面，两者是一致的。正是这种一致性大大地缩短了马克思主义与中华优秀传统文化的距离，削弱了先进知识分子接受马克思主义的认知障碍，奠定了他们接受认同马克思主义的心理基础。曾经自称为社会主义者的梁启超就把"社会主义"同古代"大同"混为一谈。梁启超说："中国古代井田制，与近代社会主义，同一立足点。"[1]孙中山也强调共产主义与中国"大同"理想的契合："井田之制，即均产主义之滥觞，而累世同居，又共产主义之嚆矢，足见我国人民之脑际，久蕴蓄社会主义之精神。"[2]李大钊则从社会发展的伦理要求出发，强调从"大同"理想发展至社会主义是伦理必然性，他说："一切形式的社会主义的根萌，都纯粹是伦理的。协合的友谊就是人类社会生活的普遍法则。"[3]

正是马克思主义和中华优秀传统文化在社会理想上的内在契合，才使得马克思主义在中国能够获得普遍的文化认同和文化共鸣，从而形成知识分子、普通民众和马克思主义的和谐共振。可以说，马克思主义在中国的生根、发芽是由近代中国先进知识分子通过中华优秀传统文化中"大同"社会理想作为桥梁来培植并推进其传播的。

（二）"农民革命"与中国社会主义现代化道路的开辟

美国比较政治学家巴林顿·摩尔在《民主和专制的社会起源》一书中，

---

① 梁启超：《饮冰室合集》下册，北京大学出版社2005年版，第134页。
② 《孙中山全集》第一卷，中华书局1981年版，第145页。
③ 《李大钊文集》第二卷，人民出版社1999年版，第335页。

将传统农业社会向现代工业社会的过渡归纳为三种模式：一是以英法为代表的资本主义与议会民主结合的发展模式；二是半截子的资产阶级革命即来自上层的保守革命，也就是德国和日本的反动的资本主义和法西斯主义结合的发展模式；三是自下而上以发动农民革命为主的道路，也就是俄国式和中国式的社会主义发展模式。对于这三种现代化模式之间的关系，巴林顿·摩尔也作了说明："对于以上三种类型——达到西式民主的资产阶级革命、来自上层的以法西斯主义为归宿的保守革命，以及导向共产主义的农民革命——它们在十分有限的范围内可能构成多条路线与多种选择的。何况这些模式显然具有相继的历史阶段。它们本身就显示出相互间的一定联系。一个国家所选择的现代化方式，会改变下一阶段另一些国家按同一方式处理问题的程序……没有英国先行的民主方式的现代化，不大可能出现德国与日本采用的反动方式，没有资本主义的经验与反动的经验，共产主义方式纵然出现，也会全然不同。"[1]从1842年鸦片战争到20世纪中叶100年间中国探索现代化的曲折历程，也印证了巴林顿·摩尔的观点："现代化进程以失败的农民革命为起点，在20世纪，它却经由成功的农民革命而进入高潮。"[2]

巴林顿·摩尔的观点是基于事实而得出的历史结论，但对于身处当时历史环境中的中华民族来说，以农民革命作为起点助推中国迈向现代化征程却是一个艰辛的探索过程。鸦片战争以后，中国在19世纪下半叶力图模仿日本、俄国走君主制的自上而下的现代化道路。洋务运动的无疾而终与维新变法的惨痛经历，证明此路不通。20世纪初，孙中山转而模仿英美模式，试图通过建立资产阶级民主制度为中国现代化另辟蹊径，并曾经乐观地估计革命后十年可以与西方"并驾齐驱"。但袁世凯的复辟及其随后的军阀割据表明，资本主义道路在中国也走不通。对此，罗荣渠进行了深入分析："在中国，如果没

---

① ［美］巴林顿·摩尔：《民主和专制的社会起源》，拓夫等译，华夏出版社1987年版，第335页。
② ［美］巴林顿·摩尔：《民主和专制的社会起源》，拓夫等译，华夏出版社1987年版，第368页。

有市场关系在广泛领域内取代传统关系，没有农业生产力优先的大幅提高，没有强有力的现代化发展趋向的国家权威的确立和导向，要在这样一个大国中实现向现代工业社会的转变，看来是不大可能的，即使转变了也不能巩固。因此，中国的现代化既不能照搬这种与那种西方模式，也不能照搬俄国模式或日本模式，必须创造性地探索具有中国特色的自主型发展模式。"[①]而这种自主型发展模式，既不能漫天空想，也不能一味模仿，而只能在总结东西方发展模式的基础上，通过东西方文明的相互作用和对话才有可能形成。马克思主义是一种西方文化，它不仅包含着对人类社会未来走向的科学预测和判断，也内在地包含着对资本主义现代化模式的深刻反思和批判，这对于身处现代化迷惘中的中华民族来说，无疑是瑰宝，绝不能放弃；而早已内涵于中华民族政治、经济、文化、日常生活等一切领域的传统文化，更绝不能遭到抛弃或鄙视。中国的现代化道路只有在马克思主义指导下，充分融合中华优秀传统文化，才能真正走出历史的泥沼。

对于中国共产党来说，马克思主义的作用，既体现在为其成立奠定了思想基础，也体现在为其领导中国革命和现代化建设提供了行动指南。中国共产党之所以选择以革命的方式解决现代化所遇到的阻滞和障碍，主要得益于马克思主义的指导。对此，毛泽东曾深有体会地指出："从马克思主义关于国家学说的观点看来，军队是国家政权的主要组成部分。谁想夺取国家政权，并想保持它，谁就应有强大的军队。……俄国共产党的枪杆子造了一个社会主义。我们要造一个民主共和国。帝国主义时代的阶级斗争的经验告诉我们：工人阶级和劳动群众，只有用枪杆子的力量才能战胜武装的资产阶级和地主；在这个意义上，我们可以说，整个世界只有枪杆子才可能改造。我们是战争消灭者，我们是不要战争的；但是只能经过战争去消灭战争，必须拿起枪杆子。"[②]可以说，马克思主义的"革命理论""斗争理论"，解决了中国共产党成

---

① 罗荣渠：《现代化新论》（增订本），华东师范大学出版社2013年版，第271页。
② 《毛泽东选集》第二卷，人民出版社1991年版，第547页。

立初期党内存在的"要不要武装斗争"的争论，为中国共产党武装反抗国民党统治、进行新民主主义革命提供了科学的理论指导。

　　要不要进行武装斗争的问题已经解决，但怎么进行武装斗争的问题接踵而来。谁才是武装斗争的主要依靠力量？哪儿才是武装斗争的主战场？中国共产党成立之初，虽然多次提到工农联盟，但在俄国十月革命的影响下，工人运动始终被摆在首位，农民运动则位居次席。大革命失败后，深谙中国国情和文化传统的毛泽东深刻认识到，马克思主义要扎根中国大地，就必须同中国国情相结合，必须同中华优秀传统文化相结合；要在幅员辽阔、人口众多、经济发展落后的农业大国搞革命，占人口的80%以上的农民才是革命的主力军，广大农村地区才是革命的主战场。"中国民主革命的主要力量是农民，忘记了农民，就没有中国的民主革命。"[1]"中国的民主主义者如不依靠三亿六千万农民群众的援助，他们就将一事无成。"[2]"农村包围城市，武装夺取政权"的思想，是对大革命失败后党领导红军和根据地斗争经验的概括，是马克思主义在中国创造性的运用和发展。历史已经证明，毛泽东的选择无疑是正确的。就如塞缪尔·亨廷顿在《变化社会中的政治秩序》一书中所言："在西方革命中，革命者从攻取首都开始，向外扩张，夺取对农村的控制。在东方型革命中，他们在偏僻的农村打响了战争，向中心推进，最后夺取对首都的控制。因此，在西方型革命中流血战斗发生于革命者在夺取首都权力之后，而在东方型革命中，流血战斗则发生在革命者夺取首都之前。""造成东西方革命模式差异的一个主要因素乃是东西方革命前政权的性质不同。"[3]告别本本主义，扎根广阔农村，以毛泽东同志为主要代表的中国共产党人为探索具有中国特色的革命道路迈出了具有决定意义的一步。

　　当一个民族处在一个转折点时，社会发展往往显示出多种可能的途径。

① 《毛泽东文集》第三卷，人民出版社1996年版，第305页。
② 《毛泽东选集》第三卷，人民出版社1991年版，第1078页。
③ ［美］塞缪尔·亨廷顿：《变化社会中的政治秩序》，王冠华、刘伟等译，上海世纪出版集团2008年版，第226、227页。

在这种多种可能性中，哪一种可能性能够实现，既取决于这个民族内部不同阶级或集团实践力量的对比，也取决于这个民族的自觉选择。中国共产党领导的新民主主义革命的胜利，客观上为中国现代化道路扫清了障碍。"当人民推翻了帝国主义、封建主义和官僚资本主义以后，中国要向哪里去？向资本主义，还是向社会主义？有许多人在这个问题上的思想是不清楚的。事实已经回答了这个问题，只有社会主义才能够救中国。"①中国共产党选择了社会主义，与中国共产党对历史必然性以及本民族特点的把握有着直接联系。与能够催生资产阶级、工业革命的西方文化相比，中国文化更契合于社会主义。当然，这种契合绝不意味着中华优秀传统文化当中就历史地包含着社会主义的因子，而是意味着这种文化经过与先进文化特别是马克思主义的结合更能激发人们对社会主义的文化认同和价值认同。实际上，中国式现代化道路的开辟，既离不开中华优秀传统文化这个历史性"基点"，也离不开马克思主义这个先进性"基点"。

（三）中华文化与中国式现代化和平发展道路的形成

存在多少个国家，可能就存在多少种现代化发展模式。在发达资本主义国家，按照经济学家普遍的分类解释，主要有三种发展模式：一是美国模式，也称盎格鲁-撒克逊模式；二是德国模式，又称莱茵模式，主要是指以德国发展模式为核心的欧盟模式；三是日本模式。在人类的现代化历程中，西方国家无疑是领先者，但与生俱来的工具理性突出、价值理性缺失的文化基因，使得西方的现代化史既是一部生产力不断飞跃的历史，也是一部充满血腥的扩张史。美国从1789年到2022年，在海外发动了469次军事干预行动，仅冷战结束后至今的短短30年间，就发动了251次。美国240多年的历史上，只有16年没有打过仗。

中国的现代化征程是在西方"有组织暴力"推动下才开启的。对于西方

---

① 《毛泽东文集》第七卷，人民出版社1999年版，第214页。

的现代化历程而言，中国无疑是后来者。然而，时代环境的变化、社会主义的性质尤其是中国文化的内在基因，决定了中国的现代化必须走自己的路，拓展出一条异于西方又超越西方的独特道路。约翰·奈斯指出："近150年间，当西方人享用他们创造的进步和富庶时，大多数亚洲人还生活在贫困之中。现在，亚洲踏上了富强发展之路，经济的复苏使得东方人有机会重新审视传统文明的价值。""亚洲的现代化不能被看作是它的西方化过程，而应是它自己的'亚洲方式'的现代化。""亚洲在现代化中保留了自己的传统价值。亚洲以'亚洲方式'实现现代化，给西方在进入21世纪时既带来挑战，又带来机遇。"[①]杜维明则指出："虽然现代化起源于西方，但东亚的现代化已具有大大不同于西欧和北美的文化形式。"因此，我们也"没有理由怀疑拉丁美洲、中亚、非洲以及世界各地固有的传统都有转变的潜力，发展出自己的不同于西方的现代性。"[②]

相对于崇尚"权力""扩张"的西方文化，中华文化则要显得"内敛"得多。"和平发展思想是中华文化的内在基因，讲信修睦、协和万邦是中国周边外交的基本内涵。近代以来，外敌入侵、内部战乱曾给中国人民带来巨大灾难。中国人民深知和平的宝贵，绝不会放弃维护和平的决心和愿望，绝不会把自身曾经遭遇的苦难强加于他人。"[③]英国哲学家罗素甚至说，如果世界上有骄傲到不肯打仗的民族，那么这个民族就是中国。中国人天生的态度就是宽容和友好，以礼待人并希望得到回报。假如中国人愿意的话，他们的国家是最强大的国家，但他们希望的只是自由而不是支配。和平主义文化塑造了一条截然不同于西方的中国现代化之路。

---

① ［美］约翰·奈斯比特：《亚洲大趋势》，蔚文译，外文出版社1996年版，第10、264、275页。

② 杜维明：《多种现代性：东亚现代性涵义初步探讨》，载塞缪尔·亨廷顿、劳伦斯·哈里森主编：《文化的重要作用——价值观如何影响人类进步》，程克雄译，新华出版社2002年版，第382-383页。

③ 《习近平外交演讲集》，中央文献出版社2022年版，第320页。

　　现代化塑造了西方国家的历史地位，但也充分展现了西方现代化模式的弊端。近代以来先后染指世界霸主"宝座"的国家虽然留下了风格迥异、具有时代特征的崛起模式，维持繁荣强盛的时间长短也各不相同，但是都有一个共同的特点：殖民扩张，武力贸易，强权政治以及列强争霸。历史已经证明，霸权式的现代化道路已经不适应现代世界发展的要求。相比于西方现代化，中国的现代化启程虽晚，却创造了不同的历史风景。改革开放40多年来，在和平发展和改革开放的大旗下，我国综合国力不断提升。中国的和平发展，不仅解决了世界五分之一人口的生存与发展问题，更对世界的发展产生了重要影响。世界银行发布的数据表明，中国在2013—2021年间对全球经济增长贡献率超过38.6%，而G7国家加起来才达到25.7%。美国人特德·菲什曼在《中国公司》中，将中国的改革开放分为三个阶段：第一阶段是世界进入中国，第二阶段是中国开始走向世界，第三阶段是中国开始改变世界。中国以自己的和平发展为世界的和平发展做出了历史性贡献。

　　实施改革开放政策后的中国在现代化的探索上无疑是成功的，这种成功对于急切想实现现代化的广大发展中国家来说无疑具有强大的示范效应。与西方历来热衷强行推销自己的价值观和发展模式不同，中国历来主张各国的事情由各国人民自己来决定。邓小平在20世纪80年代就劝告非洲国家领导人不要照搬"中国模式"，不要急于"搞社会主义"。即使是进入21世纪后的第二个十年，中国仍然坚持各国要根据国情选择适合自己的发展道路。"一个国家发展道路合不合适，只有这个国家的人民才最有发言权。正像我们不能要求所有花朵都变成紫罗兰这一种花，我们也不能要求有着不同文化传统、历史遭遇、现实国情的国家都采用同一种发展模式。否则，这个世界就太单调了。"①这些都是发自肺腑的经验之谈，也是中国坚持和平发展道路的内在要求。

　　总之，现代化是当前人类追求的一个目标，但不同的国家由于具体国情、

———————

① 《习近平外交演讲集》，中央文献出版社2022年版，第142页。

历史背景和文化传统的不同，决定了其实现现代化的路径和模式是千差万别的。中国特色社会主义道路的最成功之处，就在于其既坚持借鉴世界各国现代化建设的经验，又始终立足于本国的文化传统和社会主义初级阶段基本国情，不盲目照搬西方现代化模式。这是对社会主义建设规律、人类社会发展规律的正确认识，也是对中华民族发展规律的深刻揭示。

第四章

超越传统社会主义现代化模式

新民主主义革命开辟了中国通向现代化的道路，但它本身并没有实现中国的现代化。如何在一个经济文化相对落后的东方大国实现现代化，成为摆在中国共产党人面前的全新课题。在新民主主义革命中形成的"以俄为师"的历史思维，使得中国共产党在新中国成立初期具有历史必然性地选择了以苏联模式作为实现自身现代化的路径。但后来的现代化建设中，毛泽东也发现了苏联模式的局限性，并从理论上、实践上试图独立探索适合中国国情的现代化道路。邓小平开辟的中国特色社会主义道路，顺应了和平与发展的时代要求，既面向世界，也扎根中国实际，既借鉴了资本主义现代化建设的有益经验，也汲取了传统社会主义的历史教训。

一、从"以俄为师"到"以苏为鉴"

对于近代以来的中国而言，无论是新民主主义革命的选择、社会主义制度的建立，以及新中国成立后社会主义建设道路的探索，都深受苏联的影响。但在这个过程中，以毛泽东同志为主要代表的中国共产党人，一方面认真学习苏联的建设经验，另一方面也在不断地探索适合中国国情的现代化道路。

（一）"以俄为师"的思维惯性

在中国探索社会主义现代化道路的历史进程中，俄国的影响无疑是巨大的。在十月革命前，中国人是不知道马克思主义、社会主义的。十月革命一声炮响，给中国人民送来了马克思列宁主义。从某种程度上可以说，在中国人的心目中，十月革命和苏维埃俄国就是社会主义，就是马克思主义。更为重要的是，中国共产党也是在共产主义的帮助下建立起来的，党的政治纲领、组织形式都是从苏联共产党那儿学来的。所以，毛泽东对于十月革命与新民主主义革命、中国共产党与苏联共产党的关系曾有过明确的描述。他在《改造我们的学习》中指出："灾难深重的中华民族，一百年来，其优秀人物奋斗牺牲，前仆后继，探索救国救民的真理，是可歌可泣的。但是直到第一次世界大战和俄国十月革命之后，才找到马克思列宁主义这个最好的真理，作为解放我们民族的最好的武器。"①在《全世界革命力量团结起来，反对帝国主义的侵略》一文中，毛泽东继续指出："中国共产党就是依照苏联共产党的榜样建立起来和发展起来的一个党。"②中国革命的面貌焕然一新，主要得益于中国共产党的成立，而中国共产党的成立又离不开十月革命和苏联共产党。所以，毛泽东指出："十月革命帮助了全世界的也帮助了中国的先进分子，用无产阶级的宇宙观作为观察国家命运的工具，重新考虑自己的问题。走俄国人的路——这就是结论。"③这表明，苏联经验对于中国革命道路的探索具有举足轻重的作用。

新中国成立后，虽然从现代化发展指标体系上看，中国的现代化进程仍然处于向现代化社会过渡的启动阶段，但从现代化的发展道路和前途命运来看，中国的现代化进程已经发生了历史性转变。美国学者费正清等对此指出："前赴后继的中国精英为解决从晚清时代遗留下来的国内问题和回答工业化西方一个世纪之久的挑战所作的努力，在1949年达到了一个新的阶段。""而且，它第一次提出了国家政治、经济和社会的全面现代化。"④不过，在中国这样一个人口众多、经济落后、各地区发展不平衡的东方大国，如何建设社会主义，实现国家政治、经济和社会的全面现代化又成了一个崭新的课题。

厚重的历史渊源使得"仿效苏联"成为新中国成立初期的必然选择。"当时，在我们不少同志的心目中，一提起苏联的经验，是很有一些肃然起敬、钦慕不已的味道的。"⑤当然，对于新中国来说，苏联也几乎是当时唯一能够提供现代化建设经验和经济援助的国家。"苏联的援助比中国希望得到的要少很多，而这样援助的政治含义又比预期要大得多，但在人民共和国早期的工

---

① 《毛泽东选集》第三卷，人民出版社1991年版，第796页。
② 《毛泽东选集》第四卷，人民出版社1991年版，第1357页。
③ 《毛泽东选集》第四卷，人民出版社1991年版，第1471页。
④ ［美］费正清、罗德里克·麦克法夸尔主编：《剑桥中华人民共和国史》(1949—1965)，谢亮生等译，中国社会科学出版社1998年版，序言第1页。
⑤ 薄一波：《若干重大决策和事件的回顾》上卷，人民出版社1997年版，第417页。

业发展中，它仍然是一个十分重要的因素。"①所以，毛泽东说："我们要进行伟大的五年计划建设，工作很艰苦，经验又不够，因此要学习苏联的先进经验。"②"在经济建设方面，我们只能照抄苏联，特别是重工业方面，几乎一切都抄苏联，自己的创造很少。这在当时是完全必要的。"③

对于苏联经验，毛泽东还用历史比较的方法给予了肯定。在1953年2月召开的全国政协一届四次会议上，毛泽东指出，我们这个民族从来就是接受外国的先进经验和优秀文化的，在封建时代我们的唐三藏曾万里长征到印度取经；在近代1894到1911年那一段时间，中国人学习西方资本主义的文化，学习资产阶级的民主和科学，掀起过一个很大的高潮，"但是我讲的古代和近代这两次学习外国，比较现在我们学习苏联的规模，学习苏联先进经验的效应，那是要差得远的"④。对于毛泽东和中国共产党来说，在一穷二白的基础上仿效苏联模式建设中国社会主义现代化，既是符合逻辑的选择，也是符合历史的选择。

（二）毛泽东的警醒与"以苏为鉴"

历史地看，苏联模式对中国的社会主义现代化建设的确发挥过积极的作用，它不仅为中国提供了"国家组织形式、面向城市的发展战略、现代的军事技术和各种各样特定领域的政策和方法"⑤，也为中国工业的初步建立提供了有益帮助。但任何一种现代化模式都不可能是尽善尽美的，即使是成功的经验也不一定适合别国的情况。事实也确实如此。随着时间的推移，仿效苏联模式造成的弊端也逐渐暴露出来。毛泽东后来谈到新中国成立初期仿效苏联

① ［美］莫里斯·迈斯纳：《毛泽东的中国及后毛泽东的中国》，杜蒲、李玉玲译，四川人民出版社1992年版，第159页。
② 《毛泽东文集》第六卷，人民出版社1999年版，第263页。
③ 《毛泽东文集》第八卷，人民出版社1999年版，第305页。
④ 《毛泽东文集》第六卷，人民出版社1999年版，第264页。
⑤ ［美］费正清、罗德里克·麦克法夸尔主编：《剑桥中华人民共和国史》（1949—1965），谢亮生等译，中国社会科学出版社1998年版，第68页。

模式时说道："总觉得不满意，心情不舒畅。"①1956年4月，毛泽东在进行广泛而深入调研的基础上，在中共中央政治局扩大会议上作了《论十大关系》的讲话。讲话开篇就指出："特别值得注意的是，最近苏联方面暴露了他们在建设社会主义过程中的一些缺点和错误，他们走过的弯路，你还想走？过去我们就是鉴于他们的经验教训，少走了一些弯路，现在当然更要引以为戒。"②"十大关系"即中国建设社会主义所面临的"十对矛盾"，归结起来实际上是一对矛盾：苏联模式的社会主义体制与中国国情实际的矛盾。美国研究毛泽东的专家施拉姆也认为，毛泽东的《论十大关系》一文虽然没有拿出一个适合中国社会的固定模式来，即强调了各部门的关系，而不是从总体（经济）强调发展进程的动力，但它已经打下了走适合中国国情，尤其是适合农民和农村占重要地位的"社会主义道路"的基础，标志着毛泽东精心设计的一个不同于苏联的"建设社会主义"方式的努力的开端。③《论十大关系》为中共八大的召开提供了理论准备。1956年9月中共八大的召开，标志着中国共产党探索中国自己的社会主义建设道路取得了初步成果。

以毛泽东发表《论十大关系》为开端，中国共产党对适合中国国情的社会主义建设道路的探索，是富有成效的。费正清在评价中国第一个五年计划时指出："1953—1957年间实行的第一个五年计划，总的说来，取得了很大的成功。国民收入平均增长8.9%。农业生产增长约3.8%，而全国人口只增加了2.4%。这可以同其他发展中国家作一比较，它们的国民收入平均增长率为2.5 %。印度在21世纪50年代国民收入的增长率不到2%。另一个指标是，1950年中国人均寿命为36岁，到1957年为57岁。小学入学儿童比率由20.5%增长到50%。总的说来，城市工资大约增加了1/3，农民收入增加了1/5。"④

但也要看到，由于对迅速到来的社会主义现代化建设缺乏深入的研究，

---

① 《毛泽东文集》第八卷，人民出版社1999年版，第117页。
② 《毛泽东文集》第七卷，人民出版社1999年版，第23页。
③ 转引自萧延中等主编《在历史的天平上》，中国工人出版社1997年版，第23页。
④ ［美］费正清：《伟大的中国革命》，刘尊棋译，世界知识出版社2000年版，第339页。

更缺乏足够的经验，以致在探索中已经获得的正确认识并不深刻，也不牢固；对于苏联社会主义建设中的缺点和错误虽有发现，但并没有在自己的实践中学会避免类似的错误，所以当国际上出现反苏反共浪潮，国内出现不稳定因素时，毛泽东对许多重大问题的认识都发生了逆转，使中共八大前后的有益探索受到冲击，正确的路线没有能够坚持下去。由于党在指导思想上发生"左"倾的错误，因而在探索中国自己的社会主义建设道路过程中出现了严重的偏差，以致发生了像"大跃进"和"文化大革命"那样的严重挫折。直到中共十一届三中全会后，经过全面的拨乱反正，我们才找到一条适合中国特色的现代化建设道路。

（三）"以苏为鉴"背后的文化思维

从"以俄为师"到"以苏为鉴"的历史转变，反映了毛泽东对独立探索适合中国国情的现代化道路的勇气。而这一幕，同20年前毛泽东既强调"以俄为师"，又主张要探索适合中国实际的革命道路的历史情境相似。中国道路选择过程中出现的两次历史性转变，并不是一个偶然的结果，而是历史发展的必然。虽然支撑这两次转变的因素有很多，但马克思主义中国化，特别是马克思主义和中华优秀传统文化相结合是一个关键性要素。

历史地看，中国共产党自成立之日起，就把马克思主义写在自己的旗帜上，并为之奋斗不已。但客观环境和自身认识的局限，使得刚刚成立的中国共产党内部逐渐出现了把马克思主义教条化、共产国际决议神圣化和苏联经验绝对化的倾向，尤其是以王明为代表的"左"倾错误，在思想上、政治上、军事上、组织上表现得最为充分和完整。面对马克思主义教条化给中国革命带来的伤害，毛泽东逐步看到了实现马克思主义中国化的必要性和迫切性，认识到照搬马克思主义书本或苏联革命经验都不能给中国革命带来成功的希望，于是下决心从中国革命的具体历史条件出发，最终开创了具有中国特色的、以农村包围城市武装夺取政权的革命道路，并提出了"马克思主义中国化"这一历史性命题。"马克思主义中国化"这一命题是毛泽东在1938年召开的六届六中全会代表党中央在会上所作的《论新阶段》的政治报告中首次提出的，"对于中国共产党来说，就是要学会把马克思列宁主义的理论应用于中国的具体的环境。成为伟大中华民族的一部分而和这个民族血肉相连的共产党员，离开中国的特点来谈马克思主义，只是抽象空洞的马克思主义。因此，使马克思主义在中国的具体化，使之在其每一表现中带着必须有的中国的特性"①。在毛泽东看来，马克思主义中国化就是把马克思主义和中国具体实际相结合，使马克思主义在中国具体化，它包括两个方面的内容：一是要使马克思主义与中国具体实践相结合，把马克思主义"应用于中国的具体的环境"；二是要使马克思主义与中华优秀传统文化相结合，使马克思主义具有"为中国老百姓所喜闻乐见的中国作风和中国气派"。

新中国成立后，毛泽东并未放弃成功的历史经验，"一直在探索中国的现代化进程与革命战争精神的结合、马克思主义与中华优秀传统文化、专政与人民民主等一系列问题"②。1958年5月，毛泽东在党的八大二次会议上的四个讲话提纲中多次写道："要破除迷信"，要"敢讲、敢想、敢做"；"马克思、列宁都反对将他们的主义当教条"，"马列是指导，不是教条，教条论是最无出息的，最丑的"，"教条诸公对我没有发言资格"，要"大讲特讲，破除迷信"③。1959—1960年，毛泽东在《读苏联〈政治经济学〉（教科书）的谈话》中再次强调："马克思这些老祖宗的书，必须读，他们的基本原理必须遵守，这是第一。但是，任何国家的思想界，都要创造新的理论，产生自己的理论家，来为当前的政治服务，单靠老祖宗是不行的。"④毛泽东善于从中国建设的实际出发，以中华优秀传统文化为基础，喜欢用老百姓喜闻乐见的形式表达深刻的政治理论，这为他独立探索适合中国的现代化道路奠定了基础。

---

① 《毛泽东选集》第二卷，人民出版社1991年版，第533-534页。
② ［美］斯图尔特·施拉姆：《毛泽东的思想》，田松年、杨德等译，中国人民大学出版社2013年版，第173页。
③ 《毛泽东文集》第七卷，人民出版社1999年版，第194-203页。
④ 《毛泽东文集》第八卷，人民出版社1999年版，第109页。

毛泽东之所以在提出马克思主义中国化命题时，将与中华优秀传统文化相结合视为一个"结合点"，一个重要的原因是其浓厚的传统文化情结。李锐曾分析认为，比较毛泽东受马克思主义和中华优秀传统文化的影响，毛泽东实际上受中华优秀传统文化的影响更大，特别是新中国成立以后，"显然对中国古籍更感兴趣。他首倡标点印行的古书第一部是《资治通鉴》，其次是《二十四史》……通观《毛选》四卷，极少引用马恩原著，列宁著作也限于哲学，斯大林著作稍多几处，而中国古籍则信手拈来，触目皆是，从四书五经到诸子百家，从《二十四史》《资治通鉴》到诗词曲赋、笔记小说，能找到几百条成语典故。尤其《资治通鉴》是常置案头的，跟人说过，他读过七遍。可以说，中华优秀传统文化是毛泽东一生主要的思想土壤。"[1]毛泽东对于古书的热爱，以及对于历史经验教训的灵活运用，曾令周恩来印象深刻。在《学习毛泽东》一文中，周恩来评价道："读古书使他的知识更广更博，更增加了他的伟大。"[2]阿里夫·德里克等则在运用批判思想与结构主义方法深入研究毛泽东思想的基础上认为："毛泽东的马克思主义在现代性上打上了中国历史处境的烙印。"[3]

二、作为"第二次革命"的改革开放

革命具有多重含义，但一般意义上讲，它意味着一个时代向另一个时代剧变性的跃进。如果说新民主主义革命和社会主义革命，是中国共产党领导的第一次革命，那么改革开放则是中国共产党领导的第二次革命。[4]第一次革命为当代中国一切发展进步奠定了政治前提和制度基础，改革开放这场第二次革命则引领中国人民走上了中国特色社会主义道路，迎来了中华民族伟大

---

① 李锐：《毛泽东的早年和晚年》，贵州人民出版社1992年版，第173页。
② 《周恩来选集》上卷，人民出版社1980年版，第333页。
③ ［美］阿里夫·德里克、［美］保罗·希利、［澳］尼克·奈特：《毛泽东思想的批判性透视》，张放等译，中国人民大学出版社2015年版，第60页。
④ 《邓小平文选》第三卷，人民出版社1993年版，第82页。

复兴的光明前景。

（一）历史的反思与改革开放的实施

传统社会主义模式下所造成的落后生产力和人民生活的普遍贫困，倒逼着邓小平去思考：到底什么才是真正的社会主义，社会主义对资本主义的优越性到底应该体现在哪儿？1987年，邓小平在会见捷克斯洛伐克总理什特劳加尔时指出："总的来说，很长时间处于缓慢发展和停滞的状态，人民的生活还是贫困。'文化大革命'当中，'四人帮'更荒谬地提出：宁要贫穷的社会主义和共产主义，不要富裕的资本主义。不要富裕的资本主义还有道理，难道能够讲什么贫穷的社会主义和共产主义吗？结果中国停滞了。这才迫使我们重新考虑问题。考虑的第一条就是坚持社会主义，而坚持社会主义，首先要摆脱贫穷落后状态，大力发展生产力，体现社会主义优于资本主义的特点。"[①]

邓小平深入思考的结果就是，"讲社会主义，首先就要使生产力发展，这是主要的。只有这样，才能表明社会主义的优越性"[②]。

历史地看，传统社会主义对社会主义的本质有公有制、计划经济、按劳分配，以及无产阶级专政、共产党领导和马列主义指导等多条规定，唯独没有发展生产力这一条。只讲生产关系、不讲生产力，是传统社会主义离开唯物史观大搞"政治挂帅""阶级斗争"的思想根源。邓小平从批判"贫穷的社会主义"这一极"左"观念入手，以分析社会主义制度优越性为起点，开始了对社会主义本质这一重大理论问题的思考，而其所得出的"社会主义的本质，是解放生产力，发展生产力，消灭剥削，消除两极分化，最终达到共同富裕"[③]的结论，不仅荡清了一直飘在传统社会主义上空的"理论之霾"，也为中国式现代化道路的开辟指明了方向。

---

① 《邓小平文选》第三卷，人民出版社1993年版，第223-224页。
② 《邓小平文选》第二卷，人民出版社1994年版，第314页。
③ 《邓小平文选》第三卷，人民出版社1993年版，第172页。

遵循马克思主义唯物史观，通过对传统社会主义教训的反思，邓小平解决了社会主义本质是什么的问题，那就是发展生产力、共同富裕。剩下的就是方法的问题，也就是怎样发展生产力、怎样建设社会主义的问题。"十一届三中全会以后，我们探索了中国怎么搞社会主义。归根到底，就是要发展生产力，逐步发展中国的经济。"①在邓小平眼里，怎么建设社会主义的问题也是怎么发展生产力的问题，而这从根本上讲是一个方法的问题。问题是用什么方法才能更有力地发展社会主义生产力，邓小平给予了清晰的回答：一是改革，二是开放。

对于社会主义改革，恩格斯曾指出，社会主义社会"不是一种一成不变的东西"，而是一个"经常改革和变化的社会"②。社会主义要发展，就必须通过改革和创新为自己开辟通向更高境界的道路。然而高度集中的传统社会主义，最缺乏的就是改革的意识和改革的精神。没有改革，也就没有生机与活力，这已为传统社会主义的发展历程所证明。所以，邓小平深有感悟地指出："多年的经验表明，要发展生产力，靠过去的经济体制不能解决问题。"③"社会主义基本制度确立以后，还要从根本上改变束缚生产力发展的经济体制，建立起充满生机和活力的社会主义经济体制，促进生产力的发展。"④

对于开放，马克思恩格斯曾指出："交往的任何扩大都会消灭地域性的共产主义。共产主义只有作为占统治地位的各民族'一下子'同时发生的行动，在经验上才是可能的，而这是以生产力的普遍发展和与此有联系的世界交往为前提的。"⑤ 在马克思恩格斯的视野中，在世界历史时代，作为世界历史性的事业的社会主义应是建立在生产力和世界交往这两个"普遍发展"的物质基础之上的。实际上，在世界历史形成之后，不仅是社会主义应该建立在

---

① 《邓小平文选》第三卷，人民出版社1993年版，第116页。
② 《马克思恩格斯全集》第37卷，人民出版社1971年版，第443页。
③ 《邓小平文选》第三卷，人民出版社1993年版，第149页。
④ 《邓小平文选》第三卷，人民出版社1993年版，第370页。
⑤ 《马克思恩格斯选集》第1卷，人民出版社2012年版，第166页。

"普遍交往"基础之上，任何国家的发展都应建立在"普遍交往"基础之上。纵观世界现代化史，只有那些善于交往、开放的国家，才能走在历史的前列。无论是现代化的先行者英国，还是后来居上的美国、日本，都是在对外开放中实现现代化的。而中华民族在历史上之所以由盛转衰，用邓小平的话说就是，"如果从明朝中叶算起，到鸦片战争，有三百多年的闭关自守，如果从康熙算起，也有近二百年。长期闭关自守，把中国搞得贫穷落后，愚昧无知"①。新中国成立后，由于帝国主义封锁，除了对苏联东欧开放一些，"在某种程度上我们也还是闭关自守"。②而"文化大革命"则彻底隔绝了中国与世界的正常交往。由于一再失去与世界正常交往的机会，结果中国不仅没有发展，反而与发达国家之间的差距越拉越大。由此，邓小平得出一个重要的结论："中国的发展离不开世界"，中国要实现现代化，必须向世界开放，做"世界公民"。

历史已经充分证明，邓小平是一位能够引导中国这条巨轮在各种风浪中不断前行的舵手。邓小平对中国特色社会主义事业所做出的历史贡献，不仅仅体现在他作为中国最高领导人期间，也体现在改革开放以来的近四十年期间。正如习近平在纪念邓小平诞辰110周年座谈会上所言："正是由于有邓小平同志的卓越领导，正是由于有邓小平同志大力倡导和全力推进的改革开放，中国特色社会主义才能欣欣向荣，中国人民才能过上小康生活，中华民族和中华人民共和国才能以新的姿态屹立于世界东方。"③没有邓小平，就没有改革开放；没有改革开放，就没有中国特色社会主义道路；没有中国特色社会主义道路，也就没有中华民族的伟大复兴。

改革开放开辟了中国特色社会主义道路，也开辟了中国式现代化的新境界。四十多年来，在中国共产党的坚强领导下，中国特色社会主义道路越走越宽，彰显出了强大的生命力，赋予了中华民族伟大复兴前所未有的光明

① 《邓小平文选》第三卷，人民出版社1993年版，第90页。
② 《邓小平文选》第三卷，人民出版社1993年版，第64页。
③ 习近平：《在纪念邓小平同志诞辰110周年座谈会上的讲话》，人民出版社2014年版，第7页。

前景。

（二）中国式现代化对传统社会主义的历史突破

作为一种社会形态，社会主义社会在本质上具有一致性、共同性，但各国人民走向社会主义、建设社会主义的实践，从根本上说，又是各自独立的、具体的运动，不可能套用统一公式或固定模式。当代中国共产党人在坚持马克思主义普遍原理的基础上，在科学把握时代特点的前提下，紧密结合中国具体实际，大胆实行改革开放，开创了适应实践需要、符合具体国情、反映时代要求的中国式现代化，实现了社会主义发展模式的新突破。

第一，突破马克思主义经典作家设计的模式，证明社会主义建设不能照搬本本。对于什么是社会主义、怎样建设社会主义，包括马克思、恩格斯在内的经典作家们都曾作过热情的展望、冷静的思考和科学的预测，但客观而言，他们都没有给出明确的答案，具体如何实践，还要靠各国共产党自己去探索。正是基于此，马克思主义经典作家们一再强调不要教条主义地理解他们提出的理论和观点，而必须和实践结合起来。"为了使社会主义成为科学，就必须首先把它置于现实的基础之上。"[①]但是，由于主观和客观方面的种种原因，很多社会主义国家在对经典作家的有关论述进行理解时都带有教条主义的倾向，而忽视了马克思、恩格斯在对未来社会作出预测时所反复强调的限制性条件。比如，马克思、恩格斯在分析未来共产主义的分配制度——"按需分配"时，反复强调这一分配制度实施的一个重要前提条件——生产力的高度发展。但这个限制性条件在实施中并没有被充分重视，苏联、东欧国家领导人无视社会物质财富十分有限的现状，片面追求公有制，不断发展"按需分配"因素，急于宣布建成社会主义，宣布进入"逐渐过渡到共产主义阶段"，不仅严重束缚了社会主义生产力的发展，也严重制约了人民生活水平的提高。

---

① 《马克思恩格斯选集》第3卷，人民出版社2012年版，第789页。

　　无数事实也告诉我们，对于马克思主义的基本原理不能机械地照搬而忽略实践的发展和后人的创造性，对社会主义实践中遇到的新问题、新情况，我们不应该，也不可能从马克思主义的经典作家的书本中找到现成答案。因为我们"绝不能要求马克思为解决他去世以后上百年、几百年所产生的问题提供现成答案。列宁同样也不能承担为他去世以后五十年、一百年所产生的问题提供现成答案的任务"①。改革开放前几十年我国在现代化建设方面的最大失误，就是把马克思主义经典作家所预测的社会主义建设理论教条化，在生产关系上盲目求纯，在发展生产力上急于求成，在阶级斗争已不是主要矛盾的新的历史条件下仍然坚持"以阶级斗争为纲"，等等。惨痛的教训已经证明，立足实践、反对教条主义是推动社会主义健康发展的思想保证。当然，反对教条主义并不是要抛弃马克思主义，而是要正确地理解和运用马克思主义。

　　习近平指出："如果不顾历史条件和现实情况变化，拘泥于马克思主义经典作家在特定历史条件下、针对具体情况作出的某些个别论断和具体行动纲领，我们就会因为思想脱离实际而不能顺利前进，甚至发生失误。什么都用马克思主义经典作家的语录来说话，马克思主义经典作家没有说过的就不能说，这不是马克思主义的态度。"②科学对待马克思主义经典作家在特定历史条件下、针对具体情况作出的某些个别论断和具体行动纲领，勇于冲破各种本本、教条的束缚，才使得中国的改革开放日益深入，才使得中国特色社会主义事业日益显示出强大的生命力。

　　第二，突破苏联模式，证明社会主义建设不能移植他国模式。不可否认，苏联模式一度以其强调的高度计划经济体制造就了"高速发展"的奇迹。但随着历史的发展和环境的变化，苏联模式的弊端也逐渐暴露出来。正如法国学者托尼·安德烈阿尼指出的那样："建立在高度集中管理上的国家社会主

① 《邓小平文选》第三卷，人民出版社1993年版，第291页。
② 习近平：《在哲学社会科学工作座谈会上的讲话》，《人民日报》2017年5月19日。

义——斯大林模式隐藏着危机。现实社会主义阵营曾相当强大，足以改变其发展道路。但五六十年代的一切改革都羞羞答答，受到旧制度的束缚。"[①]

从某种意义上讲，党的十一届三中全会以后实行的改革开放，实际上走的就是一条去苏联模式影响的探索建设有中国特色的社会主义道路。从党的十二大庄严宣告"建设有中国特色社会主义"开始，坚持从本国国情出发建设中国特色社会主义道路始终被作为基本前提贯穿于整个改革开放事业之中。党的十三大主题是"沿着有中国特色的社会主义道路前进"，党的十四大主题是"加快改革开放和现代化建设步伐，夺取有中国特色社会主义事业的更大胜利"，党的十五大主题是"高举邓小平理论伟大旗帜，把建设有中国特色社会主义事业全面推向二十一世纪"，党的十六大主题是"全面建设小康社会，开创中国特色社会主义事业新局面"，党的十七大主题是"高举中国特色社会主义伟大旗帜，为夺取全面建设小康社会新胜利而奋斗"，党的十八大主题是"坚定不移沿着中国特色社会主义道路前进为全面建成小康社会而奋斗"，党的十九大主题是"决胜全面建成小康社会，夺取新时代中国特色社会主义伟大胜利"，党的二十大主题是"高举中国特色社会主义伟大旗帜，为全面建设社会主义现代化国家而团结奋斗"。这些都是对所谓一成不变的社会主义观念和模式的有力破除。

第三，突破自身的历史模式，证明社会主义建设不能故步自封。新中国成立初期，我国由于机械地模仿苏联模式而忽略了本国的国情，苏联模式的弊端在我国的社会主义建设中也逐渐显现出来。本着实事求是的精神，毛泽东在分析"苏联模式"弊端的基础上，踏上了探索适合中国国情的社会主义建设道路的征程。应该说，在以后的20年里，这一探索曾经取得过许多理论和实践上的成就。但限于当时的历史条件，毛泽东还难以全面把握苏联模式与马克思主义基本原理的关系，因此也就没能完全冲破苏联模式的束缚。

[①] ［法］托尼·安德烈阿尼：《法国学者安德烈阿尼谈社会主义的历史命运》，顾锦屏摘译，《国外理论动态》1998年第10期。

每一个时代都有自己的问题。马克思说："问题是公开的、无畏的、左右一切个人的时代声音。问题就是自己时代的口号，是它表现自己精神状态的最实际的呼声。"①正确地把握、回答和解决时代提出的重大问题就成为保证社会主义建设沿着正确方向前进的前提。邓小平通过科学的分析和大胆的判断，作出了和平与发展是时代主题的科学论断。正是依据对时代主题的科学判断，开始了改革开放的伟大历程。中国特色社会主义道路，也在与时俱进的正确的理论指导下越走越宽。可以说，一部改革开放的历史就是一部中国共产党将马克思主义基本原理同时代发展相结合的历史，就是一部不断突破传统、开辟和完善社会主义建设新模式的历史。

总之，正是改革开放开辟了中国特色社会主义道路，实现了我国社会主义建设模式的历史性转变，突破了传统社会主义模式的束缚，使我国成功实现了从高度集中的计划经济体制到充满活力的社会主义市场经济体制、从封闭半封闭到全方位开放的伟大历史转折。生产关系的解放，必将带来生产力的巨大发展。在改革开放的巨大推动下，我国的生产力有了极大的发展，国家综合国力有了大幅度提升，人民的生活水平有了明显的提高。历史雄辩地证明：改革开放是决定当代中国命运的关键选择，是发展中国特色社会主义的必由之路。

（三）"突破"背后的文化坚守

经典现代化理论认为，现代化之路就是西方道路。在这种理论的引导下，西方现代化道路成为很多发展中国家纷纷效仿的对象。但纵观世界现代化历史进程，"全盘西化"不仅没有给非西方国家带来想象中的繁荣，反而带来了不尽的政治冲突和经济发展的跌宕起伏。非洲的贫穷、拉丁美洲经济发展的停滞，就是最好的佐证。而中国特色社会主义道路的探索之所以成功的一个根本经验，就是将现代化与本土文化和本国国情结合起来，走出有自己特色

---

① 《马克思恩格斯全集》第40卷，人民出版社1982年版，第289–290页。

的现代化道路。

历史地看，在设计中国特色社会主义现代化道路时，邓小平始终秉持两个视角：一个是世界视角，一个是中国视角。社会主义建设时期所遭遇的挫折清晰地表明，中国要实现现代化，必须走向开放的世界，做"世界公民"。"现在的世界是开放的世界""没有一个国家能够在孤立状态下实现现代化""中国的发展离不开世界"①，这是邓小平制定对外开放战略的现实基础和历史依据。但邓小平也深知，在中国这块具有深厚文化历史传承的土地上实现现代化，还必须从中国的实际出发，从中国的国情出发。1979年12月6日，邓小平在会见日本首相大平正芳时说："我们要实现的四个现代化，是中国式的四个现代化。我们的现代化的概念，不是像你们那样的现代化的概念，而是'小康之家'。"②中国必须走"中国式的现代化"道路，建设具有中国特色的社会主义。"建设具有中国特色社会主义"，构成了当代中国改革开放的思维坐标，也构成了邓小平设计中国现代化路线图的主轴，改革过程中改什么、坚持什么，对外开放中吸收借鉴什么、拒绝反对什么，都应以"建设中国特色社会主义"为标准和坐标。可以说，坚持中国特色社会主义，既是全球化和现代化浪潮影响的表现，也是中华民族自觉适应世界文明发展潮流，调整自己并创造性地实现社会转型的过程。它一方面展示了中华民族积极进取、敢于向世界开放，借鉴世界文明成果而改变自己的胸怀和眼光，同时，也显示了本土文化的创造力。这是邓小平所开创的中国特色现代化道路给予我们的启示。

后工业社会理论创始人贝尔曾提出："传统在保障文化的生命力方面是不可缺少的，它使记忆连贯，告诉人们先人们是如何处理同样的生存困境的。"③进入新时代，中国式现代化建设面临的环境同改革开放初期相比已经发生了

① 《邓小平文选》第三卷，人民出版社1993年版，第78页。
② 《邓小平文选》第二卷，人民出版社1994年版，第237页。
③ ［美］丹尼尔·贝尔：《资本主义文化矛盾》，赵一凡等译，生活·读书·新知三联书店1989年版，第24页。

巨大的变化，中国已经成为世界第二大经济体，并前所未有地接近现代化的目标，但与此同时，也面临着风险与挑战。在这样的历史背景下，要不要传统，怎样坚持传统，考验的不仅仅是耐心，更是政治智慧。首先，我们必须始终坚持中国特色社会主义，只有中国特色社会主义而不是别的什么主义才能发展中国；第二，我们要坚持把马克思主义基本原理同中国具体实际相结合、同中华优秀传统文化相结合。我们党的历代领导人在探索、开辟、拓展中国道路的过程中，对于中华优秀传统文化都给予了高度关注，都强调中国道路的开辟要同中国实际相结合，同中华优秀传统文化相结合。中华优秀传统文化，不仅是中国特色社会主义道路的文化渊源，也是社会主义核心价值观的根和本，也是我国国家治理体系形成和发展的基础。

需要指出的是，无论是中国式现代化道路的开辟，还是中国式现代化道路的拓展，都必须尊重中华优秀传统文化，都必须和中华优秀传统文化相结合，并从传统文化中汲取智慧和力量。我们认识中国式现代化，需要文化的眼光，需要历史的视野，但这绝不意味着我们可以依靠中华优秀传统文化去解决发展中遇到的所有难题。中国式现代化是一个未竟的事业，对中华优秀传统文化的创造性转化和创新性发展也是一个未竟的事业。只有立足这一实际才能真正地理解中国式现代化，进而理解中华优秀传统文化的现代价值所在。

第五章

九州共贯、多元一体的大一统传统与人口规模巨大

　　人口，作为国家发展的基石，具有基础性、战略性和全局性的重要地位，更是决定大国兴衰成败的关键因素。习近平总书记指出："我国现代化是人口规模巨大的现代化。我国14亿人口要整体迈入现代化社会，其规模超过现有发达国家的总和，将彻底改写现代化的世界版图，在人类历史上是一件有深远影响的大事。"①我国拥有14亿多人口，规模超过发达国家人口的总和，它既是一代代华夏儿女在这片土地上辛勤耕耘、生生不息的象征，也是几千年大一统政治所带来的必然结果。在中国历史上，以高度集权为特征的大一统政治体制通过有效的资源调配和社会管理，促进了社会的稳定与繁荣，确保了百姓的稳定生产和美好生活，为人口规模的增长提供了坚实的政治和社会基础。同时，中华民族多元一体格局的形成，也促进了各民族之间的交往交融和繁衍生息，为人口规模的扩大提供了文化支撑。

一、以高度集权为特征的大一统政治保证了稳定的生产生活

　　人口规模巨大这一特征，既源于东亚大陆的地理环境和农耕文明的生产方式，同时也离不开在此基础上形成的稳固的大一统传统及独特的国家治理体制。回溯至中国的古代社会，自给自足的农业自然经济长期占据主导地位，这种经济形态深刻影响了国家的政治、文化和社会结构。在春秋之前的殷商、西周时期，土地为"天子"所有，"天子"将国土分封给诸侯，诸侯又分封给大夫，层层分封到底层。以一井为一生产单位，中间九分之一为公田（领主的"自食之田"），其余九分之八为私田，人们共同协作，先一同耕种公田。《孟子·滕文公上》记载的"公事毕然后敢治私事"，就是"井田制"。公田的全部收成上交给封建领主，私田收成的一部分也要上交给领主；公田和私田都只有使用权，没有所有权。②周朝实行分封制，各诸侯国之间也形成了稳定的层级关系。在这种制度下，"国人"居住在城市，平时从事农业生产，

---

① 《习近平谈治国理政》第四卷，外文出版社2022年版，第123页。
② 陈锋：《中国古代的土地制度与田赋征收》，《清华大学学报》2007年第4期。

战时则转化为士兵；而"野人"则居住在城市周边，负责耕种公田或提供劳役，但不参与军事活动。这种社会分工在生产力水平较低的情况下，"众人协田""同养公田"的制度设计保证了"天子"对社会资源的有效控制。然而，随着历史的演进，领主制逐渐向地主制转变，形成了以土地私有为特征的小农经济。农民租种地主的土地，独户经营，男耕女织。实物地租或货币地租代替了传统的劳役地租。在整个中国封建社会，这种以分散小农为基础的自给自足的自然经济一直占据主导地位，它促进了家族和村落的形成，强调社群和集体的力量，为"九州共贯"的国家治理模式提供了坚实基础。

（一）九州共贯：中华大地的统一与和谐追求

"九州"的概念最早出自《尚书·禹贡》，是指传说中的中国上古地理区域，分别为冀、兖、青、徐、扬、荆、豫、梁、雍九大区域。春秋人写作《尚书·禹贡》时对很多边远地区的描述还只是一种想象，政府并没有直接管辖权，而到了西汉时期，包括百越、河西走廊、辽西走廊和西域都已经被汉朝征服，熟悉《尚书·禹贡》的汉武帝便采纳了"九州"的概念，将天下划分为九个部分，并设立"刺史"制度来管理这些区域。自此，"九州"一词便被用来指代整个中国，成为中华大地的象征。至于"贯"字，其本来的含义是指穿铜钱的绳索。古时的铜钱被穿在绳上，每千个为一贯，由此引申出"穿、通、连"的含义，都蕴含着"统一"的意味。这种"贯"的概念不仅仅局限于物质层面的连贯，更可以延伸至精神、传统或思想体系的始终如一。例如，《论语·里仁》中提到的"吾道一以贯之"，就强调了道义的连贯性和一致性。"九州共贯"作为一个词组，首次出现在《汉书·王吉传》中，原文描述道："《春秋》所以大一统者，六合同风，九州共贯也。"这是西汉王吉在向汉宣帝上奏时提出的观点。他认为，《春秋》之所以推崇周朝的大一统，是因为周朝在尊重各地不同风俗、习惯的同时，也在全国范围内推行统一的教化，使得政令贯通划一、畅行无阻，老百姓拥有了相近的价值观，共同奉行孝悌忠信、礼义廉耻、仁爱和平等道德准则。"六合同风，九州共贯"正是对这种四海之内风俗相通、各族人民和谐共处盛况的生动描绘，体现了古代中国对于统一与和谐社会的追求和向往。

（二）中西方"统"与"分"的不同轨迹

为更清晰地理解"九州共贯"大一统政治的突出特点，我们可引入一个比较的视野：两千多年前，我国的战国正处于周朝分封制度逐渐瓦解的时期，王室衰微、诸侯崛起，呈现"天下无道，则礼乐征伐自诸侯出"的战乱状态；而处在同一历史时刻的爱琴海文明圈内，希波战争刚结束，古希腊内部又爆发了围绕希腊霸主地位的争夺之战——伯罗奔尼撒战争。更为相似的是，战国和古希腊后来都出现了由军事强大的国家所主导的统一运动，试图用一个更大的政治共同体来化解纷争、走向联合。但是，历史的结果却截然不同：希腊最终没有形成统一的政治单位，而战国却走向了大一统的秦汉时代。究其原因，就在于中西方文明中"统"和"分"的不同根性。"泛希腊"政治共同体始终奉行强烈的"分离主义"，各城邦崇尚独立自由、缺乏政治权威、排斥共同秩序，在政治、经济、军事等方面都有独立的运转体系，而不愿受到其他城邦或中央政权的控制。因此，尽管大共同体内的语言相同、宗教信仰相同、习俗相近，城邦之间始终保持着一种相对松散的关系，使得希腊半岛和爱琴海地区能够在长时间内保持数百个彼此独立且又荣辱与共的小城邦。城邦之间虽进行贸易活动，遇到外敌也结成某种联盟共同防御，但是每个城邦的公民都对征服其他城邦却不感兴趣，也不愿形成中央集权的大帝国。这并不是因为他们缺乏勇气，而是他们意识到，剥夺了其他城邦的生存权利也就意味着剥夺了他们自己赖以生存的自由原则和独立性。这种文化基因使西方不断走向"分"，从地域上分、从民族上分、从语言上分，其间虽然有过罗马和基督教对统一作出的努力，但始终未能敌过"分"的历史大势。[1]

与之形成鲜明对比的是，早在春秋战国时期，我国就在三代以来"天

---

① 潘岳：《中西文明根性比较》，新世界出版社2022年版，第30页。

下""四海""夷夏之别"等思想基础上孕育出"大一统"观念，形成了统一疆域，构建起以宗法制和分封制为主要内容的通行礼乐制度。孔子生活在东周王朝衰微、诸侯争霸、战乱不断的年代，他的一生都在为结束战乱、实现天下大治而奔波。《论语》中的一段话鲜明地表达了他的这一思想："天下有道，则礼乐征伐自天子出；天下无道，则礼乐征伐自诸侯出。"《春秋》在记载列代周王即位时，总是冠以"王正月"的字样，对此，《公羊传·隐公元年》解释称："何言乎王正月？大一统也。"可见，孔子是通过强调"王正月"来彰显周王的正朔地位，呼吁各诸侯国遵循共同的道德准则，尊重和维护周王的权威。虽然缺乏完整的史料记载，但我们大致知道，华夏民族居住地区从夏朝建立时起就逐步融合为一个政治统一体，商朝和西周延续了夏代奠定的统一格局，只是在进入东周之后才逐渐陷入诸侯割据的分裂局面。但是，即便在东周时期，"统一"仍然是一种主流思潮，当时流传的一首著名诗歌称："溥天之下，莫非王土；率土之滨，莫非王臣。"这首诗被孔子编入中国的第一部诗歌集《诗经》。与孔子同时代和稍后时代的学者，大都也倡导"一统"思想，如孟子在回答一位诸侯"天下恶乎定"的提问时，很干脆地回答"定于一"。另一位儒家代表人物荀子也提出"四海之内若一家"、"一天下，财万物，长养人民，兼利天下，通达之属，莫不从服"的观点。成书于战国后期的典籍《管子》对"大一统"的内涵作了系统概括："天子出令于天下，诸侯受令于天子，大夫受令于君"；"以天下之财，利天下之人；以明威之振，合天下之权；以遂德之行，结诸侯之亲；以奸佞之罪，刑天下之心；因天下之威，以广明正之伐；攻逆乱之国，赏有功之劳，封贤圣之德，明一人之行，而百姓定矣。"随着时间的推移，"大一统"观念得到了进一步的发展和阐释。西汉董仲舒系统阐释了孔子的"大一统"思想，提出"《春秋》大一统者，天地之常经，古今之通谊也"，从而把儒家经典中重视统一的思想提到不变之"天理"的高度，把儒学推上了统治思想的宝座，奠定了几千年中华文化统一的基础。西汉王吉深受儒家思想熏陶，他在上疏汉宣帝时提出，"《春秋》所以大一统者，六合同风，九州共贯也"，认为《春秋》推崇周天子君临天下的大一统局面，是因为周朝在尊重各地不同的风俗、习惯的前提下，在全国推行统一的教化，实现了全国上下政令贯通划一，从而赋予了"大一统"更为清晰的逻辑框架、更为丰富的文化内涵。到了唐代，学者颜师古对"大一统"进行了更为深入的解读，他认为，"一统者，万物之统皆归于一也"，意味着天下万物都应该归属于一个统一的体系，这种统一不仅仅是政治上的统一，更是文化、道德和精神上的统一。同时，他也强调了天子在这一体系中的核心地位，指出"此言诸侯皆系统天子，不得自专也"。

（三）大一统是我国历史长河中的稳定之锚

正是在众多文人、学者的阐释与推动之下，"大一统"理念不仅成为一种深入人心、源远流长的思想观念，更成为我国历代治国理政的主要基准，成为一种稳定有序、包容多元的国家形态结构。中国历史上真正的"大一统"国家始于秦朝。秦始皇为了巩固统一，推行车同轨、书同文、地同域、人同伦、器同衡的中央新政，为"大一统"确立了现实的制度形态。汉承秦制，汉初实行郡（国）县二级制。汉武帝时为了加强对郡国守相的监督，设立司隶校尉与十三州部，每州部设刺史一人，州部为监察区。东汉开始把州变为行政区，成为州、郡、县三级行政区划。在此基础上，司马迁在《史记》中将秦、楚、越以及周边的匈奴、南越、东越、西南夷等的祖先一同纳入华夏的祖源世系中，并以黄帝为华夏第一帝，构建出一套关于大一统的民族意识的世系传承。[①]元朝时期，中国历史上首次出现少数民族建立的大一统王朝。元朝实行行省制度，将全国划分为若干个行省，每个行省下设路、府、州、县等行政单位，这种行政区划方式不仅加强了中央对地方的控制，也促进了各地区之间的经济文化交流。明朝初期，明太祖朱元璋废除了行省制度，改设承宣布政使司、提刑按察使司、都指挥使司三司分掌一地民政、刑名、军

---

① 邹国力、李禹阶：《中华民族共同体意识探源——以西汉武帝时期族群整合为研究对象》，《中华文化论坛》2022年第5期。

政，后又设置巡抚掌管一省军政、民政，与三司合称为"三司一会"。清朝沿袭明制，设省、道、府（州）、县四级行政区划，并在地方设立总督、巡抚等高级官员，以加强中央对地方的管理。近代以来，尽管中国经历了多次政治变革和社会动荡，但"大一统"的国家理念始终未变。无论是辛亥革命后的"中华民国"，还是新中国成立后的社会主义中国，都在不断探索和完善国家治理结构，以实现国家的统一与繁荣。只要浏览一下历史就会发现，中国封建时代几个最著名的太平盛世，无论是西汉的"文景之治"、唐朝的"贞观之治"和"开元盛世"，还是明朝的"永宣之治"和清朝的"康乾盛世"，无一不是在政治统一的前提下出现的。可见，在"大一统"概念中，政治版图的"统一"是其途径，而"天下大治"则是其最终目的。

曾有学者用现代民族国家的叙事框架看古代历史，试图将几千年的历史简化为几个阶段的统一与分裂：秦之前是分裂的、秦汉统一；魏晋南北朝是分裂的、隋唐统一；五代辽宋金夏是分裂的、元明清统一；近代以来是分裂的，至今尚未统一。按照这种视角，中国历史上真正统一的时间不过几百年。然而，这种理解存在明显的误区。首先，是否统一并不是通过简单的计算就可以得出结论，而是要对同时期的国家和历史进行纵向对比和宏观把握；其次，统一与分裂并不是简单的二元对立，而是涉及许多复杂的历史、文化、政治因素。实际上，世界上许多大帝国都未能长期控制一片固定的疆域，而中国却能在几千年的历史长河中，不断摒弃落后的旧文化，坚持赓续继承优秀传统文化，并持续使用相同的语言文字，秦统一后的政治制度更是延续了两千多年而未发生根本改变。正是这些文化和观念的赓续不断，才维系了中国几千年的统一。当我们用这样的视角重新审视"大一统"命题时，可以说，中国的大一统政治主要是指以下三种情况：首先，当各民族和全部疆域都处于一个中央政权的管辖之下时，这是最为典型的大一统政治，如元清时期，其疆域面积达到了1000多万平方公里；其次，当大部分疆域和多数民族都处于一个中央政权的管辖之下，且这个王朝的核心地区（首都）位于中原时，如秦汉唐等朝代，这种情况占据了历史上的大部分时间；最后，即使中华民族分裂为几个不同的地方政权，只要主流文化、语言文字、政治制度等得以延续，同时各地方政权都以统一中国为目标，并努力争取统一国家的管辖权，这同样可以被视为一种大一统的政治形态。在中国历史上，从三代到明清，分裂的局面总是短暂的，统一的愿望总是明确的，民族融合、政治统一乃大势所趋、潮流所向。不论以民族、东亚、地方、宗教哪一个视角来审视中国历史，都可以看见一个具有强烈文化认同感和传统一贯性的文明。因此，中国是一个文明型国家意义上的真实存在、可触可感的统一体，而不是西方民族国家语境中仅进行政治表达的"想象的共同体"。

（四）大一统政治对人口规模的影响

"大一统"政治为几千年中国的发展特性带来了社会安定、经济繁荣，尤其对于人口增长的影响不可估量。大一统王朝建立之后，减少了地方割据和权力斗争对国家治理的干扰，确保了国家政治体系的稳定性和连续性，除了对外战争或王朝倾覆，社会基本保持在和平发展状态，这样的环境既有利于国家进行长期规划，实施有利于人口增长的政策，也有利于百姓休养生息、繁衍发展。尤其是处于明君盛世之时，这种情况更是明显。《史记·秦始皇本纪》记载，秦朝初年的人口为2000万左右。而到了秦朝末年，尽管经历了秦末农民战争和楚汉相争等动荡，但由于统一所带来的社会稳定和经济发展，人口仍然有所增长。汉朝继承并发展了秦朝的制度，还采取了一系列有利于人口增长的政策和措施，如减轻赋税、兴修水利、鼓励农耕等，西汉平帝元始二年的全国人口已达到5959万多人，这一数字比秦朝末年增长了近两倍，而西汉宣帝时期由于社会安定、经济繁荣，更出现了"户口最盛"的局面。经过三国、南北朝等时期的战乱频繁、政权更迭，社会人口大幅衰减，而唐朝国力的强盛和大一统政治的稳定，唐朝开元二十八年（740年）全国人口恢复到约4840万。宋朝时期，尽管与辽、金、西夏等政权并存，但内部仍然保持了大一统的政治格局。《宋史·地理志》记载，北宋崇宁元年（1102

年）全国人口达到了约1.26亿。其后，从宋至清朝前期，中国人口始终在5000万至1亿上下浮动，及至清朝康熙以后，人口又进入一个快速增长期。从康熙五十一年至雍正十二年的21年时间里，人口年增长率达到13.4%，而乾隆六年至道光十五年的100年时间里，我国人口更连破四道大关，在乾隆六年突破1亿，在乾隆二十七年突破2亿，在乾隆五十五年突破3亿，在道光四年突破4亿，年增长率超过25%。到了清朝灭亡时，人口数量已经达到了4亿，也就是我们后来常说的"四万万同胞"。一个世纪的人口增长以几番的倍数超越了数千年的人口积累，与结束战乱、重新稳固大一统政治有极大关系。从顺治元年到康熙二十二年收复台湾，清廷统治区域内的战乱逐渐平息，人民的生活也日渐安定，有了休养生息的机会。然后，从康熙二十二年开始，清廷又驱逐了盘踞在黑龙江流域的沙俄势力，并三次发动征讨噶尔丹战役，最终基本稳定了东北和西北的局势，使得国土面积和可耕作土地面积扩大。据统计，康熙二十四年，全国的土地共有6亿多亩，而在光绪年间，耕地数量达到了9亿亩之多，增加了50%。土地的增加，也意味着产能的提升，为清朝的人口增长提供了空间和保障。

二、中华民族多元一体格局的形成促进了各民族的繁衍生息

如果说"九州共贯"是以地理观念为依据和前提所展现的一种政治模式，"多元一体"则是在此基础上强调包容和融合的一种社会格局。我国著名社会学家费孝通先生，将中华民族的形成划分为两个阶段：古代的"自在民族"与近代以来的"自觉民族"。他特别指出，中华民族的特点在于其"多元一体"。作为一个由多民族、多元文化构成的复合体，中华民族的发展壮大并非仅仅依赖武力征服，而是源于其内在的强大力量。这种力量体现为开放与包容的特性，它尊重并吸纳异质文化，促进了各民族之间的理解与认同。在这种文化交流的过程中，各民族相互学习、相互借鉴，共同创造出了丰富多彩的文化景观，不仅丰富了中华民族的文化内涵，也为民族团结、社会稳定和

人口增长提供了坚实的支撑。

（一）从"万邦"到"中华民族"

我们不应因为"中华民族"这个词在近代才被广泛使用，就错误地认为中华民族的观念和实体也是在这个时候才开始形成的。实际上，自秦汉时期出现统一的多民族国家以来，作为"自在"的中华民族就已经开始孕育。历史上，我们曾使用过许多不同的名词来指代这种"大一统"的治理范围，如"天下""华夷一家"等。而到了近代，这个广泛的概念被统一概括为"中华民族"。更具体地说，早在夏代之前的颛顼、帝喾、尧、舜时代，国家形态结构就呈现单一制的邦国形式。当时，众多邦国并存，历史上称之为"万邦"或"万国"。与这些邦国相对应的共同体是部族，它们是基于血缘关系形成的民族。这些部族与国家共同构成了"部族国家"的形态。到了夏商西周时期，三代王朝国家逐渐转变为"复合制"的形态结构，华夏民族正是在这种复合制王朝国家的框架内开始孕育形成。春秋战国时期可以被视为一个过渡或转型时期，各种文化和民族开始交融。到了秦汉以后，国家形态结构进一步演变为以郡县制为机制的"大一统"多民族国家结构，以汉民族为核心，包括众多少数民族在内的"中华民族"的民族共同体开始真正形成。回顾历史可以清晰地看到，从秦汉到明清，中华民族都是在"中央—郡县"制一元化的国家形态结构的机制作用下不断凝聚和壮大的，"大一统"的封建王朝也都是建立在统一的多民族国家基础之上的。中华民族的形成和发展，不仅仅是一个简单的历史过程，更是众多民族在共同的地域、文化和历史背景下相互交融、共同成长的结果。

在我国，"民族"一词具有双重内涵。首先，它指代的是占据主体地位的汉族以及与之并存的众多少数民族，这些民族在统一国家的框架内共同构成了复杂而多元的社会结构；其次，它指的是一个更为宏大的概念，即包括汉族和其他少数民族在内的、可称之为"自在民族"的中华民族。最早，"中华民族"作为一个明确的独立概念，是由梁启超在1902年首次提出的，这一理念迅速得到了孙中山等革命先驱的大力支持。孙中山在1912年1月1日颁布的《临时大总统宣言书》中明确提出"合汉、满、蒙、回、藏诸地为一国，即合汉、满、蒙、回、藏诸族为一人——是曰民族之统一"[①]的宏伟愿景。此后，他进一步明确了"中华民族"的概念，强调汉族应当放下自身的血统、历史和自尊自大的观念，与满、蒙、回、藏等民族"相见于诚，合一炉而冶之，以成一中华民族之新主义"[②]。自此以后，"中华民族"这一词语在中国社会中被广泛采用，并逐渐深入人心。特别是在抗日战争时期，面对外敌入侵，中华民族的自觉意识得到了进一步的激发和强化。1939年，在抗日战争全面爆发、中华民族危亡之际，顾颉刚发表《中华民族是一个》一文，认为"中华民族"的称呼虽然近代才出现，但中华民族作为一个统一实体却已存在了两千多年。对于两千多年来中华民族经历的无数坎坷、劫难及分裂与统一，顾颉刚用20个字作了高度概括："自从秦后，非有外患，决不分裂，外患解除，立即合并。"不但将中国历史两千多年发展演变之大势讲得清楚明白、浅显易懂，而且道出了中国历史上分裂与统一及中华民族在历史进程中始终一脉相承、一嗣"外患解除，立即合并"（整合）的发展规律与特点，展现出宏阔的历史视野。在今天，"中华民族"这一概念不再仅仅是一个地理或政治上的标识，更是一种文化、精神和情感的象征，它代表着中国境内各民族的团结和融合，彰显着多元一体的文化特色，以及平等、互助、和谐的社会价值观。无论是面对国内的发展挑战，还是应对国际的风云变幻，"中华民族"这一概念始终是我们最坚实的文化根基和精神支柱。

（二）"一"与"多"的变奏

当我们深入探讨中华民族起源的复杂性和丰富性时，"多元一体"这一概念显得尤为关键。从文化共同体的视角出发，"多元"代表了中华文明内部丰富多样的文化元素，而"一体"则体现了这些文化元素在交流和融合中形成

---

① 《孙中山全集》第2卷，中华书局1982年版，第2页。
② 《孙中山全集》第5卷，中华书局1982年版，第187-188页。

的共同特征和向心力。这一理论创新不仅帮助我们认识中华文明的发展历程，更揭示了中华文明从涓涓细流汇聚成磅礴江河的壮丽景象。具体来说，所谓"多元"是指，中华民族由包括汉族在内的多个民族组成，各民族既非由一个民族衍生而来，又非发端于同一地区，其历史、文化、风俗、习惯都各具特色，几千年发展演变仍能保持自我的鲜明个性。约6000—8000年前，中国就呈现六大文化区系，"满天星斗"交相辉映彼此影响。夏商周时期，周边林立的万千邦国，进一步向中原聚拢，形成华夏居中、四夷居边的天下格局。随着统一多民族国家的确立，各民族封闭隔离的状态被进一步打破，周边族群不断进入中原，不但带来"塞外野蛮精悍之血"，还深刻影响了华夏的制度与文化样态。各民族的接触与联系愈加频繁，在不断的迁徙、杂居、通婚、贸易等交流交往中，融合度不断加深，逐渐形成了你中有我、我中有你的格局。在这些因素的共同作用下，在近代国家形态的形成过程中，不同于欧洲从帝国内部分裂出独立自主的民族国家，中国是直接从古代"大一统"帝国过渡到现代的主权国家，过去"天下"的范围基本被纳入近现代中国的版图之中，妥善处理了中央与地方、汉族与少数民族的关系，不仅形成了各民族密切交往、相互依存、休戚与共的多元一体格局，而且形成了国土不可裂、民族不可散、历史不可断的国家意识和文化意识，塑造了兼容并蓄、海纳百川的多元一体的中华文明。所谓"一体"是指，上述"多"并不意味着各民族之间是独立的、互不联系的，而是都有彼此之间的共通性和紧密联系。历经夏、商、周的更替，人们逐渐形成以"天下""禹迹"为核心的疆域认同，"一匡天下"成为人们的共同追求。此后，历经春秋战国时期的分裂格局，"定于一""一天下"更成为人们的普遍渴求。孔子倡导王道理想，主张对各民族风俗不必强求同一。孟子提出施行"仁政"，荀子主张"援法入礼"，奠定了中国古代大一统的思想基础。秦王嬴政统一六国后，建立了中国历史上第一个中央集权的统一多民族国家，其国家的形态结构与夏商西周"复合制"最大的区别就在于：在全国范围内废除诸侯，建立起单一的由中央政府直接管辖的郡、县二级地方行政体制。这样，全国境内的"多民族"被纳入郡县这样的行政管辖的范围之内，由行政管理所带来的政治上的统合可减少、融化族群之间的差异。经过深度交融，各民族形成了集历史、地域、政治、经济、文化于一体的共同体，任何民族的发展都是在中华民族这个大共同体下相互关联、相互补充、相互作用的结果。我们辽阔的疆域是各民族共同开拓的，悠久的历史是各民族共同书写的，灿烂的文化是各民族共同创造的，伟大的精神是各民族共同培育的，各民族的深厚积淀如百川汇流成就了伟大的中华文明。习近平总书记在2019年全国民族团结进步表彰大会上指出，"一部中国史，就是一部各民族交融汇聚成多元一体中华民族的历史，就是各民族共同缔造、发展、巩固统一的伟大祖国的历史。各民族之所以团结融合，多元之所以聚为一体，源自各民族文化上的兼收并蓄、经济上的相互依存、情感上的相互亲近，源自中华民族追求团结统一的内生动力。正因为如此，中华文明才具有无与伦比的包容性和吸纳力，才可久可大、根深叶茂"[1]。习近平总书记的这段讲话，不仅肯定了中华民族的多元一体格局理论，而且指明了中华民族从"多元"聚为"一体"的内生动力和发展机制。

（三）多元汇流，共铸中华

多元保证"可大"，一体保证"可久"。正因为"多元一体"，中华民族才得以周期性地巩固和壮大，才保持了领土规模和人口规模的巨大特性。因此，我们不仅要揭示"汉族与各少数民族均具有多元一体结构"，还要认真总结"多民族交错关系中相互介入的人口、血脉与文化过程的规律"[2]。"从生物基础，或所谓'血统'上讲，可以说中华民族这个一体中经常在发生混合、交

---

① 习近平：《在全国民族团结进步表彰大会上的讲话》，《人民日报》2019年9月28日，第2版。

② 周星：《关于"中华民族多元一体格局"的学术评论》，《北京大学学报》（哲学社会科学版），1990年第4期。

杂的作用，没有哪一个民族在血统上可以说是'纯种'。"①汉族作为世界上人口最多的民族，具有兼容并包、海纳百川的强大涵化力，如雪球般不断吸纳、融合各族体，不断壮大其内核，逐渐形成了内部差异多元而认同感又极强的共同体。回顾历史，春秋战国、魏晋南北朝、隋唐至元代以及明清等时期，我国经历了四次主要的民族迁移流动与融合高潮。这些时期，跨区域的人口大规模流动不断发生，各族人民的生活方式相互渗透，族群界限逐渐模糊，汉族也成为中华民族多元一体格局的凝集核心。除了汉族这一最大的民族，回族作为中国人口较多、分布广泛的少数民族，来源同样复杂，其民族成分既包括唐宋以来久居中国的阿拉伯、波斯等地的穆斯林商人，也包括元代从中亚、西亚等地东来的信仰伊斯兰教的人群，更融合吸收了汉、蒙古、党项、维吾尔等众多民族成分，最终在中华大地上形成了回族这样一个多元的民族共同体。维吾尔族是经过长期迁徙、多民族融合而形成的，其先民的主体是隋唐时期生活于蒙古高原的回纥人，后来上书唐朝自改为"回鹘"，西迁至新疆的回鹘人相继融合了当地的汉人、焉耆人、龟兹人、于阗人、疏勒人等，构成近代维吾尔族的主体，元明时期，新疆各民族进一步融合，蒙古人也为其补充了新鲜血液。②藏族是生活在"青藏高原上的土著居民在其长期的历史发展中，不断融合、吸收周边其他民族成分而逐渐形成的"③。西夏灭亡后，党项人融于不同民族之中，仍居于甘、青、川西北的羌人诸部则经过与吐蕃长期融合，成为甘、青、川藏族的主要来源，西藏的藏族更是本土与多元的结合，它不仅包括吐蕃各部，还吸收了部分吐谷浑人、汉人、回鹘人等。撒拉族是中国人口较少民族之一，其先民是元代时期从中亚东迁至青海循化的撒鲁尔人，定居循化之后不断吸收周边其他民族成分，尤其是蒙古族、藏族、回族、汉族等，人口越来越多，族体规模不断扩大，最终在中华大地

① 费孝通：《中华民族多元一体格局》，中央民族大学出版社2019年版，第33页。

② 中华人民共和国国务院新闻办公室：《新疆的若干历史问题》，《人民日报》2019年7月22日，第8版。

③ 杨圣敏主编：《中国民族志》，中央民族大学出版社2003年版，第200页。

上形成了一个新的民族共同体——撒拉族。[①]土家族主要分布在湘鄂黔渝四省（市）交界的武陵地区，古代巴人是其先民的主体，在繁衍发展过程中不断融合吸收历来就生活于该区域的土著人、外迁而来的汉族及其他少数民族，最终得以形成稳定的人们共同体——土家族。从以上事实可以看出，民族并非只是古代某位英雄或某个氏族、部落的血缘延续，而是以某一族体为核心经过长时间的历史演变和文化交流，不断吸收不同族群来源，使自己的人口规模越来越大、人口构成越来越多样，从而最终形成的复杂集合体。正是随着这些民族融合高潮的推进，逐步形成了与当代基本一致的各民族"大杂居、小聚居"的分布特征，将各区域各族群更紧密地凝聚在一起，塑造了中华大地的区域多样、文化多样、语言多样、族群多样、宗教多样，以及巨大的人口规模，强化了在经济上的相互依存，促进了在文化上的兼收并蓄，增进了在情感上的相互亲近，逐渐形成你中有我，我中有你、谁也离不开谁的中华民族多元一体格局。

（四）多元一体格局对人口规模的影响

中华民族多元一体格局不仅促进了经济的相互依存、文化的兼收并蓄和情感的相互亲近，同时也对人口的大规模增长产生了重要影响，主要体现在以下几个方面。首先，从生物学的角度来看，民族融合促进了不同民族之间的通婚，这直接使基因库的丰富性和多样性增加。基因库的丰富意味着后代的遗传多样性增强，有助于提高人口的整体健康和适应能力。此外，通婚还促进了人口的自然增长，因为不同民族之间的通婚可能增加生育率和降低婴儿死亡率。其次，民族融合带来的文化交流与融合，提高了人口素质。各族民众在交流过程中共享了先进的生产技术、医疗知识和教育资源，从而提高了整体人口的健康水平和受教育程度，这些改进直接促进了人口的增长和繁衍，降低了死亡率。再次，多元一体格局下的民族融合还促进了经济的相互

---

① 《撒拉族简史》编写组：《撒拉族简史》，民族出版社2008年版，第21—22页。

依存和共同发展，民众生活水平提高，医疗卫生条件改善，为人口增长提供了物质基础。最后，民族融合所营造的和谐氛围和共同的文化认同，增强了民族的凝聚力和向心力，不仅使得各民族愿意共同维护和发展国家，还促进了人口的自然增长和社会稳定。

改革开放以来，随着中国经济快速发展和交通条件的极大改善，人口流动日益频繁，各民族进入跨区域大流动的活跃期，民族分布呈现大流动、大融居的新特点，多民族共居一处并相互嵌入的居住格局更加明显。习近平总书记指出："改革开放以来，孔雀东南飞，我国进入了各民族跨区域大流动的活跃期，少数民族人口大规模向东部和内地城市流动。内地人口向民族地区及不同民族之间也在进行着大规模流动。全国两亿多流动人口中少数民族占十分之一。"[①]当前，随着新型城镇化和市场经济的快速发展，人口流动速度和规模增大，各民族混居状况日益突出，人们在学习、工作和生活中的互动更加频繁，族际通婚更加普遍，人们跨越民族界限建立家庭。族际通婚进一步消除了民族隔阂，促进了社会的和谐与稳定，为人口增长创造了良好的社会环境。随着时间的推移，这些跨民族家庭逐渐融入当地社会，稳定下来并繁衍生息，为人口的增长和社会的进步做出重要贡献。

三、走好人口规模巨大的大国现代化道路

习近平总书记在党的二十大报告中深刻阐述了中国式现代化五个方面的中国特色，其中第一个方面就是"人口规模巨大的现代化"。第七次全国人口普查数据显示，中国人口超过 14.1 亿，约占全球总人口的18%，是世界上人口规模最大的发展中国家。如此量级的人口整体迈入现代化社会，无先例可循。从新中国成立以来不遗余力发展教育、医疗等社会事业，到改革开放以来在社会主义市场经济条件下不断保障和改善民生，再到新时代以来实施精

[①] 《中央民族工作会议暨国务院第六次全国民族团结进步表彰大会在北京举行》，《人民日报》2014年9月30日，第1版。

准脱贫攻坚，建成世界上规模最大的教育体系、社会保障体系、医疗卫生体系，在中华大地上全面建成小康社会，70余年来中国共产党始终坚持人民至上、以人民为中心的根本立场，不断探索推进人的现代化。在以中国式现代化全面推进中华民族伟大复兴进程中，要始终从"人口规模巨大"这个国情出发，把国家和民族发展放在自己力量的基点上，坚持稳中求进、循序渐进、持续推进。

（一）推进人口规模巨大的现代化是党在新征程上的重要使命担当

习近平总书记指出，"我们的现代化既是最难的，也是最伟大的"[1]。人口规模巨大，既是基本国情，也是基础国力，在带来诸多利益的同时，也为治理带来了特定的挑战。首先，从优势与机遇的角度看，庞大的人口基数为中国式现代化提供了充足的劳动力，人口红利和人才优势日益凸显，成为推动经济社会高质量发展的基础性支撑。此外，14亿多人口的消费有利于形成超大规模市场优势，为加快构建以国内大循环为主体、国内国际双循环相互促进的新发展格局提供有力支撑。这种深厚的人力资源基础和超大规模市场优势相结合，将为中国式现代化提供源源不断的强大动力。然而，从治理难度的视角审视，人口规模巨大也带来了一系列挑战：随着现代化进程的加速，人们对自然资源环境的索取也相应增加，这无疑加大了粮食、资源、能源、环境系统所面临的压力；人口老龄化、劳动年龄人口规模持续缩减等问题，可能对就业、财政、社会保障体系等造成重大冲击；城乡区域发展差距依然明显，急需在巩固提升先发地区、先富人群优势的基础上，补齐发展短板，缩小发展差距。

推进中国这一人口规模巨大的现代化进程，任务之繁重、使命之光荣，堪称党在新时代新征程上所要面对的重大历史性课题。倘若我们能够成功实现这一伟大目标，其深远的世界意义将不言而喻。引领14亿多人口共同迈向

---

① 《满怀信心以中国式现代化全面推进强国建设、民族复兴伟业》，《人民日报》2024年1月1日，第4版。

现代化，这一前所未有的壮举，没有现成的经验可供参考，我们所推进的每一步都是对历史的创新与书写，必将对全球产生深远影响。一是如此巨大人口体量的国家实现现代化，创造了世界现代化的奇迹，将重塑世界现代化版图，加快推动全球现代化重心从欧美转移到东亚，引发世界政治经济格局的深刻变化。二是推动一个人口规模巨大的社会主义国家整体成功迈向现代化，让科学社会主义在中国焕发强大生机活力，充分彰显了中国特色社会主义制度的优越性。三是作为一个人口规模巨大的发展中国家，我们通过自主探索、艰苦奋斗，最终走出了一条有别于西方发达国家的中国式现代化道路，为世界上那些既希望加快发展又希望保持独立自主的国家提供了全新的现代化路径，更为全球现代化进程注入了新的活力与希望。

（二）加强党的集中统一领导

习近平总书记强调："办好中国的事情，关键在党。"[1]让社会主义现代化建设的成果惠及全体人民，是当代中国共产党人践行初心使命的重大实践。在我国这样一个经济和人口规模巨大的国家，让全体人民携手迈入现代化是一件十分不容易的大事。18世纪英国开启了千万级人口规模的工业化，20世纪以来美国带领上亿级人口规模的国家走上现代化道路。迄今为止，世界上实现现代化的国家和地区不超过30个、总人口约为10亿人，不到全球人口的1/7。可见，在中国这样一个超大规模的国家实现现代化，是一个世界性和世纪性难题，没有哪一个国家在十亿级以上人口规模上实现现代化，中国实现现代化意味着比现在所有发达国家和地区人口总和还要多的人口规模进入现代化序列。中国的超大人口规模决定了中国的现代化道路必定不同于西方的道路，是在吸收借鉴其他现代化文明成果基础上，既遵循现代化建设一般规律，又注重"走自己的路"。党的十九届六中全会审议通过的《中共中央关于党的百年奋斗重大成就和历史经验的决议》指出："党领导人民成功走出中国

---

① 习近平：《在庆祝中国共产党成立95周年大会上的讲话》，《人民日报》2016年7月2日，第2版。

式现代化道路，创造了人类文明新形态，拓展了发展中国家走向现代化的途径，给世界上那些既希望加快发展又希望保持自身独立性的国家和民族提供了全新选择。"①从新中国刚成立时的一贫如洗、百废待兴、国民经济濒临崩溃边缘，到如今的世界第二大经济体，一个个世所罕见的发展奇迹，充分证明了中国道路的优越与魅力。这条路是党和人民历经千辛万苦、付出巨大代价走出的中国特色社会主义道路，是实现中华民族伟大复兴的正确道路。走自己的路，是我们党的全部理论和实践立足点，更是我们党百年奋斗得出的历史结论。

中国式现代化道路好不好，归根结底要看是否符合自身实际，能否解决中国现代化进程中面临的突出问题，能否满足人民对美好生活的向往。党的十八大以来，以习近平同志为核心的党中央总揽全局、协调各方，在经济社会发展中把方向、谋大局、定政策、促改革，统筹推进"五位一体"总体布局，协调推进"四个全面"战略布局，推动人口规模巨大的现代化不断迈出坚实步伐。事实证明，中国共产党具有无比坚强的领导力、组织力、执行力，是团结带领人民攻坚克难、开拓前进最可靠的领导力量。有了党的坚强领导，国家治理就有了坐镇中军帐的"帅"，现代化建设就有了坚强的"领航者"，亿万人民就有了众志成城的"主心骨"，就能推动人口规模巨大的现代化不断迈出新步伐、取得新成效。在前进道路上，唯有深刻领悟"两个确立"的决定性意义，增强"四个意识"、坚定"四个自信"、做到"两个维护"，自觉做习近平新时代中国特色社会主义思想的坚定信仰者、忠实实践者，才能把党的领导落实到党和国家事业各领域各方面各环节。只要坚定不移坚持党的全面领导，完善坚持党的全面领导的体制机制，不断提高党把方向、谋大局、定政策、促改革的能力和定力，确保党始终成为中国特色社会主义事业的坚强领导核心，就一定能凝聚中华儿女为全面建设社会主义现代化国家而奋斗

---

① 《中共中央关于党的百年奋斗重大成就和历史经验的决议》，《人民日报》2021年11月18日，第1版。

的磅礴力量，集聚起守正创新、共克时艰的强大力量。

（三）坚持以人民为中心

千秋伟业在人心，赢得人民的心，就能赢得人民的支持。正是从这个意义上说，人心就是最大的政治，守卫江山就是守卫人民，守卫人民就是守护人民的心。在庆祝中国共产党成立100周年"七一勋章"颁授仪式上，习近平总书记强调："践行宗旨，就是对人民饱含深情，心中装着人民，工作为了人民，想群众之所想，急群众之所急，解群众之所难，密切联系群众，坚定依靠群众，一心一意为百姓造福，以为民造福的实际行动诠释了共产党人'我将无我、不负人民'的崇高情怀。"①掷地有声的誓言，直抵亿万人民心中，也让我们深刻认识到，党团结带领人民进行革命、建设、改革，根本目的就是让人民过上好日子，无论面临多大挑战和压力，无论付出多大牺牲和代价，这一点都始终不渝、毫不动摇。

坚持以人民为中心，从来不是一个抽象的、空洞的概念，而是落实在关注和把握老百姓所愿所想、"让人民过上好日子"的方方面面。党的十八大以来，从"人民对美好生活的向往就是我们的奋斗目标"，到"让老百姓过上更加幸福的生活，还有大量工作要做"；从"把人民的期待变成我们的行动，把人民的希望变成生活的现实"，到"中国共产党人的初心和使命，就是为中国人民谋幸福，为中华民族谋复兴"；从"历史是人民书写的，一切成就归功于人民"，到"人民是历史的创造者，人民是真正的英雄"；等等，都反映出习近平总书记心里始终装着人民、时刻想着人民，也体现了习近平新时代中国特色社会主义思想鲜明的人民性；而无论是打赢脱贫攻坚战、全面建成小康社会、推动经济高质量发展、扎实推进共同富裕，还是发展全过程人民民主、形成共建共治共享的社会治理格局、推进生态文明建设，都体现了中国共产党以百姓心为心、为人民谋福利的初心和恒心。

---

① 习近平：《在"七一勋章"颁授仪式上的讲话》，《人民日报》2021年6月29日，第2版。

人民愿望与政党和国家的愿望是一致的。在全面建设社会主义现代化国家新征程上，要特别关注与人民生存发展密切相关的需要和诉求。随着经济社会的快速发展，人民群众的需要呈现多样化多层次多方面的特点，期盼有更好的教育、更稳定的工作、更满意的收入、更可靠的社会保障、更高水平的医疗卫生服务、更舒适的居住条件、更优美的环境、更丰富的精神文化生活……新时代广大群众的各种各样的诉求和心愿，总的来说就是企盼美好生活、过上幸福日子。在推进中国式现代化过程中，要解决庞大人口规模带来的艰巨而复杂的问题，就必须保持历史耐心、坚持稳中求进，在维护国家独立和统一的基础上更好发挥集中力量办大事的优势，把人口规模转化为人才资源和人力资本，坚持发展为了人民、发展依靠人民、发展成果由人民共享，让全体人民共享改革开放和现代化建设的成果，让所有人都有机会参与现代化建设，促进各民族在中华民族大家庭中像石榴籽一样紧紧地抱在一起，为推进中国式现代化凝聚起强大合力。

（四）发展全过程人民民主

一个国家实行什么样的政治制度，走什么样的政治发展道路，必须与这个国家的国情和性质相适应。在人口规模巨大的特殊现实下，全过程人民民主不仅是对人民主体地位的尊重和体现，更是对国家治理体系和治理能力现代化的有力支撑，为创造我国经济快速发展奇迹和社会长期稳定奇迹提供了重要保证。党的十八大以来，以习近平同志为核心的党中央深化对民主政治发展规律的认识，提出全过程人民民主的重大理念，把民主的价值和理念进一步转化为科学有效的制度安排和具体现实的民主实践，开辟了中国特色社会主义民主政治发展新境界。全过程人民民主扎根中国社会土壤，各个环节始终以人民为中心，让人民实现全过程政治参与，有效保证了人民群众切身利益，适应了中国人口众多、发展不平衡不充分的现实国情，充分彰显了人民民主的鲜明特质和独特优势，得到广大人民群众的衷心拥护，具有深厚现实基础和广阔发展前景。

在中国共产党领导下，全过程人民民主的实践生动展开，不仅具有时间上的连续性、内容上的整体性，还有运行上的协同性、人民参与上的广泛性和持续性。在全过程人民民主的实际运行中，"完整的参与实践"集中展现在以下两个方面：首先，通过人民群众的全流程参与，构筑了人民与执政党、政府之间的紧密桥梁，保证了中国共产党在领导国家治理时始终坚持以人民为中心的根本立场，营造出广泛团结、深度融合的生动场景。其次，全过程人民民主所倡导的民主是一种全面、系统、整体的参与方式，"人民既参与国家和社会事务管理，又参与经济和文化事业管理；既参与国家发展顶层设计的意见建议征询，又参与地方公共事务治理；既参与民主选举、民主协商，又参与民主决策、民主管理、民主监督；既通过人大、政协等渠道表达意愿，又通过社会组织、网络等平台表达诉求。"①可以说，全过程人民民主构建起覆盖960多万平方公里土地、14亿多人民、56个民族的民主体系，党和国家要做什么、如何做、做得怎么样，广大人民群众参与贯穿始终。前进路上，我们坚持和完善我国根本政治制度、基本政治制度、重要政治制度，健全人民当家作主制度体系，增强全过程人民民主的系统性、规范性，发挥人民群众积极性、主动性、创造性，巩固和发展生动活泼、安定团结的政治局面，团结带领全国人民夺取中国特色社会主义新的更大胜利。

（五）尊重人民首创精神

人民是国家的主人，也是实践的主体。习近平总书记指出："前进道路上，全党要坚持全心全意为人民服务的根本宗旨，树牢群众观点，贯彻群众路线，尊重人民首创精神。"②百余年来，我们党紧紧依靠人民，尊重人民主体地位，尊重人民首创精神，问政于民、问需于民、问计于民，充分激发人民群众的创新创造伟力，无论遇到何种困难和挑战，只要有人民支持和参与，就没有

---

① 《中国的民主之花绚丽绽放》，《人民日报》2021年12月5日，第3版。

② 《高举中国特色社会主义伟大旗帜 奋力谱写全面建设社会主义现代化国家崭新篇章》，《人民日报》2022年7月28日，第1版。

克服不了的困难，就没有越不过的坎。我国农村改革从安徽凤阳的大包干开始，企业改革从福建企业要求松绑开始，市场调节从集贸市场开始，多种经济成分从个体私营经济开始，对外开放从"三来一补"开始，改革开放在认识和实践上的每一次突破和发展，改革开放中每一个新生事物的产生和发展，改革开放每一个方面经验的创造和积累，无不来自亿万人民的实践和创造。总结改革开放以来的成功经验，很重要的一条，就是始终把群众作为智慧和力量的源泉，始终把政治智慧的增长、执政本领的增强深深扎根于人民的创造性实践之中。

新时代中国人民更加自信、自立、自强，极大增强了志气、骨气、底气，在历史进程中积累的强大能量充分爆发出来，焕发出前所未有的历史主动精神、历史创造精神。习近平总书记指出："要把激发创新活力同凝聚奋进力量结合起来，强化激励机制，充分调动各方面推进改革的积极性、主动性、创造性，推动改革在新发展阶段打开新局面。"①当前，人民对美好生活的向往更加强烈，迫切需要把激发创新活力同凝聚奋进力量结合起来，把亿万人民的智慧和力量凝聚到推动经济社会发展中，汇聚到全面建设社会主义现代化国家的宏伟目标上。要进一步满足人民期待，就要继续尊重人民首创精神，放手发动群众、组织群众，激励人民自觉投身改革、支持改革；把加强顶层设计和坚持问计于民统一起来，扑下身子、沉下心来，开展及时、深入的调查研究，鼓励广大人民群众和社会各界以各种方式建言献策，充分了解社会期盼，吸收群众智慧、专家意见、基层经验；牢固树立问题意识，把解决思想问题与解决实际问题结合起来，并在此过程中持续激发群众的责任感和创造力，在实践中形成心往一处想、劲往一处使的生动局面，在人民群众的创造性实践中寻求推动改革发展的办法和途径，从生动鲜活的基层实践中汲取劳动群众的伟大创造。

---

① 《习近平谈治国理政》第四卷，外文出版社2022年版，第234页。

第六章

天下为公、天下大同的社会理想
与全体人民共同富裕

全体人民共同富裕是中国式现代化的本质特征，也是区别于西方现代化的显著标志。自古以来，以集体主义为主导的价值取向伴随着中华民族的孕育和发展，并衍生出强调"天下为公"和"天下大同"两个方面的治国安邦理念，共同浸润和推动了全体人民实现共同富裕的目标追求，孕育了中华民族追求共同富裕的民族心理和价值源流。习近平总书记指出："我们说的共同富裕是全体人民共同富裕，是人民群众物质生活和精神生活都富裕，不是少数人的富裕，也不是整齐划一的平均主义。"[①]这一重要论述，不仅明确了共同富裕的深刻内涵，更凸显了共同富裕在中国式现代化进程中的关键地位。共同富裕不仅是全体人民物质富裕的体现，更是精神富足的象征，它追求的是每个人都能够在公正、公平的环境中获得充分发展的机会。将共同富裕作为中国式现代化的重要组成部分，不仅深化了我们对中国式现代化科学内涵的理解，更凸显了共同富裕在中国式现代化进程中的核心地位。只有实现全体人民共同富裕，才能确保中国式现代化真正落地生根，也才能为中华民族伟大复兴的宏伟蓝图提供坚实的基础。

一、天下为公的执政理念接引了马克思主义政党的初心使命

西方现代化的最大弊端，就是以资本为中心而不是以人民为中心，追求的是资本利益的最大化而不是服务绝大多数人的利益。古希腊时期，受制于复杂的山地地貌和匮乏的自然资源，希腊人只得通过对外征战把原住民变成奴隶，然后在沿海地区建立城邦。奴隶不仅成为城邦每个家庭、每个公民不可或缺的劳动力，更成为他们肆意欺压的对象。这种基于征服和压迫的社会结构，为后来的西方现代化进程奠定了某种基调。进入现代，发达资本主义国家借助其强大的经济和军事实力，对边缘或半边缘国家进行殖民扩张和掠夺。这种行为不仅严重破坏了这些国家实现现代化的基础条件和经济前提，还导致它们被迫融入国际垄断资本主义的分工体系，并始终维持着边缘国对

---

① 《习近平谈治国理政》第四卷，外文出版社2022年版，第142页。

中心国的政治、经济、文化依附关系，这些国家再也难以摆脱被压迫、被剥削的地位。可以说，西方现代化不仅在国内存在严重的两极分化，同时也在国际上维持着少数中心国家对大多数发展中国家的压迫和剥削，形成了边缘国家依附于中心国家的格局，导致贫富差距在全球范围的扩大。

（一）儒家对公正与道义的追求

与西方以资本为中心的、贫富悬殊的现代化不同，"一切为了人民"的价值取向是中国式现代化的本质要求，同时也是中国传统文化的基本诉求。中华文明起源时有着丰厚的土地资源和广阔的平原，发展出的是原住民式的小农经济。小农经济作为一种原住民式的经济形态，其显著特点在于自给自足，生产目的主要是满足本经济单位或生产者个人的基本生活需求，而非交换或追求利润，这意味着生产者无须依靠一种奴役他人的生产体制来维持运转。因此，中国夏商周时期虽然存在过奴隶现象，但不存在标准意义上的奴隶社会。[①]反而，从事小农经济的生产生活，需要的是经常性的、平等的群体协作，在这种协作中才能确保农作物的种植、管理和收获等各个环节的顺利进行，也才能够集中有限的人力、物力和财力来提高生产效率、应对自然灾害和市场风险。长此以往，就构成了一个从村落到农户再到个人的共存、共生、共享的紧密关系。因而有学者提出，中国文化的人文主义和西方的人文主义不同的地方在于中国的人文主义习惯于把人看成群体的分子，不是个体而是角色。人是具有群体生存需要、有伦理道德自觉的互助个体，每个人都是他所属关系的派生物。他们的命运同群体息息相关。[②]在这种环境下，自然形成了诸如"天无私覆，地无私载，日月无私照"，"四时行焉，百物生焉，天何言哉？"等观念，统治者也被赋予了"圣人常无心，以百姓之心为心"的执政要求：统治者必须具备无私的品质，将天下百姓的需求和愿望置于心中，以

---

① 黄现璠：《中国历史没有奴隶社会：兼论世界古代奴及其社会形态》，广西师范大学出版社2015年版，第320页。

② 庞朴：《文化的民族性与时代性》，中国和平出版社1988年版，第30页。

实现社会的公正与和谐。

在我国古代，"天下为公"不仅是一个社会理想，也是一个重要的政治思想，旨在劝诫统治者要以建设大同社会为目标，为人民争取幸福生活。在文王、武王和周公时代，天下初定、人口稀少，自然资源相对丰富，商业尚未繁盛，社会各阶级的利益冲突尚未尖锐化，人们的生活方式朴素而纯粹。在社会生活上，井田制确保了经济的平稳运行，宗法制则有效调解了权力纷争，社会结构清晰，秩序井然，生活安宁。在家庭关系中，父子情深，君臣有义，长幼有序，夫妇有别，这一切都为典章制度的确立和稳固奠定了坚实基础。然而，当历史的车轮走入春秋战国，奴隶制旧有的社会秩序已然瓦解，而封建制的新秩序仍在摸索中建立，社会陷入"世道衰微，邪说暴行有作"的境况，臣弑君、子弑父的惨剧时有发生。面对这样的乱世，人们不禁怀念起曾经的长治久安，期盼着明君的出现，做到以百姓心为心，胸怀天下，重整纲纪。在这一时代背景下，先秦诸子纷纷探讨建立一套理想政治模式，不约而同地产生了"天下为公"的理念，例如姜太公的《六韬·文韬·文师》有言："天下非一人之天下，乃天下之天下也。同天下之利者则得天下，擅天下之利者则失天下。"吕不韦的《吕氏春秋·贵公》也说："天下非一人之天下也，天下之天下也。阴阳之和，不长一类；甘露时雨，不私一物；万民之主，不阿一人。"儒家学者则托三代圣王之世，向统治阶级鲜明地提出"天下为公"的执政要求。这里的"天下"，不仅指代自然地理和山川，更涵盖了人类社会共同构建的价值与秩序世界。所谓的"公"即"背私为公"，意味着超越个人的私利，追求公共利益的最大化。孔子认为，尧、舜、禹、汤、文、武能够秉承天道之公，让天下所有人安居乐业，百姓也互相关心、齐心协力，而不是自私自利、弱肉强食，因而是一个"有道"之世。孔子整理的《尚书》中也提出"以公灭私，民其允怀"的观点，强调社会成员应休戚与共、协同一致，重整体、轻个体，重社会、轻个人，重礼义、轻利益，致力于成为一个有责任、有担当的"成人"，进而成为引领社会的"大人"和"君子"，彰显出鲜明的"社会性"意识。在这种背景下，"仁"成为儒家思想的核心，是克己奉公、爱人如己、重视公共利益、爱国爱民等多种道德规范和德治方针的内在基石。不论是《易经》中的"损上益下，民说无疆。自上下下，其道大光"，还是孔子的"不患寡而患不均"、老子的"损有余而补不足"的哲学思想，都在强调公正、道义的重要性。此后，随着封建制度的愈加严苛，儒家学者也在"天下为公"的愿景背后，指出"大道即隐、天下为家"的社会现实。面对从"天下为公"到"天下为家"的历史倒退，儒家学者试图在"私天下"的政治制度中，劝勉君王志于仁、行仁义、施仁政，最大限度做到"执政为公"，尽可能体现"天下"的视野和取向，从对"天下为公"最高权力的归属寄托，转向对帝王治理之道的阐发。孟子的"民贵君轻"学说和"摩顶放踵以利天下"的民本思想，以及荀子的"兴天下之同利"的观点，都进一步发展了儒家对于公正、道义的追求，告诫统治者要秉持天下为公的理念，公平惠及万民，不遗漏任何一个群体。这种公正、道义的价值观为后世的政治实践和社会治理提供了宝贵的思想资源，引导着人们追求公平、正义，共同构建一个和谐、稳定的社会。

（二）天下为公的治理之道

根据儒家经典的解释，"天下为公"的治理之道主要有如下内涵：首先，君王治理天下的第一要义是保障民生。《孟子·梁惠王》曰："谷与鱼鳖不可胜食，材木不可胜用，是使民养生丧死无憾也。养生丧死无憾，王道之始也"，也就是说，确保民众的基本生活需求是行王道的基础，因此君王应当致力于保护民生、发展经济，提高民众的生活水平；其次，君王政治行为的准绳是民心向背，得民心者得天下。《孟子·离娄章句上》有言："桀、纣之失天下也，失其民也；失其民者，失其心也。得天下有道：得其民，斯得天下矣。得其民有道：得其心，斯得民矣。得其心有道：所欲与之聚之，所恶勿施尔也。"这强调了君王应以民心为依归，顺应民意，施行仁政，以赢得民众的信任和支持；再次，君王要一视同仁，所谓"老吾老，以及人之老，幼吾幼，以及人之幼。天下可运于掌。"无论关系亲疏或身份贵贱，都应当给予同等公正的待遇，这种不偏不倚的治理方式方能确保社会的安定与和谐；最后，君王治理家国要倡导和而不同、多样为一。《孟子·告子下》在论述治水之道时指出："子过矣。禹之治水，水之道也，是故禹以四海为壑。今吾子以邻国为壑。水逆付谓之洚水，洚水者，洪水也，仁人之所恶也。吾子过矣。"这是在劝诫君王不应以自我为中心或以利字当头，而应站在全局的高度看待问题，实现家国的和谐共处，因而具有普遍的道德价值和政治意义。

统治者的"天下为公"，必然要以老百姓的生产生活为出发点和落脚点，因而与天下为公紧密相连的另一个重要政治思想便应运而生了，那就是"民惟邦本"。所谓"民惟邦本"，就是倡导社会经济、政治、文化活动和治国理政工作，都要服从和服务于天下百姓的共同利益，实现安民、保民、富民、乐民、为民。春秋战国时期百家争鸣，如何对待人民成为一个重要议题，特别是儒家的孔子、孟子、荀子提出的"安民利民""民贵君轻""勤政爱民""顺从民意"等一系列命题，形成了有关"民惟邦本"的初步思想体系。西汉政治思想家贾谊进一步总结了先秦儒家的民本思想，提出为政者应"以富乐民为功，而以贫苦民为罪"，认为人民是国家兴衰成败根本，完善了民本思想体系。《史记·郦生陆贾列传》指出："王者以民人为天，而民以食为天"，高度评价了中国古代民本思想。唐代柳宗元在"民为本"思想的基础上提出"吏为民役"的观点，可以说是中国古代民本思想发展的高峰。当然，历史事实也表明，在中国古代少数人统治多数人的封建社会里，统治者"天下为公"的思想理念很难真正得到落实，"以民为本"的原则更是难以贯彻执行，但是，"天下为公"和"民惟邦本"作为一种美好的社会理想和中国传统文化的思想精华，却被传承了下来。

到了近代社会，由于西方列强的入侵，中国从封建社会逐渐沦为半殖民地半封建社会。面对救亡图存的历史使命，中国近代仁人志士一方面以西方先进思想和制度为参照，积极探求与我国实际相结合的道路，另一方面自觉赓续传统中华文脉，试图在中国古代先贤智慧中找到救国救民的方法和智慧。我国资产阶级民主革命的先行者孙中山先生喊出"天下为公"的口号，强调国家的主权属于全体国民，倡导主权在民、以民立国，以民主共和取代帝制，消除贫富悬殊和不公平现象，不仅拓展了"天下为公"的思想内涵，更使之成为建立民主社会的重要思想基础。习近平总书记在纪念孙中山先生诞辰150周年大会上，对一生追求"天下为公"的孙中山先生给予了高度评价："我们要学习孙中山先生天下为公、心系民众的博大情怀。孙中山先生有着深厚的为民情怀，一生坚持以'天下为公'为最高思想境界，致力于'除去人民的那些忧愁，替人民谋幸福'，对此矢志不移、无比坚定。"[1]尽管由于资产阶级自身的软弱性，建立资产阶级民主共和国的道路最终失败了，然而，众多深受中华优秀传统文化熏陶的仁人志士，秉承追求真理、自强不息的中华文化精神，坚定选择了马克思主义真理，坚守共产主义理想，为此不惜一切代价。他们的努力，让马克思主义在中国深深扎根，焕发出新的生机。在中国共产党的坚强领导和开拓创新下，我们在政治上实行人民当家作主，在经济上通过发展社会主义经济文化逐步实现全体人民生活的富裕幸福，在外交上坚持国家不分大小强弱一律和平共处、平等互利，使"天下为公""以民为本""万国咸宁"等古老思想精华真正在现代化之路上开出了艳丽的花朵，这不仅是对中华优秀传统文化的传承和发扬，更是对马克思主义理论在中国实践中的丰富和发展。

（三）共享发展理念对天下为公思想的发展

党的十八大以来，习近平总书记进一步继承和发扬"天下为公"的思想精髓，多次引述传统富民观，如"政之所兴在顺民心，政之所废在逆民心"，"治理之道，莫要于安民；安民之道，在于察其疾苦"，"利民之事，丝发必兴，厉民之事，毫末必去"，等等，鲜明反映了中国共产党人爱民重民的价值观与

---

[1] 习近平：《在纪念辛亥革命110周年大会上的讲话》，《人民日报》2021年10月10日，第2版。

利民富民的治理理念。在党的二十大报告中，习近平总书记提出"六个必须坚持"，第一个就是"坚持人民至上"，与人民利益切身相关的就业、保障、健康、医疗、扶贫等民生问题，永远是习近平总书记关注最多的话题。在2017年2月省部级主要领导干部学习贯彻党的十八届六中全会精神专题研讨班上，习近平总书记引用东汉马融《忠经·广至理章第十二》中的一句古语"不私，而天下自公"，并指出，我们党除了国家、民族、人民的利益，没有任何自己的特殊利益。①中国共产党为什么能始终得到人民的衷心拥护？答案就在这句话——"不私，而天下自公"。不谋私利才能谋根本、谋大利。这个"根本"就是人民群众的坚定支持，这个"大利"就是人民的利益、民族的利益、国家的利益。谆谆教诲蕴含着滚烫炽热的为民初心，进一步强化了广大党员干部为民服务的"为官之要"。习近平总书记强调，"必须坚持发展为了人民、发展依靠人民、发展成果由人民共享"②；"共享理念实质就是坚持以人民为中心的发展思想，体现的是逐步实现共同富裕的要求。共同富裕，是马克思主义的一个基本目标，也是自古以来我国人民的一个基本理想。孔子说：'不患寡而患不均，不患贫而患不安。'孟子说：'老吾老以及人之老，幼吾幼以及人之幼。'《礼记·礼运》具体而生动地描绘了'小康'社会和'大同'社会的状态。"③党的十八届五中全会提出的共享发展理念，就是逐步实现共同富裕的思想，是现阶段落实共同富裕战略目标的具体举措。共享理念的内涵主要包含四个方面：一是全民共享，就是人人享有、各得其所；二是全面共享，就是要共享国家经济、政治、文化、社会、生态各方面建设成果；三是共建共享，就是要广泛汇聚民智，最大激发民力，形成人人参与、人人尽力、人

---

① 《习近平在省部级主要领导干部学习贯彻十八届六中全会精神专题研讨班开班式上发表重要讲话强调：以解决突出问题为突破口和主抓手推动党的十八届六中全会精神落到实处》，《人民日报》2017年2月14日，第1版。

② 《中共十八届五中全会在京举行》，《人民日报》2015年10月30日，第1版。

③ 习近平：《在省部级主要领导干部学习贯彻党的十八届五中全会精神专题研讨班上的讲话》，《人民日报》2016年5月10日，第2版。

人都有成就感的生动局面；四是渐进共享，就是共享发展必将有一个从低级到高级、从不均衡到均衡的过程，要立足国情、立足经济社会发展水平来思考设计共享政策，既不裹足不前，也不好高骛远。总之，让广大人民共享发展成果的理念，深刻体现了马克思主义关于社会公有、解放全人类的远大社会理想在中国的实践与应用。这一理念并非凭空而来，而是深深扎根于中国的土壤之中，是对几千年来中国人民一直向往的"天下为公""以民为本"社会理想的创造性转化与创新性发展，成为推动中国特色社会主义事业发展的重要精神力量。

从孔夫子到孙中山再到一代代中国共产党人，"大道之行也，天下为公"影响了中国数千年的历史进程，铺染了无数中华儿女的生命底色。士人修身齐家，欲以一己之力兼济天下，百姓翘首以盼，对统治者天下为公、执政为民给予了最深厚的期待。习近平总书记曾引用《管子》中的一句话："与天下同利者，天下持之；擅天下之利者，天下谋之。"即能否让天下百姓得到或享有国家发展所带来的利益，是民心得失、江山得失的基础，表明了党和国家维护社会公平正义、促进全体人民共同富裕的信心和决心。在马克思主义基本原理与"天下为公"等中华优秀传统文化相结合的影响下，中国共产党始终坚持全心全意为人民服务的根本宗旨，党和国家一切工作的出发点和落脚点始终是实现好、维护好、发展好最广大人民的根本利益，党始终同人民站在一起、想在一起、干在一起，集中力量提高人民生活水平，逐步实现共同富裕。

二、天下大同的美好愿景涵养了"共同富裕"的国家建设目标

中国式现代化不是资本主义两极分化的现代化，不是以牺牲一部分人的利益为代价而换取的现代化，而是天下大同、共同富裕的现代化，是实现人的全面自由发展、以人的现代化为核心价值的社会主义现代化，是具有中国特色社会主义独特性的现代化。从最早的《礼记·礼运》中提出"大同"思

想，到封建君主制时期反对剥削制度的"均贫富"口号，再到近代孙中山"三民主义"中蕴含的"大同主义"，都反映了中华民族对"天下大同"世界的美好向往。马克思主义传入中国后，中国共产党人在马克思主义的指导与中国传统文化的启发下，开始萌生并逐步探索共同富裕的思想内涵与实践路径，使之成为中国人民进行社会主义建设的价值引领与方法指导，并最终指向"天下共富"的社会建设目标。

（一）从"均平"到"大同"

均贫富、等贵贱、均天下的思想最直接表达了古人对大同社会的渴求。回溯至春秋时期，那时奴隶社会正逐步瓦解，家庭的概念也从原先的小家庭逐渐扩展为大家族、族群，甚至涵盖了卿大夫的采地与食邑。在这一进程中，各个族群间的财富争夺逐渐演变成了列国间的土地争夺，加剧了连绵不断的战乱纷争，从而带来社会生产的停滞和生活水平的下降。在物质财富相对匮乏的情境下，为了确保广大民众能够免于饥饿与寒冷，防止社会动荡的发生，平均主义成为必然选择。孔子在《论语·季氏》中明确指出："有国有家者，不患寡而患不均，不患贫而患不安。盖均无贫，和无寡，安无倾。"在孔子看来，一个理想的国家，不应担忧其贫穷，而应关注财富的分配是否均匀；不应担忧其人口稀少，而应关注社会是否和谐。只有当财富分配均匀，社会和谐，国家才能安定，不会倾覆。除此之外，《道德经·第七十章》提出"有余者损之，不足者补之""损有余而补不足"；墨子在《墨子·尚贤下》提出"有力者疾以助人，有财者勉以分人，有道者劝以教人"；《管子·国蓄》认为君王治世的最高境界应是"安高在于同利"，把"贫富之不齐"视为国家"法令之不行，万民之不治"的根源；孟子提出"正经界""均井地"，以求"谷禄均平"；桑弘羊、刘晏等采取"平准法""常平法"以调剂商品（尤其是粮食）的余缺，平抑物价，防止商人牟取暴利等等一些思想，都是对当时社会现实的深刻反思，蕴含着古人对利益分配"公正均平"的价值期待。此外，均平思想着重调节人与人之间贫富差距的同时，也旨在防止社会财富过度集中于国家，造成"国富而民穷"的局面，如《荀子·富国》所言："下贫则上贫，下富则上富"，揭示了国富与民富相互依存、相互促进的紧密联系；《周易·系辞下》也强调："何以守位？曰仁。何以聚人？曰财"，突显了给予民众财富在凝聚民心方面的重要性。这些思想共同体现了劳动人民对消除社会差异、追求平等社会的强烈愿望，以及对公正均平的利益分配的深切期待。

　　"天下大同"的愿景，作为均平思想的一种高级理论形态或发展升华，超越了简单的社会经济平等，成为一个涵盖广泛领域的理想状态。均平思想主要关注的是社会经济层面的平等与均衡，强调通过合理的财富和资源分配，减少贫富差距和社会不平等现象，而"天下大同"的理念进一步拓宽了均平思想的视野，它不仅关注经济平等，还深入社会、政治和文化等多个层面，要求不同社会群体之间能够相互尊重、理解和包容，同时也追求国家的统一和治理的公正。《礼记·礼运篇》对大同社会的人情风貌、道德规范和理想生活做了详尽描述："大道之行也，天下为公。选贤与能，讲信修睦。故人不独亲其亲，不独子其子，使老有所终，壮有所用，幼有所长，矜、寡、孤、独、废疾者皆有所养，男有分，女有归。货恶其弃于地也，不必藏于己；力恶其不出于身也，不必为己。是故谋闭而不兴，盗窃乱贼而不作，故外户而不闭。是谓大同。"另一部儒家经典《公羊传》也畅想了人人平等、各民族间没有隔阂、共同享有幸福生活的理想境界，与大同社会的理想互相补充："于所闻之世，见治升平，内诸夏而外夷狄……至所见之世，著治太平，夷狄进至于爵，天下远近小大若一。"同样，在《孟子·梁惠王上》中，孟子从物质层面的需求出发，进一步观照了人民的发展权益。他描绘了一个五亩之宅、桑树成荫的乡村景象，提出如果每家都有五亩大的住宅场地，在其中种植桑树，那么五十岁以上的人就可以穿上丝织品；对于鸡、狗、猪等家禽家畜的饲养，不要耽误它们的繁殖时机，那么七十岁以上的人就可以有肉吃；如果每家都有一百亩的耕地，不要去妨碍他们的生产时间，那么几口人的家庭就可以不受饥饿。孟子的观点也反映了古代中国农业社会的特点，即以家庭为单位进行生产和消费，强调自给自足和稳定的生产秩序，其对农业生产和家庭经济的重视，不仅是对大同社会的理想蓝图的细化，更反映出百姓对美好家园建设的普遍诉求。除了早期儒家的大同思想，道家之没有私欲、没有战争、民风淳朴、人人安乐的寡民小国，道教之财产公有、人人平等、互敬互爱、没有压迫的神仙世界，佛教之"人皆慈心，修行十善"具有无量清静喜乐的西天佛国，都在不同程度上描绘了一个没有压迫、平等和谐、人人安居乐业的美好图景，共同构成了我国百姓对于理想社会的朴素想象和多元探索。

（二）农民阶级的均贫富探索之路

从以上的描述中，我们可以看到不同宗教和文化传统对于理想社会的构想，都共同指向了一个没有压迫、平等和谐、人人安居乐业的美好图景。然而，当我们转向封建社会现实时，却不禁要思考这样一个问题：理想与社会现实之间为何存在如此巨大的差距？在封建社会中，农民阶级作为社会的主体力量，往往处于被统治被压迫的地位。土地私有制的束缚使得他们不仅要承担沉重的苛捐杂税，还要忍受地主阶级以地租、高利贷等为名的各种剥削。即便是在封建社会的鼎盛时期，如汉代武帝盛世、唐代贞观之治和清代的康乾盛世，也只是某一地区或某一历史阶段的百姓能够享受到相对安逸的生活。这种现象说明，在生产资料私有制的大前提下，社会公平正义的实现是极其有限的，富裕往往只是少数剥削阶级的特权。为了实现心中憧憬的大同社会，封建时代的农民们勇敢地踏上了均贫富的探索之路，他们不仅富有创新精神，更展现了坚定的实践性。陈胜、吴广，高举着"苟富贵，无相忘"的共富理想，呼唤着农民们团结起来，共同追求富裕的生活。两汉之际的王匡则提出"除霸安民，劫富济贫"的口号，痛斥了封建社会中的贫富差距，为农民们指明了方向。东汉初年的"绿林军"和有着"致太平"理想的张角、张宝、张梁三兄弟，痛斥贫富不均，在底层民众中宣传原始道教的万物平等、价值一同思想。北宋时期，因蜀地赋税过重，当地农民王小波、李顺提出"吾疾贫富不均，今为汝均之"的宏愿，起义队伍一度攻下成都，并在成都及其周边范围建立了李蜀政权，对统治阶级造成了十分沉重而有力的打击。南宋初年，金军不断南侵，铁蹄所过，一片破败，统治者非但不体恤人民疾苦，还制造了层出不穷的苛捐杂税，很快便爆发了以钟相、杨幺为首的起义军。起义军内部互称"爷"，体现不分贵贱的平等关系，而对官吏、豪富之家则坚决镇压，并通过"劫财"剥夺富人财物以实现"均贫富"的主张。明朝天启、崇祯年间，陕北连年旱荒，农民纷起暴动。李自成起义军针对地权集中与赋税繁重的情况，提出"均田免赋"，攻占西安后，又以"贵贱均田"及"五年不征"相号召，在河南等地到处传播"不当差、不纳粮"的歌谣。到了晚清时期，中国历史上规模最大的农民革命太平天国运动爆发，太平天国不同于以往的农民起义，第一次把中国传统社会千百年来所设想的"大同"社会付诸实践，在其纲领性文件《天朝田亩制度》中专门对土地分配的核心问题进行了规定："有田同耕，有饭同食，有衣同穿，有钱同使，无处不均匀，无人不饱暖也。"[1]关于奖励生产的规定也多处可见："力农者赏，惰农者罚"；农业生产干得好的，可以被提拔为官员；基层官员两司马平时要"督之为农，耕田奉尚"；把农业生产的好坏作为是否提拔基层官员的重要标准之一。农民阶级作为封建社会的主要劳动力，长期承受着沉重的剥削与压迫，他们深知土地的重要性，对于"均贫富"的渴望，源自对公平正义的追求和对美好生活的向往。虽然这些起义和运动因农民阶级的局限性以及时代背景的制约，未能完全实现其关于共同富裕的理想，但这些诉求凝聚了世世代代农民对土地和"均贫富"的深切渴望，也在中国百姓心中沉淀为一种坚忍不拔的思想理念和文化传承。

（三）近代资产阶级的大同理想与困境

步入近代社会，维新思想家康有为和民主革命先行者孙中山都以"大同"社会为终极目标，提出了各具特色的理论构想。近代维新思想代表人物康有

---

① 龚书铎：《中国通史参考资料：近代部分》上册，中华书局1985年版，第170页。

为把传统"大同"思想与西方资本主义民主思想进行糅合，在其所著《大同书》中提出了"三世说"的进化历史观。他认为，当时中国社会处在封建的"据乱世"，应当加以改革，进到欧美资本主义的"升平世"，最后进入天下大同的"太平世"，即一个实现了财产公有、人人劳动、个人自由、男女平等的大同世界。康有为甚至把"大同"世界里的衣食住行以至器用、家具、沐浴等细枝末节都做了详细的描绘。那么，如何才能到达这理想的大同境界呢？康有为认为必须"去九界"，即去国界、去级界、去种界、去形界、去家界、去产界、去私界、去类界和去苦界。他甚至根据科技日益发达，"飞船日出，国界日破"的趋势，预言"大同之运，不过百年"。然而，现实是非常残酷的，不论是财产公有还是土地公有，都意味着对现有社会经济结构的根本性变革，必然遭遇既得利益者的强烈反抗。

当不触动封建根基的"自强"运动和资产阶级改良主义屡屡碰壁之后，资产阶级革命派领导的革命运动开始走上历史舞台。中国民主革命的伟大先行者孙中山始终把"天下为公""世界大同"作为最高理想。孙中山的"大同"思想主要表现在他的"民生主义"主张里，涉及平均地权、节制资本、防止贫富分化等内容。他说："我们现在是患贫，贫穷就是我们的痛苦……我们的民生主义，是做全国大生利的事，要中国像英国、美国一样的富足；所得富足的利益，不归少数人，有穷人、富人的大分别，要归多数人，大家都可以平均受益。"[1]而平均地权是"俾全国之人，无一贫者，同享安乐之幸福，则仆之素志也"[2]。囿于时代的局限，孙中山先生对阶级斗争、唯物史观等方面的认识存在不足，所谓未来的"大同之世"在当时的社会条件也不具备实现的可能，但是他将"大同世界"明确作为中国社会发展的终极目标，有助于当时的人们为追求一个理想与幸福的未来而不懈奋斗，从而推动中国社会向前发展。

---

[1] 孙中山:《孙中山全集》第10卷，中华书局2006年版，第23页。
[2] 孙中山:《孙中山全集》第10卷，中华书局2006年版，第462页。

（四）马克思理论与大同思想的融合

十月革命之后，马克思关于共产主义理想社会的论述，为几千年来中国人民孜孜追求的大同社会、天下为公的美好愿景提供了科学理论指导。从精神内核来看，实现共产主义社会的理想对人们的道德层次提出了更高的标准，要求人们有"一体之仁"的大同境界、自觉自发为他人、为社会服务；另一方面，传统的大同思想也从来不是针对少数群体的，而是着眼于天下苍生的，它与马克思、恩格斯设想的"每个人"和"一切人"彼此互为条件、互为前提的理想社会高度契合，共同体现了物我合一、至公无私的崇高精神。值得一提的是，郭沫若在他的《马克思进文庙》一文中，构思了一场马克思与孔子的跨时空对话。当马克思向孔子阐述"各尽所能，各取所需"的共产主义社会理念时，孔子表示："你这个理想社会和我的大同世界竟是不谋而合。"确实，孔子所追求的是全天下的大同，希望四海之内人人平等，家家户户生活幸福，社会秩序安定和谐，而马克思则致力于消除基于阶级分化的剥削与压迫，实现生产资料的按需分配，建立起各尽所能、各取所需的共产主义社会，两者在理念上的高度契合，彰显了为人民谋幸福、为人类谋进步、为世界谋大同的崇高价值追求。正是在马克思主义理论和中华优秀传统文化的指引下，中国共产党从诞生之日起，就明确了其与众不同的使命和道路选择。它不可能像西方国家那样走上一条"富者累巨万，而贫者食糟糠"的贫富悬殊式的现代化道路，而是坚定地以人民为中心，致力于实现全体人民的共同富裕和全面发展。这一理念不仅体现在党的纲领和政策中，更深深地烙印在每一个共产党人的心中，成为他们不懈奋斗的动力和源泉。

历史地看，我们党不仅忠实地继承了古人大同思想的深邃智慧，更将其融入时代的脉搏，以人民的福祉为矢志不渝的最高追求，致力于推动社会的全面进步和共同富裕，展现了党对人民深厚情感的承诺和对国家未来的坚定信心。党的十八大以来，以习近平同志为核心的党中央团结带领全国各族人民朝着共同富裕的目标奋勇前进，不断丰富和发展共同富裕的内涵。习近平总书记强调:"共同富裕,是马克思主义的一个基本目标,也是自古以来我国人民的一个基本理想。"①精准扶贫、尽锐出战,打赢了人类历史上规模最大的脱贫攻坚战,历史性地解决了绝对贫困问题,为全球减贫事业做出了重大贡献。2021年,习近平总书记正式宣布我国全面建成了小康社会。自此,中国经济社会发展进入到一个崭新的阶段。在党的坚强领导下,中国式现代化坚持在发展中保障和改善民生,统筹做好就业、收入分配、教育、社保、医疗、住房、养老、扶幼等各方面工作,让发展成果更多更公平惠及全体人民,更好推动人的全面发展、社会全面进步。

三、坚持走实现全体人民共同富裕的现代化道路

治国之道,富民为始。实现人的全面发展、全体人民共同富裕,是中国式现代化与西方国家现代化的本质区别,也是我们党第二个百年奋斗目标作出的战略安排。我国全面建成小康社会、开启全面建设社会主义现代化国家新征程,必须坚持以人民为中心的发展思想,主动适应我国社会主要矛盾的变化,把"全体人民共同富裕取得更为明显的实质性进展"作为红线贯穿全面建设社会主义现代化国家全过程,脚踏实地,久久为功,向着这个目标更加积极有为地努力。

(一)共同富裕是社会主义现代化建设的根本奋斗目标

消灭剥削,消除两极分化,实现共同富裕,是社会主义的本质特征,也是中国共产党人的奋斗追求。在揭露、批判资本主义制度弊端的基础上,马克思、恩格斯指出:"无产阶级的运动是绝大多数人的,为绝大多数人谋利益的独立的运动"②,在未来社会"生产将以所有的人富裕为目的"③。这是因为,资本主义是以资本的个体占有为价值追求,资本个体最大化的利益冲动,必

---

① 《人民对美好生活的向往就是我们的奋斗目标》,《人民日报》2012年11月16日,第1版。
② 《马克思恩格斯选集》第2卷,人民出版社1995年版,第262页。
③ 《马克思恩格斯文集》第8卷,人民出版社2009年版,第200页。

然导致人们富裕程度的巨大差别以及不同社会阶层的利益裂变。社会主义是以社会的整体发展为价值本位，并以生产资料公有制作为其主要标志，在生产资料公有制条件下，劳动人民能够总体上保持平等的经济地位、平等的社会地位、平等的人格尊严。

我们党在领导人民进行革命、建设和改革的过程中，始终围绕实现中华民族伟大复兴主题，从理论和实践两方面对实现共同富裕问题进行了一以贯之的持续探索，成功走出了一条具有鲜明中国特色的实现共同富裕之路。毛泽东在《关于农业合作化问题》的报告中首次提出"共同富裕"的概念，他指出："实行合作化，在农村中消灭富农经济制度和个体经济制度，使全体农村人民共同富裕起来。"[1]他还强调，"如果党不积极引导农民走社会主义道路，农村中的两极分化就会加剧起来"[2]。此后，由于时代的局限性以及对发展规律认识的不足，我们也走过一段将"平均"财富等同于"共同富裕"的弯路，最终被证明是行不通的，只能通过"先富带动后富"，进而补齐社会中的"短板"，达到增加社会总体财富的目的。进入改革开放的历史新时期，邓小平明确将"共同富裕"纳入社会主义本质的范畴之中，指出"社会主义不是少数人富起来、大多数人穷，不是那个样子"[3]，"社会主义的本质，是解放生产力，发展生产力，消灭剥削，消除两极分化，最终达到共同富裕"[4]。这是关于共同富裕与社会主义本质关系的最早论述，概括了社会主义关于发展生产渐次实现共同富裕目标的本质。党的十八大以来，以习近平同志为核心的党中央坚持以人民为中心，把增进人民福祉、促进人的全面发展、朝着共同富裕方向稳步前进作为经济社会发展的出发点和落脚点，想群众之所想、急群众之所急、解群众之所困，着力保障和改善民生，不断增强人民群众的获得感。党

---

① 《毛泽东文集》第6卷，人民出版社1999年版，第437页。

② 中共中央文献研究室编：《建国以来重要文献选编》第7册，中央文献出版社1993年版，第287页。

③ 《邓小平文选》第3卷，人民出版社1993年版，第364页。

④ 《邓小平文选》第3卷，人民出版社1993年版，第373页。

的十九大作出了分两个阶段实现第二个百年奋斗目标的战略安排，并把满足人民日益增长的美好生活需要作为重要的奋斗目标，明确第一个阶段要实现"人民生活更加宽裕""全体人民共同富裕迈出坚实步伐"，第二个阶段"全体人民共同富裕基本实现，我国人民将享有更加幸福安康的生活"。①如今，第一个百年奋斗目标已经实现，站在向第二个百年奋斗目标迈进的新的历史起点上，中国人民的获得感、幸福感、安全感将更加充实、更有保障、更可持续。

（二）发展生产力是"第一要义"

全体人民共同富裕是一个总体概念，是就全社会全局而言的。今天的中国已经稳居世界第二大经济体，但是我们还要看到，我国的现代化之路还很艰难，还有很长的路要走。难就难在我们是在超大人口规模的国度搞现代化；难在我国还处在社会主义初级阶段，仍是发展中国家；还难在我国发展不平衡不充分问题仍然突出，城乡区域发展和收入分配差距仍然较大，群众在就业、教育、医疗、托育、养老、住房等方面面临不少难题。尤其是当前社会主要矛盾中"不平衡不充分的发展"这一问题，表明要实现全体人民共同富裕，在很大程度上仍然取决于社会生产力的发展水平，取决于发展的协调性。在一个底子薄、基础弱、国情复杂的大国，全面建成惠及十四亿多人口的小康社会，极不平凡，极不容易，中国共产党和中国人民付出了长期艰辛努力。全面建成小康社会，中国人民过上了好日子，但还不富足，人民日益增长的美好生活需要和不平衡不充分的发展之间的矛盾仍然存在。因此，必须始终坚持用发展的办法解决前进中的问题，大力发展社会生产力，不断为促进社会和谐、实现共同富裕创造雄厚的物质基础，满足不同利益主体不同层次的需求，化解因为利益问题而产生的矛盾冲突。

建设社会主义现代化强国，归根到底要靠不断解放和发展生产力，创造出比资本主义现代化更高的物质财富。党的十九届五中全会强调，"发展是解

---

① 习近平：《决胜全面建成小康社会 夺取新时代中国特色社会主义伟大胜利——在中国共产党第十九次全国代表大会上的报告》，人民出版社2017年版，第28—29页。

决我国一切问题的基础和关键"①，无疑也是实现全体人民共同富裕的基础和关键。中国共产党将团结带领人民，向着实现人的全面发展、全体人民共同富裕继续迈进。以经济建设为中心，聚精会神搞建设，一心一意谋发展，是当前中国社会不同利益主体共同的利益基础，也是解决各种利益矛盾、缩小贫富差距的基本途径。要坚持基本经济制度，立足社会主义初级阶段，坚持"两个毫不动摇"，坚持公有制为主体、多种所有制经济共同发展，提高发展的平衡性、协调性、包容性，加快完善社会主义市场经济体制，增强区域发展的平衡性，强化行业发展的协调性，支持中小企业发展。巩固拓展脱贫攻坚成果，加强农村基础设施和公共服务体系建设，改善农村人居环境，全面推进乡村振兴。允许一部分人先富起来，先富带后富、帮后富，鼓励勤劳创新致富，重点鼓励辛勤劳动、合法经营、敢于创业的致富带头人。坚持在发展中保障和改善民生，为人民提高受教育程度、增强发展能力创造更加普惠公平的条件，畅通向上流动通道，促进进城务工人员稳定就业和城市融入，给更多人创造致富机会，形成人人参与的发展环境。

（三）推进收入分配改革

中国式现代化是全体人民共同富裕的现代化，而谈及共同富裕，一个"共"字道尽了收入分配制度的核心与精髓，它绝不是简单的平均主义，更不是按照全体人口规模的绝对平均分配。作为促进共同富裕的基础性制度，完善分配制度成为促进共同富裕的必然手段。20世纪90年代初，邓小平曾指出："十二亿人口怎样实现富裕，富裕起来以后财富怎样分配，这都是大问题。题目已经出来了，解决这个问题比解决发展起来的问题还困难。分配的问题大得很。"②因此，实现全体人民共同富裕，关键在一手抓发展，做大"蛋糕"，打牢共同富裕的基础条件；一手抓分配，分好"蛋糕"，把稳共同富裕的正确

① 《中国共产党第十九届中央委员会第五次全体会议文件汇编》，人民出版社2020年版，第26页。
② 《邓小平年谱（1975—1997）》（下），中央文献出版社2004年版，第1364页。

方向。习近平总书记指出，"坚持多劳多得，鼓励勤劳致富，完善促进机会公平、维护社会公平正义的制度机制，让每个人都获得发展自我和奉献社会的机会，共同享有人生出彩的机会，共同享有梦想成真的机会"①。要走共同富裕之路，必须健全体现效率、促进公平的收入分配制度，逐步消除影响共同富裕目标实现的各类障碍，通过深化改革收入分配制度，让每个人都有平等的机会参与竞争，都能够通过发挥个人最大潜能去创造财富，使每个人都能以有尊严的方式获得美好生活的物质基础。

扎实推进共同富裕，完善分配制度被置于优先地位。党的二十大报告不仅进一步强调"共同富裕是中国特色社会主义的本质要求……我们坚持把实现人民对美好生活的向往作为现代化建设的出发点和落脚点，着力维护和促进社会公平正义，着力促进全体人民共同富裕，坚决防止两极分化"②，同时还系统地提出了一系列扎实推进共同富裕的具体方略，如构建三次分配协调配套的制度体系、促进机会公平、增加低收入者收入、调节过高收入、规范收入分配秩序、规范财富积累机制等。③其中，强调促进机会公平，加快形成"中间大、两头小"的橄榄形分配结构，"鼓励勤劳致富""扩大中等收入群体比重，增加低收入群体收入"等依旧适用于未来完善收入分配制度的有关要求。在新征程上，要充分发挥社会主义市场经济的综合优势，发挥市场在资源配置中的决定性作用，通过有效市场不断提高全要素生产率，促进高质量发展；把解决好分配提到更加突出位置，正确处理效率和公平的关系，构建初次分配、再分配、三次分配协调配套的基础性制度安排，加大税收、社保、转移支付等调节力度并提高精准性，通过有为政府的合理引导，形成人人共享的收入财富分配格局和优质均衡的社会保障体系；加强对高收入的规范和

① 《实现中华民族伟大复兴的中国梦》，《人民日报》2019年7月26日，第6版。

② 习近平：《高举中国特色社会主义伟大旗帜 为全面建设社会主义现代化国家而团结奋斗——在中国共产党第二十次全国代表大会上的报告》，人民出版社2022年版，第22页。

③ 习近平：《高举中国特色社会主义伟大旗帜 为全面建设社会主义现代化国家而团结奋斗——在中国共产党第二十次全国代表大会上的报告》，人民出版社2022年版，第47页。

调节，合理调节过高收入，鼓励高收入人群和企业更多回报社会；把保障和改善民生建立在经济发展和财力可持续的基础之上，不断完善养老和医疗保障体系、兜底救助体系、住房供应和保障体系，重点加强基础性、普惠性、兜底性民生保障建设，加大普惠性人力资本投入，促进基本公共服务均等化。

（四）促进人的全面发展

习近平总书记强调，共同富裕是全体人民共同富裕，是人民群众物质生活和精神生活都富裕。[①]可见，共同富裕作为一个复合命题与总体概念，必须把握全体人民、物质生活共同富裕、精神生活共同富裕三方面的内容，即共同富裕是"全面的富裕"，既包括物质上的富裕，也包括精神上的富裕；不只是生活的富裕富足，也包括精神的自信自强，还包括环境的宜居宜业，社会的和谐和睦，公共服务的普及普惠。在扎实推动共同富裕过程中，如果只重视物质富裕而忽视精神富足，就很可能导致物质文明建设不能按照正确的方向前行。精神富足是包含了正确的世界观、人生观和价值观的，它不但是每个人奋发有为的精神指引，同时也能够为社会主义现代化强国建设提供价值引导力、文化凝聚力、精神推动力。到21世纪中叶，当富强民主文明和谐美丽的社会主义现代化强国建成之时，全体人民共同富裕将基本实现，中国人民精神生活共同富裕也将基本实现。

精神富足在很大程度上影响物质富裕的进程和方向，是走向共同富裕的应有之义。当前，我们正在向第二个百年奋斗目标迈进，促进人民精神生活共同富裕是以习近平同志为核心的党中央在把握发展阶段新变化、适应我国社会主要矛盾的变化、更好满足人民日益增长的美好生活需要基础上提出的新命题、新概念。新征程上，"人民生活更加美好，人的全面发展、全体人民共同富裕取得更为明显的实质性进展"[②]是"共富社会"的目标指向和迫切追

[①]　习近平：《扎实推动共同富裕》，《求是》2021年第20期。

[②]　习近平：《高举中国特色社会主义伟大旗帜 为全面建设社会主义现代化国家而团结奋斗——在中国共产党第二十次全国代表大会上的报告》，人民出版社2022年版，第24页。

求，必须把促进全体人民共同富裕作为为人民谋幸福的着力点，从传统文脉中汲取发展智慧，从革命文化中汲取奋进力量，强化社会主义核心价值观引领，加强爱国主义、集体主义、社会主义教育，发展公共文化事业，不断满足人民群众多样化、多层次、多方面的精神文化需求；要坚持以提高人的综合素质为基础，通过教育与生产劳动结合，提升人的科学文化素质、丰富人的精神世界、培养人的高尚道德情操，激发人民群众持续创造优秀的精神产品；大力提倡幸福生活都是奋斗出来的拼搏精神，鼓励勤劳创新致富，把个人的理想追求同民族复兴、国家昌盛、人民幸福充分融合，形成昂扬向上的精神追求的自觉性和持久性，把对幸福生活的向往化作前进发展的动力，力争到 2035 年，将我国打造为世界最大的社会主义"共富社会"，从根本上改变世界的经济格局、发展格局，促进全球包容性发展，彰显出中国实现全体人民共同富裕的世界意义①。

---

① 胡鞍钢、周绍杰：《2035中国：迈向共同富裕》，《北京工业大学学报》（社会科学版）2022年第1期。

第七章

富民厚生、义利兼顾的经济伦理与
物质文明和精神文明相协调

中国式现代化，不是物欲膨胀而精神萎靡、金钱至上而道德失落的现代化，而是人的生物生命、社会生命和精神生命相互协调，人的能力、素质以及道德品质健康发展的现代化。习近平总书记深刻指出："我们不断厚植现代化的物质基础，不断夯实人民幸福生活的物质条件，同时大力发展社会主义先进文化，加强理想信念教育，传承中华文明，促进物的全面丰富和人的全面发展。"[①]作为中华优秀传统文化的重要元素，"富民厚生、义利兼顾"既是我国现代化经济体系建设的价值取向，又是安邦定国的民生基石，为推进中国式现代化、建设中华民族现代文明带来深刻的价值启示、深厚的精神滋养和主动的精神力量。将物质文明和精神文明相协调的现代化明确为中国式现代化重要特征之一，充分体现了中国共产党领导的社会主义现代化是以人民为中心的，追求的是人的全面发展和社会全面进步，揭示了中国式现代化的中国特色和本质要求，彰显了只有协调推进物质文明建设和精神文明建设，才能为实现中国式现代化和实现中华民族伟大复兴，创造坚实雄厚的物质力量和精神力量。

一、以富民厚生为导向实现全体人民的福祉和经济发展

实现社会的安定与繁荣，以及推动物质生产的持续发展，都是政治伦理目标的延伸与实践。其中，国民经济的发展不仅是地区或国家全面发展的核心驱动力，更是其首要任务。追溯至我国古代，农业在社会经济结构中扮演着至关重要的角色，它不仅是国家经济稳定的支柱，还为国家财政提供了坚实的支撑。我国古代的先贤们围绕农业经济的繁荣和物质生产的提升，进行了深入的探讨和辩论，孕育出一系列富国思想和富民思想，对民众福祉的深切关怀与对道义原则的坚定追求。尤其是源于对农业重要性深刻认识的"富民厚生"这一思想，主张通过技术革新与生产效率的提升，来增强粮食生产，

---

① 习近平:《高举中国特色社会主义伟大旗帜 为全面建设社会主义现代化国家而团结奋斗——在中国共产党第二十次全国代表大会上的报告》，人民出版社2022年版，第23页。

从而确保人民的基本生活需求得到满足，这对我国古代经济发展模式产生了深远的影响，为后世的经济发展提供了宝贵的启示与借鉴。

（一）民富是国富的前提

我国古人非常看重"富民"在治国理政中的作用，多数思想家都提倡"养民之欲"，并根据富民思想制定当时的经济政策。在先秦时期，关于应先富民还是先富国的议题还未形成一致观点。以商鞅、韩非为代表的法家学派强调国家财富的积累，反对过度富民。商鞅在《商君书·说民》中认为，民众富裕后可能变得放纵，不再专心于农耕与战斗，导致国君的赏赐失去效用。因此，他主张"治国之举，贵令贫者富，富者贫。""国不蓄力，家不积粟。国不蓄力，下用也；家不积粟，上藏也。"即应当通过政策调控，使贫富差距保持在一个合适的范围内。韩非在《韩非子·外储说右下》中则更加直接地批判儒家轻徭薄赋的理念，他坚信重税是强化国家实力的关键，提出"欲利而身，先利而君；欲富而家，先富而国"的观点。然而，历史的进程不仅充分证明了民众福祉的提升对于国家繁荣的重要性，更揭示了这两者之间的紧密联系和相互依赖。文景之治、贞观之治、开元盛世、康乾盛世等历史时期之所以备受后人赞誉，正是因为这些时期在民众的生活质量上取得了实质性的提升与保障，无论是衣食住行的基本条件，还是教育等更高层次的需求，都得到了有效的满足和改善，保证了民富与国富的和谐共生。因而，相对于法家只考虑统治阶级甚至君主一人的利益，儒家则主张以富民为先、藏富于民，坚决反对聚敛财富、与民争利的行为。有学者曾以《论语·子罕》记载的"子罕言利"为依据，推断孔子否定一切利益，但实际上，古代汉语中的"利"字有多重含义，如利益、好处、利润等，孔子所言之"利"，更多是指个人的私利，而非人民追求物质财富本身。《论语·里仁》曾明确指出："富与贵，是人之所欲也，不以其道得之，不处也；贫与贱，是人之所恶也，不以其道得之，不去也。"也就是说，富贵为一般人所喜好，贫贱为一般人所厌恶，这就认可了获取合理之利的正当性，表明孔子并不认为富裕是坏事，只是更加强调在追求物质财富的过程中应该遵循道义和正义的原则，即《论语·学而》里记载的"贫而乐，富而好礼"，要求人们无论贫富都要遵从礼义道德，要通过正当的途径获利致富，不能违背社会伦理和道德规范。此外，孔子还提出了一系列惠民、利民、富民的主张，如"贫而无怨难""小人穷斯滥矣"等。他建议统治者减轻赋税，避免对老百姓横征暴敛，而是应"因民之所利而利之"，通过制定正确的政策来激发劳动人民的积极性，这就叫"惠而不费"。此外，孔子还在《论语·泰伯》中以"邦有道，贫且贱焉，耻也；邦无道，富且贵焉，耻也"为口号，鼓励人们发展生产、积累财富，这同后来孟子所说的"富贵不能淫，贫贱不能移，威武不能屈"是同一个道理。具体来说，在国家安定团结、政治清明的时代，也正是应当有所作为的时候，如果还是碌碌无为、贫穷落魄，就应当引以为耻，深刻反思自己的行为和态度。反之，在天下大乱、民不聊生的时代，一个人还享有荣华富贵，也会为人所不齿，这正是社会正义的体现。因此，无论富贵还是贫贱，都应当以道为标准，不能肆意妄为。这段话可与孔子在《论语·述而》中的另一段话相印证："富而可求也，虽执鞭之士，吾亦为之。如不可求，从吾所好。"正是立足这样的认识，《论语》标举了"义然后取"的原则。可见，在孔子那里，只要是不违背道德而理当得到的利益，完全可以心安理得地取得。

孔子的弟子有若进一步深化了孔子的富民思想。《论语·颜渊》中记载，鲁哀公向有若询问："年成歉收，国库空虚，该如何应对？"有若回应道："何不减税呢？"哀公疑虑："即使减至二成，我仍觉得不足，再减又能如何？"有若坚定地说："如果百姓富裕，君主怎会不富裕？若百姓贫穷，君主又怎能独富？"这是先秦儒家对于富民与富国孰先孰后问题的深入探讨。有若的回答清晰而明确：没有民众的富裕作为基础，国家的富强便无从谈起。孟子的治国方案亦以富民为核心，他坚信王道政治的核心在于满足民众在衣、食、住、行、教育等多方面的基本需求和生活质量。孟子强调普通民众获取正当物质利益的合理性，他在《梁惠王上》篇中描绘了一幅生动的景象："五亩之宅，树之以桑，五十者可以衣帛矣！鸡豚狗彘之畜，无失其时，七十者可以食肉矣！百亩之田，勿夺其时，八口之家可以无饥矣！谨庠序之教，申之以孝悌之义，颁白者，不负戴于道路矣！老者衣帛食肉，黎民不饥不寒，然而不王者，未之有也。"在动荡的时代背景下，孟子始终坚守王道的追求，提出仁政的主张与具体举措，其经济的出发点在于优先保障普通民众的物质利益。孟子明确将"养生丧死无憾"视为实践王道的起点。在保障民众物质利益的基础上，辅以教化，王道即可推行于天下。荀子对于富国富民的理念更为重视，他提出"以政裕民""利足以生民"等观点，并将"富民"视为王道政治的重要标准。在《富国》篇中，荀子认为只要遵循儒家的原则行事，就会使"财货浑浑如泉源"，而当财富源源不断，百姓自然就"爱其上，人归之如流水，亲之欢如父母，为之出死断亡而愉者。"除了最具代表性的儒家，其他学派亦对富民思想有丰富的论述。例如管子在《治国》篇云："凡治国之道，必先富民；民富则易治也，民贫则难治也。"墨子在《兼爱》篇记载"兴天下之利，除天下之害"。《潜夫论·务本》云："夫为国者以富民为本，以正学为基。"《史记·循吏列传》记有："使食禄者不得与下民争利，受大者不得取小"，这些观点均体现了对富民思想的重视，强调国家与官吏不应与民争利，而应致力于提升民众的生活水平。应该指出，孔门师徒首先提出并加以阐述的关于民富与君富不是对立的，而是统一的观点，不仅为后世正确解决这一问题提供了坚实的理论基础，而且实际上成为历代政治家和治国理政的指导原则，确保了国家繁荣与民众福祉的和谐共存。

　　如果说"富民"思想更侧重于财富的积累和增长，那么与其紧密关联的"厚生"，则更强调对民众生活品质和幸福感的关注和追求。"厚生"一词的起源比"富民"更早，可追溯至我国现存最古老的文献集《尚书》。《尚书》作为儒家经典之一，被誉为政书的鼻祖，其中的《大禹谟》篇强调了善政所包含的"六府三事"。六府指的是与人民物质生活紧密相关的"金、木、水、火、土、谷"，而三事则是指"正德、利用、厚生"。在《尚书·大禹谟》中，提出了"德惟善政，政在养民"的主张，并明确指出了"正德、利用、厚生"这三大要素。《尚书·正义》进一步解释说："厚生谓薄征徭，轻赋税，不夺农时，令民生计温厚，衣食丰足，故所以养民也。"这充分说明了善政的标准是以民众福祉为依归，不断提高民众的生活品质。在唐代初年，著名经学家孔颖达为《尚书》作注疏时，特别指出："厚生，意味着减轻徭役、降低赋税、不耽误农时，使民众的生活更加宽裕，衣食丰足。"《尚书》中的"六府"与"三事"合称为"九功"，其中六府与正德、利用两大要素，最终都归结和指向"厚生"这一核心目标。这一理念展现了深厚的富民养民情怀，是善政的标志和目的所在，同时也是善治的具体体现。在古代，富民厚生被学者和政治家们视为评价国家发展成功与否的重要标准，并构成了古代政治合法性的核心基础。

（二）民富是社会稳定的基石

在儒家思想中，富民被视为"政之急"，被视为治国平天下的必要条件，因为百姓只有在满足基本生活需求后，才能有更多的精力和资源去发展教育、参与政治生活，社会不稳定因素也才会相应减少。孔子在回答子贡如何为政治国的问题时，明确提出了"足食、足兵、民信之"三大原则。其中，"足食"被置于首位，足见孔子对于民富的重视。他深知，只有当百姓的温饱问题得到解决，国家才能安定，军队才能强大，民众才会对政府产生信任。另据《论语·先进》记载，作为鲁国卿大夫的季氏，比周天子王室的那些公卿都富有，但孔子的弟子冉求还在帮着他聚敛财富，使其钱财越来越多。孔子认为季氏的财富来源于不正当的聚敛，这种行为不仅有悖于社会公平正义，而且加剧了社会矛盾，可能引发社会动，因此宣布冉求"非吾徒也"，并号召其他学生"鸣鼓而攻之"。儒家经典《大学》也强调了富民的重要性："百乘之家，不畜聚敛之臣。与其有聚敛之臣，宁有盗臣。"也就是说，一个富裕的家庭或国家，不应该有贪婪聚敛的臣子，因为其不仅会破坏社会的公平正义、加剧社会矛盾，还可能引发社会动荡，因此聚敛之臣的危害远远大于盗臣。孟子则通过"恒产"与"恒心"的辩证关系，在《齐桓晋文之事》中进一步阐述了民富对于社会稳定的意义。他认为"若民，则无恒产，因无恒心。苟无恒心，放辟邪侈，无不为已"。如果百姓没有稳定的产业和财产，他们就会失去生活的保障和安全感，进而产生不安定的心态和行为，从而成为社会混乱的根源。因此，孟子在《告子下》中呼吁统治者要节制自己的欲望，合理征收赋税，并适当分散社会财富，提升百姓的生活水平，从而保持社会秩序的稳定。如果本末倒置、与民争利，则会导致孟子所说的"富桀""君不乡道，不志于仁，而求富之，是富桀也"，反成招祸之源。荀子也对财富分配与国家兴亡之间的关系进行了深入的分析，指出如果统治者过度敛财、加重赋税、设置苛刻的关卡和市场征收，则会严重剥夺百姓的财产和生活资源，最终"百姓晓然皆知其污漫暴乱，而将大危亡也"。荀子在《王制》篇中还对聚敛财富提出严厉的批评和警告："聚敛者亡。""聚敛者，召寇、肥敌、亡国、危身之道也。"明确认定聚敛财富的行为是亡国之根。

为了维护国家的长治久安和社会的安定祥和，中国古代的政治治理还特别注重对社会特殊群体基本生活的重视和保障。在《尚书》的《泰誓篇》中可以看到"惠康小民"的要求，强调对普通民众的关爱与保护。而《无逸篇》更进一步指出"徽柔懿恭，怀保小民，惠鲜鳏寡"，"知小人之依，能保惠于庶民，不敢侮鳏寡"，表明统治者应心怀慈悲，关照那些无依无靠的鳏寡老人。这种思想在儒家学派中得到进一步的继承和发展，《礼记·王制》明确提出"以保息六养万民"的理念，具体包括慈幼、养老、振穷、恤贫、宽疾、安富六个方面，全方位地关照了社会各个阶层和特殊群体的生活需求。该篇目还关注到了那些在生活中处于弱势地位的群体，有言"少而无父者谓之孤，老而无子者谓之独，老而无妻者谓之矜，老而无夫者谓之寡"，即认为这四者是"天民之穷而无告者也"，即命运多舛、生活无助的人，最需要得到社会的帮助。尤其是人们熟知的"使老有所终，壮有所用，幼有所长，矜寡孤独废疾者皆有所养"（《礼记·王制》），成为历代仁人志士追求的梦想，并成为统治者实施救济政策的思想基础。荀子进一步提出："五疾，上收而养之，材而事之，官施而衣食之，兼覆无遗。"即对于五种残障人士，国家应该收容并供养他们，发掘他们的才能并让他们参与社会事务，同时提供官职和衣食等保障，确保他们的生活无忧。北宋大儒张载在《西铭》中提出著名的"民胞物与"的倡言，强调整个社会应该像对待自己的同胞一样尊重年长者、慈爱孤儿和弱者。他指出："凡天下疲癃、残疾、惸独、鳏寡，皆吾兄弟之颠连而无告者也。"这种思想不仅关注到了社会特殊群体的生活需求，还从关爱孤寡残病等弱势群体延伸到万民，又从万民延伸到万物，展现了古人社会治理的宽广视野和人文关怀。

（三）发展生产和减轻赋税是富民的主要途径

先秦儒家学派不仅提出富民的思想主张，还深入探讨了实施这一思想的切实途径。古代的赋税政策常常成为百姓的负担，官员滥用职权、敲诈勒索的现象屡见不鲜，使得大量财富和劳动力被剥夺。孟子在《滕文公上》篇中记载民众"终岁勤动"，却"不得以养其父母，又称贷而益之。使老稚转乎沟壑"。对此，儒家学者坚信，唯有"薄其税敛"，民众才能真正实现富裕。孔子在他的教导中多次提及赋税与民众福祉的关系，他在《雍也》篇中主张"博施于民而能济众"，强调政府应慷慨施惠于民，以帮助民众渡过难关。同时，他也提倡"施取其厚，事举其中，敛从其薄"，"薄赋敛则民富"，即在施政时应注重宽厚，税收则应从轻，以保证民众的生活不受过度压迫。孟子同样关注赋税问题，他在《公孙丑上》篇中提出"耕者助而不税"，主张对耕作者实行助耕而非直接征税，以此减轻他们的经济负担。《荀子·富国》则号召"轻田野之税……罕兴力役，勿夺农时"，强调要减轻农业税收，减少徭役，这样才能让人民有时间和精力投入生产劳动中，从而创造更多的社会物质财富。

那么，制定什么样的税收政策才是轻重适度的呢？在我国夏商、西周时期，"土贡"和"什一税"是社会税制的雏形。所谓"什一税"，即农民向官府缴纳的土地税，约为亩产量的十分之一。《公羊传·宣公十五年》云："什一者。天下之中正也。"《礼记·燕义》曰："取其什一，故上用足而民不匮也。"可见什一税既能避免人民因过高的税收而破产流亡，又能保证国家机器的正常有效运行，对于经济发展和社会稳定都产生了积极的作用。到了春秋时期，鲁国为了增加财政收入，将田赋制度改为了"什二而税"。尽管如此，当鲁国遭遇灾荒年份，财政收入仍然捉襟见肘，鲁哀公因此向有若寻求解决方案。《论语》中记载，哀公问于有若曰："年饥，用不足，如之何？"有若对曰："盍彻乎？"出乎哀公的意料，有若并未建议进一步提高税收，反而主张回归"什一而税"的"彻"法。对此，鲁哀公感到困惑不解，质疑减税如何能填补财政缺口。面对鲁哀公的疑惑，《论语·颜渊》篇阐述了儒家一贯的观点："百姓足，君孰与不足？百姓不足，君孰与足？"也就是说，统治者必须懂得藏富于民，有了民富的基础，就会强兵；有了强兵，就会强国。民富，兵强，国强，就会立于不败之地。

（四）物质文明建设新篇章

正是由于古代学者对富民厚生思想的大力阐发和倡导，当近代中国人民接触到马克思主义提出的"经济基础决定上层建筑"理论时，他们能够迅速理解并接受这一观念。这种思想上的准备和铺垫，使得中国人民在追求国家富强、发展物质文明的道路上，能够明确方向，坚定信念。在马克思主义经典作家的著作中，"文明"是人民群众物质生产实践活动的成果，是劳动人民智慧的结晶，是人类社会发展进步的标志。马克思说，"物质生活的生产方式制约着整个社会生活、政治生活和精神生活的过程"[1]，这是对物质文明的基础性作用的最好概括，指明了物质文明对精神文明起到基础性作用，为精神文明提供必要的物质前提和条件。回顾我们党的百年奋斗历程，新中国成立之初，我们确立了"公私兼顾、劳资两利、城乡互助、内外交流"[2]的经济方针，

---

[1]　《马克思恩格斯文集》第2卷，人民出版社2009年版，第591页。

[2]　中共中央文献研究室编：《毛泽东年谱》（下卷），中央文献出版社2013年版，第495页。

并在工业发展上明确了"应以有计划有步骤地恢复和发展重工业为重点,例如矿业、钢铁业、动力工业、机器制造业、电器工业和主要化学工业等,以创立国家工业化的基础"①的战略方向。这些方针和战略不仅助力了国民经济的快速恢复,也为后续的发展奠定了坚实的基础。1954年,第一届全国人大一次会议提出了"建设起强大的现代化的工业、现代化的农业、现代化的交通运输业和现代化的国防"的目标。到1964年,第三届全国人大一次会议进一步提出,要在不太长的历史时期内,将我国建设成为一个具有现代农业、现代工业、现代国防和现代科学技术的社会主义强国。在这一时期,我国社会主义革命和建设取得了显著成就,不仅在矿产开采、钢铁冶炼、机械制造、纺织服装等工业领域创造了众多破纪录的辉煌业绩,而且逐步建立了独立的、比较完整的工业体系和国民经济体系,为开创中国特色社会主义提供了宝贵经验、理论准备和物质基础。改革开放和社会主义现代化建设时期,现代化建设始终作为"三步走"战略的核心环节,凝聚了全党全国各族人民的奋斗力量,推动了改革开放的深入发展。

党的十八大以来,以习近平同志为核心的党中央准确把握国内外发展大势,统筹中华民族伟大复兴战略全局和世界百年未有之大变局,适应、把握、引领经济发展新常态,提出创新、协调、绿色、开放、共享的新发展理念,深入推进供给侧结构性改革,推动经济发展质量变革、效率变革、动力变革,实现了国内生产总值的大幅增长,经济总量稳居世界第二位,人均国内生产总值也大幅增加。党的二十大报告指出:"没有坚实的物质技术基础,就不可能全面建成社会主义现代化强国。"②经济发展的质量和效益,不仅是衡量经济现代化的重要标志,也是影响中国式现代化整体进程的关键要素,在统筹推进中国式现代化的全局中起着基础性、带动性作用。以经济建设为中心是兴

---

① 《建党以来重要文献选编(1921—1949)》(第二十六册),中央文献出版社2011年版,第765页。

② 习近平:《高举中国特色社会主义伟大旗帜 为全面建设社会主义现代化国家而团结奋斗——在中国共产党第二十次全国代表大会上的报告》,人民出版社2022年版,第28页。

国之要，发展仍是解决我国所有问题的关键。推进中国式现代化，必须坚持以经济建设为中心，推动物质文明的高度发展，为全面建成社会主义现代化强国打牢物质根基、提供支撑保障。

二、以义利兼顾为基础追求物质基础上的精神升华

中国式现代化要求的物质富足、精神富有同西方现代化有着本质区别。以现代资本主义为制度基础的西方式现代化开启了工业革命的大门，推动了科学技术的发展，在短短两三百年间就创造了远超此前数千年的物质文明成果，但其在一开始就存在自身难以克服的矛盾，资本主义经济繁荣的背后往往是工人阶级和其他劳动阶级贫困的积累，使人类社会深陷人与自然、人与社会、人与自身关系的总体性困境与危机中，导致物质进步与道德文明进步之间的矛盾和冲突。与之形成鲜明对比的是，以义利兼顾为主要内容的中国传统经济伦理对丰富人民精神世界、凝聚社会共同力量、维护社会伦理秩序等，起到了非常重要的规范与导向作用，使我国构建出一条不同于西方现代化的全新发展道路，不仅高度重视物质文明的发展，而且还强调将物质文明同政治文明、精神文明、社会文明和生态文明等量齐观、全面协调。习近平总书记强调，"中国式现代化是物质文明和精神文明相协调的现代化。物质富足、精神富有是社会主义现代化的根本要求"[1]。物质贫困不是社会主义，精神贫乏也不是社会主义，物质富足、精神富有才是科学把握社会主义现代化本质要求的两个重要维度。

义与利是中国古代经济伦理关注的一个重要关系，即仁义道德与物质利益的关系问题。如前文所述，我国先秦思想家普遍认同人们对财富和幸福的追求是天性的体现，不论是《论语·里仁》里记载的"富与贵，是人之所欲也"，还是《孟子·告子上》记载的"欲贵者，人之同心也"，抑或是《荀

---

[1] 习近平：《高举中国特色社会主义伟大旗帜 为全面建设社会主义现代化国家而团结奋斗——在中国共产党第二十次全国代表大会上的报告》，人民出版社2022年版，第22页。

子·荣辱》记载的"夫贵为天子，富有天下，是人情之所同欲也"，都表达了"追求富贵乃人之常情"的意涵。然而，在强调求富合理性的同时，思想家们也辩证地指出，社会物质生产的高度发达必须同人们精神层次的提高相协调，实现义与利的兼顾。所谓"义"，其古字形描绘的是带装饰的锯齿状长柄兵器，曾是仪典上的礼器，后逐渐引申为礼仪、威仪的象征，进一步引申为品德的根本和伦理的原则。它所蕴含的是合适、合宜的意义，亦代表着合理的思想主张和应遵循的原则与规范，正所谓《韩愈·原道》中所言的"行而宜之谓之义"。而"利"的古字形则象征用刀割禾，凸显刀的锋利，原指刀、剑的锐利，后引申为利益、好处等意义。

（一）主张重义轻利

在中国传统伦理思想中，虽然也有重义轻利、义利并重、纵欲主义等不同流派，但占据主导地位的始终是以儒家为代表的重义轻利派，对后世的价值取向和行为选择起着至关重要的导向作用。在孔子那里，义是与仁、道紧密联系而与"利"相对立的一个范畴，是指处理人与人、人与社会关系的道德原则，治国做人的正确行为。仁是内在的心理，义是外在的行为，通过"行义以达其道"，即到达"人道"（符合做人的准则、处理人事的规律）这一最高境界。故而孔子在《论语·宪问》中提出，一个有道德的君子，必然知晓仁义，胸怀大局，按道义的要求去行动，只有那些目光短浅的小人才只关心自己鼻子尖下的一点个人私利。因此，一个人在处理道义原则与个人利益的关系时，必须"见得思义""见利思义""义而后取"。应当说，孔子这一重义轻利的思想是正确的，也是很高尚的。那么，要想实现"义"的价值，靠什么呢？这就需要借助"礼乐文明"这一文化载体。中国文明的底层结构，便是三千年前集夏商周三代礼乐文明之大成的西周礼乐文明。周公制礼作乐，实际上就是在构建精神文明。孔子《论语·八佾》中曾赞叹道："周监于二代，郁郁乎文哉！吾从周。"他希望通过周代的礼乐制度对百姓进行教化，实现以道义引导利益、制约利益、获取利益的社会状态，从而让百姓过上安定、富足、文明的生活，这种理念体现了儒家对和谐社会的追求和对人类文明的深刻洞察。《论语·子路》中记载了这样一则故事：当孔子到卫国时，冉求为他驾车。孔子看到卫国人口众多，便说："庶矣哉！"冉求问："既然人口已经这么多了，那还应该做些什么呢？"孔子回答："富之。"冉有继续问："如果已经富裕了，那又该如何？"孔子说："教之。"这则故事清晰地展现了孔子的观点：只有当人民通过劳动富裕起来，国家的发展才有坚实的基础和生机。但追求富贵并不是最终的目的，积累了一定的财富后，还需将这些财富转化为国家治理和教化的基础，确保物质文明与精神文明同步发展，实现真正的义利统一。

孟子继承并发扬了孔子的重义轻利思想，他强调"义"与"仁""道""理"并驾齐驱，共同构成人的精神追求。孟子认同物质追求是人的天性，但理义的重要性远远超越美食的物质享受，因为前者更能彰显人的价值，正如孟子在《滕文公上》篇所谓的"饱食暖衣，逸居而无教，则近于禽兽"。对于名利地位，孟子在《告子上》篇中认为虽然这些是人生所需，但与仁义忠信相比，后者更为根本和重要。他进一步阐述："有天爵者，有人爵者。仁义忠信，乐善不倦，此天爵也；公卿大夫，此人爵也。古之人修其天爵，而人爵从之。今之人修其天爵，以要人爵；既得人爵，而弃其天爵，则惑之甚者也。终亦必亡而已矣。"这里，孟子将仁义忠信比作"天爵"，而公卿大夫等职位则是"人爵"。他在《尽心上》篇中主张，古代的人先修养自己的天爵，然后人爵随之而来。所以，孟子主张无论处于何种地位，都要把道德修养放在首位，坚持"寡欲"以"养心"，做到"穷不失义，达不离道"，"穷则独善其身，达则兼善天下"。

（二）提倡见利思义

儒家学说关注的核心在于如何塑造人之为人的理想人格，强调通过自我克制和身心修炼来成就道德品性，这成为其持续的精神追求。孔子摒弃了以社会地位区分君子与小人的传统观念，转而以道德品性作为区分两者的根本标准，提出"君子喻于义，小人喻于利"的论断。儒家认为，追求成为有道德的君子，而非仅追求私利的小人，应成为每个人的生活目标。因此，在利益面前，儒家明确主张要进行审慎的道德判断，即"见得思义""见利思义"，以确保自我人格的纯粹与独立。同时，儒家坚决反对为了利益而牺牲道义的行为，即"放于利而行"，强调道德品性是评价一个人价值的根本标准，如果一个人为了短暂的私利而背信弃义，那么他的行为将失去价值，甚至可能破坏社会的和谐与稳定。孟子继承和发展了孔子的义利思想，对待不义之利持完全否定态度，孟子周游列国，在离开齐国时齐王欲赠上等黄金一百镒，被孟子拒绝了，但在宋、薛两国，孟子却分别接受了两国君主所馈赠的七十和五十镒黄金。后来，孟子的弟子陈臻对此提出疑问，孟子则认为自己并不是没有缘由地拒绝或接受，而是经过了"是否合义"的深思熟虑：在宋国时，国君是以盘缠的名义馈赠黄金，而薛地的君主以防身需要和购置武器的理由给予费用，他们的赠送都事出有因；齐君毫无理由地送钱于我，这形同收买，"焉有君子而可以货取乎？"君子哪能被金钱所收买呢？朱熹对孟子的上述观点深表赞赏，认为君子一旦掌握"义"之德至于精熟的境地，即可如孟子一般于是非善恶的义理判分驾轻就熟，无论遇到多么复杂多变的事情都能迎刃而解，毫无错失。《孟子·梁惠王上》所述，当梁惠王向孟子询问如何"利吾国"时，孟子给出了深刻的回应："王何必曰利！亦有仁义而已矣。"从表面上看，孟子似乎完全否定了利益的重要性，但实际上，孟子深知民众的物质生活至关重要，曾提出"制民之产"的理念，"使仰足以事父母，俯足以畜妻子，乐岁终身饱，凶年免于死亡"，他的仁政学说包括"尊贤使物"、减轻商人负担，"排者助而不税"等许多促进生产发展、商品流通的内容。而在这则故事中，孟子是为了强调反对将利益置于仁义之上，反对违背仁义的自私行为，告诫人们要在追求利益的过程中时刻想起和实践仁义的原则，做到先义后利、以义制利、见利思义。

（三）允许因义得利

儒家认为，利益不能是主观上假借仁义之名而刻意追求的结果，而应该是在坚守道义、践行仁义的过程中自然获得的。这种对利益的追求并非目的本身，而是作为行义所带来的正当回报。实际上，以义取利是儒家所一直明确反对的行为方式。孟子与荀子均因五霸假借仁义之名行牟利之实而羞于谈及他们，朱熹对此也有明确的论述。当有人质疑"正其义不谋其利，明其道不计其功"的观点时，朱熹明确指出，如果人们仅仅因为这样的观点而追求功利，那将违背儒家所倡导的道德原则。虽然道义得到体现时，功利自然会随之而来，但也存在得到道义而功利并未到来的情况。这时，人们可能会盲目追求功利，"而不顾道义矣"。这一观点精准地指出了问题的核心：若以利益作为遵循道义的前提，最终必然导致人们背离道义，只为利益而行动。作为一种追求德行成长的学问，儒家关注的中心是德行人格的完善。真正的德行应该是高度自主，不为外在利益所左右的。因此，"以义求利"的动机显然与儒家的德行追求相悖。

但是也要看到，儒家虽然反对"以义求利"，但在结果上是接受"因义得利"的，这实际上已经包含了义利统一的向度。我们可以通过宗教文化的视角来进一步理解这一义利观，因为宗教往往反映了一个民族最深层次的文化心理特征。在中国民间社会，以关公为主要形象的财神信仰发展千年之久，其衍生出的文化、艺术、习俗可谓蔚为大观。仔细剖析其内涵会发现：关公之所以被封为财神，不是因为他在赚取利益方面有什么突出表现，而是因为他首先成为一个人格圆满的圣人；百姓拜关公也不只为求财，而是广涉身心健康、家庭和睦、往来平安等各个方面，体现对美好生活的向往；商人供奉关公亦在表达生财有道、诚信经营的理念。因此，关公作为财神和道德典范的形象，实际上是对儒家接受因义得利、义字为先的生动诠释，它提醒我们，真正的财富和成功并非仅仅来自物质利益的追求，而是来自坚守道义、秉持诚信的行为。

（四）勇于舍生取义

尽管儒家所倡导的"重义轻利"并非绝对地将义与利对立起来，但当两者面临尖锐冲突，需要作出非此即彼的选择时，儒家会坚决捍卫道义，不惜牺牲利益。这一立场是儒家与墨家、法家等学派的重要区别之一。孔子在《论语·述而》篇中曾明确指出："不义而富且贵，于我如浮云。"金钱、地位等关系到个人切身利益的东西，是每个人都需要的，但在决定取舍的时候，一定要以"义"为准则。合则取，不合则舍，这才是君子的行为。孔子还继续说："富而可求也，虽执鞭之士，吾亦为之。如不可求，从吾所好。"即当义与利不能共存时，要坚定地选择道义，即使牺牲个人的利益也在所不惜。而在更为严峻和紧迫的情境中，儒家重精神、轻物质的观点就更鲜明了。《论语·颜渊》篇中孔子与子贡的对话便体现了这一点。子贡询问治理国家的要素，孔子回答道："足食，足兵，民信之矣"，也就是粮食充足、军事完备、民众诚信。当子贡进一步追问，在迫不得已的情况下需要舍弃其中之一时，应该选择舍弃什么时，孔子说："可以先放弃军队。"当子贡继续追问，如果还需要舍弃另一个，又该如何选择时，孔子毫不犹豫地回答："可以放弃粮食。自古人都难免一死，人无诚信，当人都不够格。"这段对话鲜明地展现了儒家对于信和义的高度重视，它甚至被置于兵器、粮食甚至是生命之上。孟子进一步通过"鱼与熊掌不可得兼"的比喻，揭示了义与生在特殊情境下的巨大张力。孟子认为，虽然鱼与熊掌在一般情况下可以共存，但当两者不能同时获得时，我们必须"舍生而取义"，其中蕴含的道理有三。首先，正如鱼与熊掌并非在所有情况下都必须做出选择一样，道义与生命也可以和谐共存，并且同样都是我们所珍视的。其次，只有在"二者不可兼得"的特殊情境下，我们才需要做出艰难的选择，即为了维护道义而舍弃生命。最后，之所以我们能够为了道义而坦然面对死亡，是因为在道义与生命发生冲突时，我们对于道义的追求和坚守超越了生命的价值，对于违背道义的厌恶也远远超过了对于死亡的恐惧。可见，儒家主张，当遇到义利尖锐冲突而不可调和的特殊情况时，仁人志士绝不为苟活而做损害仁义的事，而是宁可牺牲生命也要成仁践义。

（五）东西方义利观的不同走向

综上可以看出，儒家对于义利之辨的深入探讨，其核心在于强调"义以为上"，即视德行为人类之所以为人的根本追求。当道义与利益、德行精神与感性欲求发生冲突时，真正的志士仁人会超越对利益的纠结和感性欲求的执着，转而全力投入对道义与德行的追求中，从而获得精神的满足与心灵的自由。古人所倡导的"自天子以至于庶人，壹是皆以修身为本"的价值准则，正是在强调通过修身养性、致良知的过程，来提升个人的精神境界和道德水平。这一过程不仅超越了物欲和私利，更实现了自我精神境界的不断提升和完善。经过历史的洗礼和实践的磨砺，"义利相兼，以义为先"的原则不仅成为历代中国人以德行精神为依归的理想人格追求，还逐渐演变为重要的价值导向和经济伦理，与马克思主义的核心理念高度契合。恩格斯在致康·施米特的信中指出："物质生存方式虽然是始因，但是这并不排斥思想领域也反过来对这些物质生存方式起作用。"[①]这阐明了精神文明对物质文明的反作用，强调了精神文明能够为物质文明建设提供有力且必要的智力支撑，并在很大程度上影响物质文明的发展方向。因此，马克思主义认为物质文明与精神文明紧密相连、互为条件，它们都是人的物质生产实践活动的产物，并统一于人的具体实践活动。社会主义现代化是以马克思主义为根本指导思想的现代化，其最终目标是要努力实现社会全面进步以及人的自由而全面的发展。为了实现这一目标，必须首先不断提升国家经济硬实力，实现物质文明的极大丰富，同时，还要注重积极推动社会主义文化建设，不断提高文化软实力，引领着人们在追求物质利益的同时，坚守道义和正义，实现社会的和谐与繁荣。

与中国相类似，西方社会也曾经历激烈的义利之争。自古希腊哲学家苏

---

① 《马克思恩格斯全集》第37卷，人民出版社1971年版，第431–432页。

格拉底探讨"美德即知识"开始，到亚里士多德提出"幸福是人生的终极目的"，西方对利益与道德的探讨便绵延不绝。中世纪时期，基督教教义强调天堂与世俗的对立，将道德视为通往天堂的必经之路，而利益则被看作通往罪恶的深渊。这种思想导致了一种利他倾向的道义论的盛行，如托马斯·阿奎那认为"爱是最高层次的善"，强调无私的爱才是道德的核心。随着文艺复兴的到来，人文主义思想逐渐兴起，人们开始重新审视个人利益与道德的关系。马基亚维利在《君主论》中主张，为了实现国家的利益，君主可以采取任何手段，即使是背信弃义也在所不惜。这种功利主义的思想逐渐发展，并在18、19世纪的工业革命时期达到顶峰。英国哲学家边沁也提出了"最大多数人的最大幸福"的功利主义原则，认为行为的正确性取决于其产生的总体幸福程度。功利论的一个显著缺陷是，它虽然认识到功利和幸福的统一性，却未能深入探究道德与功利之间的复杂关系，极端的功利论甚至不惜牺牲道德原则来追求个人利益，从而催生了极端利己主义的出现。在资本主义市场中，企业家的目标是追求利润最大化，这在一定程度上推动了经济的快速增长和技术创新。然而，当这种追求变得极端时，企业家可能会采取不道德甚至非法的手段来获取利润，如剥削工人、污染环境、逃税等。这些行为不仅损害了工人的权益和社会的环境质量，也破坏了市场的公平竞争和社会的道德基础。此外，在资本主义社会中，个人的社会地位和成功往往与其财富紧密相连。这种价值观念导致人们过分追求个人利益，忽视了对他人的关爱和社会的责任。在极端情况下，个人可能会为了自身的利益而不顾他人的生死和福祉，甚至牺牲他人的利益来追求自己的成功和幸福。总而言之，西方的义利观将道德与利益两者之间看成了相互排斥的关系，导致其社会在追求现代化过程中出现了道德沦丧、利益至上的倾向，这种倾向表现为对道德价值的忽视，对社会责任的逃避，以及对个人利益的过度追求。它加剧了社会的不公和冲突，削弱了社会的凝聚力和稳定性，从而对西方社会的现代化进程产生了负面影响。与此相反，中国的义利观认识到物质利益与精神道义并非相互排斥，而是可以调和的，强调在追求物质利益的同时，不应忽视精神道义的重要性，人的行为和决策应该受到道德原则的指导，个人利益应该与社会利益相协调。这种义利观提醒我们在追求现代化的过程中，应时刻寻求道德与利益之间的平衡，实现社会的全面进步和持久发展。

（六）"两个文明"相协调的中国实践

坚持物质文明和精神文明相协调内在于中国式现代化的实践，并且贯穿中国式现代化道路的探索进程。在新民主主义革命时期，毛泽东指出了物质因素和精神因素协调发展对于军队建设的重要意义："军队的基础在士兵，没有进步的政治精神贯注于军队之中，没有进步的政治工作去执行这种贯注，就不能达到真正的官长和士兵的一致，就不能激发官兵最大限度的抗战热忱，一切技术和战术就不能得着最好的基础去发挥它们应有的效力。"[1]在社会主义革命和建设时期，党组织了大规模的经济建设和文化建设运动，在全社会、各领域、多维度推动物质文明和精神文明的协调发展。毛泽东指出，要"扫除旧中国所留下来的贫困和愚昧，逐步地改善人民的物质生活和提高人民的文化生活"[2]。在物质生产上，主张通过"建立一个独立的比较完整的工业体系和国民经济体系"，"全面实现农业、工业、国防和科学技术的现代化，使我国经济走在世界的前列"[3]。在精神层面上，一方面，通过在全社会开展马克思列宁主义、毛泽东思想教育，保证现代化建设的社会主义方向；另一方面，通过贯彻"双百"方针，促进民族的、科学的、大众的社会主义文化发展，为社会主义建设奠定坚实的思想和理论基础。进入改革开放和社会主义现代化建设新时期，邓小平高度重视精神文明工作，反复强调要一手抓物质文明建设、一手抓精神文明建设的"两手抓""两手都要硬"的战略方针，提出"要在建设高度物质文明的同时，提高全民族的科学文化水平，发展高尚的丰

---

[1]《毛泽东选集》第2卷，人民出版社1991年版，第511页。
[2]《毛泽东文集》第5卷，人民出版社1996年版，第348页。
[3]《建国以来重要文献选编》第20册，中共中央文献出版社1998年版，第439页。

富多彩的文化生活，建设高度的社会主义精神文明"①。这是中国共产党首次将物质文明和精神文明建设同时放到社会主义现代化建设的整体布局中来认识。党的十六大和党的十七大对在中国现代化探索中落实物质文明与精神文明协调发展制定了更加详细的政策、作出了更加周密的部署，不断把发展社会生产力同提高全民族文明素质结合起来，在社会主义文化事业和文化产业等方面加大投入力度，聚焦提升国家文化软实力，将经济与文化紧密结合在一起，整体推进中国特色社会主义事业。

党的十八大以来，以习近平同志为核心的党中央坚持把马克思主义基本原理同中国具体实际相结合、同中华优秀传统文化相结合，提出在搞好物质文明建设、增强国家经济实力、提高人民物质生活水平的同时，进一步加强精神文明建设、增强国家精神力量、提升人民精神生活水平，建设中华民族现代文明，为实现强国建设、民族复兴的宏伟目标提供团结奋斗的坚实思想基础、开拓进取的主动精神、健康向上的价值追求。习近平总书记指出："当高楼大厦在我国大地上遍地林立时，中华民族精神的大厦也应该巍然耸立。"②"实现中国梦，是物质文明和精神文明比翼双飞的发展过程"③。随着中华民族从站起来、富起来走向强起来，中国式现代化在满足人民对美好物质生活需要的同时，将更加重视满足人民对丰富精神生活的需要，从而不断增强人民的精神力量，这也是义利和谐的当代体现。

三、实现物质文明和精神文明相协调的"高度的文明"

中国式现代化，不仅要求物质生活水平提高、家家仓廪实衣食足，而且要求精神文化生活丰富、人人知礼节明荣辱，是物质文明和精神文明相协调的现代化。列宁曾在《迎接国际劳动妇女节》一文中提出："只有无产阶级专

---

① 《邓小平文选》第2卷，人民出版社1994年版，第208页。
② 《十八大以来重要文献选编》（中），中共中央文献出版社2016年版，第122页。
③ 习近平：《在联合国教科文组织总部的演讲》，《人民日报》2014年3月28日，第3版。

政，只有社会主义国家才能够达到而且真正达到了高度的文明。"所谓"高度的文明"，内在包含着物质文明与精神文明的辩证统一。在庆祝中国共产党成立100周年大会上，习近平总书记对中国式现代化道路和人类文明新形态作过相关论述，指出"推动物质文明、政治文明、精神文明、社会文明、生态文明协调发展"①。只有物质文明建设和精神文明建设都搞好，国家物质力量和精神力量都增强，全国各族人民物质生活和精神生活都改善，中国特色社会主义事业才能顺利向前推进。

（一）"两个文明"相协调是满足人民日益增长的美好生活需要的必经之路

正确把握物质文明和精神文明的关系，在立足社会主义初级阶段基本国情的基础上实现二者协调发展，是中国共产党推进社会主义现代化建设的重要经验。党的十八大以来，习近平总书记高度重视物质文明和精神文明协调发展，强调"以辩证的、全面的、平衡的观点正确处理物质文明和精神文明的关系"，"只有物质文明建设和精神文明建设都搞好，国家物质力量和精神力量都增强，全国各族人民物质生活和精神生活都改善，中国特色社会主义事业才能顺利向前推进。"②这充分表明，物质文明与精神文明协调发展是我们党领导中国式现代化建设始终不变的追求，推动"两个文明"协调发展是实现中华民族伟大复兴中国梦的重要支柱。

满足人民日益增长的美好生活需要，是中国式现代化的重要特征，只有坚持以人民为中心的发展思想，才会有正确的现代化发展道路。习近平总书记指出："人民对美好生活的向往，就是我们的奋斗目标。"③伴随中国特色社会主义现代化建设取得前所未有的巨大成就，人民生活水平不断提高，人民生活水平不断攀升，普遍获得了实实在在的利益，社会可分配的利益资源日益

---

① 《列宁全集》第38卷，人民出版社1986年版，第203页。
② 《习近平谈治国理政》第一卷，人民出版社2014年版，第153页。
③ 《习近平谈治国理政》第一卷，人民出版社2014年版，第3页。

丰富；经济体制改革的深化以及以按劳分配为主体、多种分配方式并存的分配制度的初步建立，使得社会利益格局趋向于更加公平和合理；随着我国社会主要矛盾的转变，人民群众对美好生活的向往越发强烈，不仅对物质生活提出了更高要求，而且对民主、法治、公平、正义、安全、环境等方面的需求也日益增长。面对新时代的新变化，我们党深刻认识到物质文明和精神文明协调发展的重要性和紧迫性，确立和坚持马克思主义在意识形态领域指导地位的根本制度，倡导和弘扬社会主义核心价值观，深化群众性精神文明创建，人民文化自信明显增强、精神面貌更加奋发昂扬，为新时代开创党和国家事业新局面提供了坚强思想保证和强大精神力量。

（二）大力培育和践行社会主义核心价值观

历史地看，深刻的、大规模的社会转型，必然会引起文化模式的变迁，从而引起人们价值观念的更新。19世纪末到20世纪初的美国初步完成了从传统农业社会向现代工业社会的转变，这个时期，美国在完成了经济总量世界第一的这个历史性任务的同时，整个国家也产生了严重的社会问题。这些问题中，既包含移民问题、种族问题、妇女问题、官员腐败等早期问题，也包含"一战"后广受关注的社会犯罪、贫富分化、道德沦陷等诸多问题。今天的中国，跟改革开放前甚至是改革开放初期相比已经发生了结构性变化，经济体制深刻变革，社会结构深刻变动，利益格局深刻调整，思想观念深刻变化。正是这"四个深刻"，使得"价值迷失"成为当代中国的社会转型之"痛"。一些社会成员人生观、价值观扭曲，道德冷漠现象和媚俗、低俗、庸俗文化在带来"眼球效应"的同时，也引起了社会的反感和反思。习近平指出："任何一个社会都存在多种多样的价值观念和价值取向，要把全社会意志和力量凝聚起来，必须有一套与经济基础和政治制度相适应、并能形成广泛社会共识的核心价值观。"[1]多元的中国，需要思想的活力，也需要价值的共

---

① 中共中央文献研究室：《习近平关于社会主义文化建设论述摘编》，中央文献出版社2017年版，第106页。

识。全面建设社会主义现代化国家，比以往任何时候都更加需要思想的引领、文化的滋养、精神的支撑。

党的十八大以来，习近平总书记高度重视社会主义核心价值观培育工作，指出"核心价值观是一个民族赖以维系的精神纽带，是一个国家共同的思想道德基础。如果没有共同的核心价值观，一个民族、一个国家就会魂无定所、行无依归"①，强调要"把培育和弘扬社会主义核心价值观作为凝魂聚气、强基固本的基础工程，继承和发扬中华优秀传统文化和传统美德，广泛开展社会主义核心价值观宣传教育，积极引导人们讲道德、尊道德、守道德，追求高尚的道德理想，不断夯实中国特色社会主义的思想道德基础"②。我们必须广泛践行社会主义核心价值观，深化爱国主义、集体主义、社会主义教育，提高全社会文明程度，推动在全社会形成与社会主义现代化相适应的理想信念、道德观念、精神风貌。要把社会主义核心价值观贯穿于各类教育领域、落实到教育教学和管理服务各环节，努力培养德智体美劳全面发展的社会主义建设者和接班人。在制定经济发展目标和发展规划、出台重大政策和重大改革措施过程中，遵循社会主义核心价值观要求，形成有利于弘扬社会主义核心价值观的良好政策导向、利益机制和社会环境，实现市场经济和道德建设良性互动。

（三）弘扬中国精神

中华民族是一个勤劳、勇敢、智慧的民族，也是一个非常注重精神世界修炼和砥砺的民族。在跌宕起伏、踯躅前行的漫长文明演进过程中，中华民族创造了以爱国主义为核心的民族精神；在披荆斩棘、奋发有为的改革开放大潮中，中国共产党带领广大人民群众又创造了以改革创新为核心的时代精神。这两种精神融合汇通、相互传承，共同构成了推动中华民族不断发展进

① 《十八大以来重要文献选编》（中），中央文献出版社2016年版，第133页。

② 习近平：《把培育和弘扬社会主义核心价值观作为凝魂聚气强基固本的基础工程》，《人民日报》2014年2月26日，第1版。

步的中国精神。

一个民族，没有振奋的精神和高尚的品格，不可能屹立于世界民族之林。但民族精神不是无源之水，无本之木，爱国主义为其提供了最为客观、最为实在的社会内容。习近平总书记指出："爱国主义始终是把中华民族坚强团结在一起的精神力量。"①无论是在近代中国波澜壮阔的救亡图存、寻求国家独立民族解放的斗争中，还是在披荆斩棘、励精图治的改革开放大潮中，爱国主义都以其特有的凝聚力、感召力最大限度地动员起各种社会力量，为祖国的发展和社会的进步做出了极大贡献，成为中华民族发展进步、生生不息的强大精神动力。中国"导弹之父"钱学森曾被美国软禁于洛杉矶。一个深夜，他偷偷地给当时任全国人大副委员长的陈叔通写信："学森犹如身在牢笼，寸阴若岁，恳请祖国助我还乡，以尽人伦，以偿报国之夙愿，切切……"回国途中，美联社一名记者问他："你是不是共产党员？"他回答："我还不够做一名共产党员。因为共产党人是人类最崇高理想的人。"回国后，他把毕生心血都献给了祖国，以实际行动诠释了对国家的赤诚之心。钱学森的精神，其实质就是一种精神文明。这种精神文明，不仅体现在他个人的高尚品质上，更体现在他对社会、对国家的责任和担当上，是我们推动社会进步，实现国家繁荣的重要力量。

以改革创新为核心的时代精神，是在党领导改革开放的进程中逐步形成的整个民族的意识结构和精神状态，具有历史性、民族性、包容性等特征。回顾改革开放40多年历程，正是在解放思想、坚持理论创新和实践创新的引导下，改革从农村到城市，从沿海到内地，从经济到政治、文化、科技、教育以及其他领域，犹如滚滚春潮，波澜壮阔，极大地解放和发展了社会生产力，推动了社会的全面进步。在这一时代条件下，逐步产生了在全社会具有普遍性的追求变革、勇于创新的精神文化。习近平总书记指出："改革创新始

---

① 习近平：《在第十二届全国人民代表大会第一次会议上的讲话》，《人民日报》2013年3月18日，第1版。

终是鞭策我们在改革开放中与时俱进的精神力量。"①这是中华民族在现代化历史进程中不断开创新局面、不断取得新成就的重要动力和支撑。事实证明，与时俱进的改革创新精神，已经成为中国特色社会主义最重要的品格，并深深熔铸在每一个老百姓的精神生命之中。

（四）以习近平文化思想引领精神文明建设深化发展

习近平总书记指出："文化是一个国家、一个民族的灵魂。"②以中国式现代化全面推进中华民族伟大复兴，文化的地位和作用不可替代。中国共产党是具有高度文化自觉的马克思主义政党，党的百年奋斗历程也是建设新文化、创造新文明的奋进历程。近代以来的中国历史，既是一部中华民族从备受屈辱到站起来、富起来、强起来的发奋图强史，也是一部中国人在精神层面自立自信自强的文化发展史。党的十八大以来，以习近平同志为核心的党中央把文化建设摆在全局工作的重要位置，把文化自信提升到国家战略的高度，强调一个民族的复兴需要强大的物质力量，也需要强大的精神力量；强调没有中华文化繁荣兴盛，就没有中华民族伟大复兴；强调没有先进文化的积极引领，没有人民精神世界的极大丰富，没有民族精神力量的不断增强，一个国家、一个民族不可能屹立于世界民族之林。习近平总书记的重要论述，阐明了文化对中国特色社会主义道路、理论、制度的深层支撑作用，揭示了文化自信对国家和民族的特殊重要性，极大拓展了坚持和发展中国特色社会主义的历史视野、文化视野。

增强文化自信、将精神文明建设推向更高水平，始终是中国式现代化的重要目标指向。新时代文化建设气象万千，全党全国各族人民的文化自信显著增强、日益坚定，文化自信不断融入全民族的精神气质与文化品格中。在习近平文化思想的指引和感召下，中国精神、中国价值、中国力量展现恢宏

---

① 习近平：《在第十二届全国人民代表大会第一次会议上的讲话》，《人民日报》2013年3月18日，第1版。

② 习近平：《坚定文化自信，建设社会主义文化强国》，《求是》2019年第12期。

气象，中国人的志气、骨气、底气得到极大增强，焕发出更为主动、更为强大的精神力量。深入学习贯彻习近平文化思想，就要物质文明建设和精神文明建设都搞好，国家物质力量和精神力量都增强，全国各族人民物质生活和精神生活都改善。我们要坚持以习近平文化思想为指引，全面贯彻党的二十大关于新时代文化建设的战略部署，自觉担负起新的文化使命，举旗帜、聚民心、育新人、兴文化、展形象，不断巩固全党全国各族人民团结奋斗的共同思想基础，不断提升国家文化软实力和中华文化影响力，努力满足人民群众日益增长的精神文化需求，丰富人民精神世界、增强人民精神力量。

第八章

天人合一、万物并育的生态理念
与人与自然和谐共生

习近平总书记在党的二十大报告中指出："中国式现代化是人与自然和谐共生的现代化。人与自然是生命共同体，无止境地向自然索取甚至破坏自然必然会遭到大自然的报复。我们坚持可持续发展，坚持节约优先、保护优先、自然恢复为主的方针，像保护眼睛一样保护自然和生态环境，坚定不移走生产发展、生活富裕、生态良好的文明发展道路，实现中华民族永续发展。"①作为党的二十大报告着重强调的中国式现代化五大特征之一，"人与自然和谐共生"既是新时代新征程上我国全面践行绿色发展理念的必由之路，又是习近平总书记阐明的"第二个结合"在生态文明建设领域的充分展现。值得每一名中国人自豪的是，在经历过数千年岁月洗礼后，以"天人合一、万物并育"为核心旨归的中华传统生态理念，仍能让我们从中发掘并汲取到深刻的思想启示；纵然相隔着千余载光阴的时间距离，其与马克思主义自然观结合产生的理论成果，依旧为中华文明的现代化实践提供着智慧启迪。

一、天人合一的生态哲学呼应契合了马克思主义自然观

毋庸置疑，探讨人与外在世界本源关系、意欲归纳宇宙万物至简大道的"天人合一"，是贯穿于中华思想史册的命题和中华优秀传统文化的基石性存在，用最为凝练质朴的文字概括了我们这个民族与文明的宇宙观、自然观、世界观、生存观。

（一）天地之道与人的位置

要想讲清楚"天人合一"的深刻意蕴，首先就要对"天"字的内涵进行学理上的分析把握。冯友兰曾在其著作《中国哲学史》中，将中华传统文化范畴下的"天"区划为五种不同类型，分别为"物质之天""主宰之天""运命之天""自然之天""义理之天"。"天人合一"观念中的"天"，主要所指的便是"自然之天"，即将"天"看成是自然世界的客观实体与运行过程，同时

---

① 习近平：《高举中国特色社会主义伟大旗帜 为全面建设社会主义现代化国家而团结奋斗——在中国共产党第二十次全国代表大会上的报告》，人民出版社2022年版，第12页。

又可以被进一步延伸理解为宇宙万物存在发展的最高原理、根本价值及变化规律。而在中华文明的源头性经典《易经》中，则将天、地、人三者并列为"三才"，并依据"兼三才而两之"的精神，形成了六十四个表征宇宙现象及其规律的六画卦。《易经》中的每一个六画卦中，初、二爻代表地，三、四爻代表人，五、上爻代表天，这正是在华夏先民对自身在宇宙天地间的位置以及人与自然的关系给出的思考答案。

除了人这个生于斯，长于斯的本体存在，人所创造出来的一切物质和精神产物，人对于自身思想行为的一切规范砥砺，都应在底层逻辑上遵循"天人合一"的根本原则。《礼记》中的《乐记》就曾提出"大乐与天地同和，大礼与天地同节"，意思是"人世间最伟大的音乐应该是像天地那样平和中正，人类最好的礼仪应该是像天地那样详略得当"[①]。《中庸》从"天命之谓性"的认识维度将人性与天命贯通起来，提出"唯天下至诚，为能尽其性；能尽其性，则能尽人之性；能尽人之性，则能尽物之性；能尽物之性，则可以赞天地之化育；可以赞天地之化育，则可以与天地参矣"的哲学推论。孟子主张人应当"尽心知性知天""存心养性以事天"，认为人通过"尽心知性"就能够领会天道，通过"存心养性"就能够侍奉天地。他还将"万物皆备于我矣，反身而诚，乐莫大焉"视为人生的极高境界，指出拥有天地一样广大的胸襟的人，就能够拥有天地之间最高最大的快乐。老子主张"人法地，地法天，天法道，道法自然"，即人应该取法于大地，大地则取法于天空，天空取法于道，道则代表着自然而然，没有任何刻意的造作；庄子也提出了"天地与我并生，而万物与我为一"的论断，明确反对人类自作聪明地改变天地万物原有的结构，主张人应当把万物当作自己的一部分来照顾，反对对立万物、奴役万物的"以人灭天"狭隘观点。

在中华思想史册中将"天人合一"这一哲学命题正式定型的古代先哲，是以"为天地立心，为生民立命，为往圣继绝学，为万世开太平"而闻名于

---

① 李毅：《天人合一——中华文明的基本理念》，《走进孔子》2023年第6期。

后世的北宋著名思想家张载。《正蒙·乾称篇》中记载有他"儒者则因明致诚，因诚致明，故天人合一"的重要言论，这是"天人合一"这个概念首次以完整词组的形式出现在中华思想典籍之内。不仅如此，张载还提出了"民吾同胞，物吾与也"的思想，即"他人都是我们的同胞，万物都是我们的朋友，每个人都应当照顾他人和万物"。除了张载，北宋的程颢、南宋的朱熹、明代的王阳明等人也分别提出过"仁者浑然与物同体""圣贤以天地万物为一体""大人者，以天地万物为一体者也"的类似观点，无不认为仁者圣贤应当是把天地万物都当作自己的一部分，并因此对之负责。

（二）天人合一的理论逻辑

可以说，从先秦百家诸子到历朝风雅名士，绝大部分的中国哲学家都将"天人合一"视为华夏生态哲学的基本观点，现代学界的研究者们也"多将其看作中国哲学的核心观念，甚至看作中国文化对人类最大的贡献"[1]。综合上述思想家的言论主张，中华传统生态哲学中的"天人合一"理念，至少包含有以下三个层次的理论维度。

一是天人一气、万物一体的人与自然共同体论。从源头上讲，人是天地的产物，天地和人类虽然有区别，但究其本质而言都是由同样的元素构成。一方面，"天人一气贯通，万物一体相关，天和人是息息相通的整体"[2]；另一方面，天人之间乃是"通过物质与能量的交换而构成一个有机整体"[3]，天地万物在根本上就处于一种深刻联系、相互影响、不可分割的共同体状态。

二是民胞物与、仁民爱物的仁爱自然道义责任论。正如张载所言："乾称父，坤称母，予兹藐焉，乃混然中处。故天地之塞，吾其体；天地之帅，吾

---

① 李卓：《"天人合一"观念的哲学基础、古典意涵与现代价值》，《中国哲学史》2023年第6期。

② 李卓：《"天人合一"观念的哲学基础、古典意涵与现代价值》，《中国哲学史》2023年第6期。

③ 李毅：《天人合一——中华文明的基本理念》，《走进孔子》2023年第6期。

其性。民，吾同胞；物，吾与也。"这段话的含义是，乾坤之道犹如父母，充塞天地的形气构成我的身体，统率天地形气的也是我的本性。人民都是我的同胞，万物都与我为伴，凡是民物有疾痛，我都感同身受。"民胞物与"是对孟子"亲亲而仁民，仁民而爱物"思想的进一步发展，其将宇宙看作一个大家庭，把生民与万物都看作不可或缺的家庭成员，而仁者对民物二者都应予以强烈的人文关怀，并肩负起相应的道义责任。

三是天人合德、参赞化育的道法自然以求至善论。所谓"道"即自然、宇宙、万物之本源正道，其"不依赖于任何事物而存在，也不以主宰自居，既蕴含一切活动之法式，又显现于万物之中"[1]，用老子的话来说即"道生一，一生二，二生三，三生万物"。"道"存于万物之中，借由万物的生长发育为"自然"，这便是世间万物最理想的一种存在状态。人要是想追求自身在天地间存在的最佳形式、收获最上等的心性、智慧与快乐，就必须顺应自然发展的客观规律，避免违反世间万物的自然天性，以"无为"的态度和方式去"为"，方能达到在"无为而治"中求得至善。

总而言之，"天人合一"的理念深刻地塑造了中华民族的民族心理和文明特质。在这一理念的影响下，中华民族自古以来就拥有强烈的生态意识，对自然始终保持着应有的敬畏。而且，中华民族对自然的敬畏态度，并没有导向消极的无所作为或自毁式的疯狂索取。在人对自然世界深层机理尚不具备详查细究手段的前工业化时代，中华先哲们基于自身在"自然化人"与"人化自然"实践中的敏锐洞察，创造性地提出了一系列形式质朴而意蕴悠长的理论观点，在哲学思辨和文化范式层面上达成了人与自然的有机统一。

（三）与马克思主义自然观的契合性

进入20世纪以来，高举马克思主义旗帜的中国共产党人在理论与实践的"两个结合"中，成功发掘出"天人合一"的传统学说与马克思主义自然观的

---

① 陈继雯、曾天雄：《用"天人合一"思想滋育人与自然和谐共生的现代化》，《思想理论教育导刊》2023年第12期。

内在契合性，为社会主义生态文明建设立起贯通中外古今的理论坐标，旨在引领中国式现代化达到人与自然共生共荣、生生不息的至善之境，也就是我们今天所讲的"人与自然和谐共生"。马克思主义自然观和"天人合一"学说的契合性主要体现为如下两个维度。

一是在人与自然的关系上，马克思主义自然观和"天人合一"的传统学说都认为两者具有一体性。中华先哲天人一气、万物一体的抽象论断，在马克思主义自然观中得到了更富有科学实证精神的详细阐释。对马克思在不同时期关于自然的论述的梳理发现，以是否有人的实践活动介入为依据，马克思的自然观可分为"自在自然"和"人化自然"。前者指人类产生之前就已经存在的自然界；后者则指"人类为了生存和发展在利用、改造自然的实践活动中使自然打上人的烙印，即人类活动形成的自然界"①。马克思强调，自然资源是人类生产活动的基础，同时也构成了人类社会生活的基石，人类不能脱离自然界而进行生产生活活动。"自然界，就他本身不是人的身体而言，是人的无机的身体。人靠自然界生活。这就是说，自然界是人为了不致死亡而必须与之不断交往的、人的身体。"②"自然是人的无机的身体"——马克思的这一论断虽不是用中文写就，也没有直接借鉴中华传统哲学的具体言论，但其无论在语句格式还是思想内涵上，都与"天人合一"这一概念有着异曲同工之妙。此外，马克思就人与自然的关系而言，社会主义制度优越于资本主义制度的一个重要表现就是建构了一种新型的关系，这种关系实现了"人同自然界完成了本质的统一"③，而这恰恰是我国古代生态文明观的核心价值追求。

随着生产力水平的提高，人类从自然界获取财富和改造自然的能力不断增长，但自在自然始终是人类生产生活的基本前提。正如马克思所言，"没有

---

① 赵排风、张怡：《马克思主义自然观与中华优秀传统文化"天人合一"思想的契合》，《河南工业大学学报》（社会科学版）2023年第12期。

② 马克思：《1844年经济学哲学手稿》，人民出版社1985年版，第52页。

③ 《马克思恩格斯文集》第1卷，人民出版社2009年版，第187页。

自然界，没有感性的外部世界，工人就什么也不能创造。"①尽管人类社会产生后，自然会受其影响而不断被人化，可人类社会并不会就此彻底超脱自然而孤立地存在。"先于人类历史而存在的那个自然界，不是费尔巴哈生活于其中的自然界；这是除去在澳洲新出现的一些珊瑚岛以外今天在任何地方都不再存在的、因而对于费尔巴哈来说也是不存在的自然界"②，即便如此，"外部自然界的优先地位仍然会保持着"③。自然是人类生存和发展的本源，自然界为人类提供了食物、水源、空气、能源等必不可少的物质条件，构成了人类赖以生存的根基；人类作为整个自然生态系统中的一部分，本质上是依赖自然界而存在，并随着自然界的变化而不断适应新的生存环境。在原始社会，由于人类认识自然和改造自然的能力极为有限，因而在人与自然的关系中，人更多地依赖自然。当人类逐渐提高了自身对于自然界的认知水平和改造能力后，我们在利用自然、改造自然的过程中也产生了不少前所未有的"胜利"或"壮举"，但这些并不能说明人类社会已经具备的凌驾于自然之上的独立性。恩格斯有句广为人知的名言："我们不要过分陶醉于我们对自然界的胜利。对于每一次这样的胜利，自然界都报复了我们。"而这句名言接下来的话才真正振聋发聩："每一次胜利，在第一步都确实取得了我们预期的结果，但是在第二步和第三步却有了完全不同的、出乎预料的影响，常常把第一个结果又取消了。"④生生不息、永不停歇的大自然自有其运转规律和存续方式，"人类可以认识自然、改造自然，但终究是寓于自然，人类不能把自己的意志凌驾于自然之上"⑤。

二是在利用自然的尺度上，马克思主义自然观和"天人合一"的传统学

---

① 马克思：《1844年经济学哲学手稿》，人民出版社1985年版，第49页。

② 《马克思恩格斯文集》第1卷，人民出版社2009年版，第530页。

③ 《马克思恩格斯文集》第1卷，人民出版社2009年版，第529页。

④ 《马克思恩格斯选集》第3卷，人民出版社1972年版，第457、517页。

⑤ 赵排风、张怡：《马克思主义自然观与中华优秀传统文化"天人合一"思想的契合》，《河南工业大学学报》（社会科学版）2023年第12期。

说都主张"人役物"而非"物役人"。马克思一方面肯定物质财富是追求幸福的基础，物质财富的丰富是人类社会进步的基本条件，另一方面也清楚地看到资本主义制度因其对资本的过度放纵和对剩余价值的无限追求"把丑恶的物质享受提高到了至高无上的地位，毁掉了一切精神内容"[1]，这不仅异化了人与人的关系，也异化了人与自然的关系。马克思在《1844年经济学哲学手稿》中鲜明地指出：异化使自然界与人相脱离，"对于工人来说，甚至对新鲜空气的需要也不再成其为需要了。人又退回到洞穴中，不过这洞穴现在已被文明的污浊毒气所污染"[2]。因此，他坚决反对劳动异化、拜物教和极端享乐主义。地球上的资源有限，物化的人欲望无穷，势必不可持续，现代文明的发展要求人在生产生活实践中必须摆脱物化逻辑、超越物质主义，在利用自然的同时注重人与自然的和谐共生，而只有在共产主义社会中，"自然界才是人自己的合乎人性的存在的基础，才是人的现实的生活要素"，才"是人的实现了的自然主义和自然界的实现了的人道主义"[3]。这些思考与"天人合一"学说所倡导的利用厚生、不役于物的态度具有内在一致性，传递出不以征服自然为终极欲望，既注重改善物质生活也强调"利用厚生以崇德"的理性思考。

　　通向"役物厚生"目标的最佳方式，是在掌握自然规律的基础之上因势利导，使其为我所用。《史记·孙子吴起列传》云："善战者，因其势而利导之。"能够顺势而为，以最小限度的付出换取改造自然的最大成果，这就是"人化自然"所追求的至高目标。正如《淮南子·主术训》中所说，"上因天时，下尽地财，中用人力，是以群生遂长，五谷蕃殖"。在这方面，都江堰可为世界生态水利工程之典范。都江堰，位于岷江由山谷河道进入冲积平原的要冲之地。战国中期，历经商鞅变法的秦国实力大振，意图横扫六合，一统天下。秦国统治集团敏锐意识到巴蜀地区在统一战争中的重要战略地位，"得蜀则得

---

① 马克思、恩格斯：《马克思恩格斯论浪漫主义》，人民文学出版社1958年版，第48-49页。

② 《马克思恩格斯文集》第1卷，人民出版社2009年版，第225页。

③ 《马克思恩格斯文集》第1卷，人民出版社2009年版，第187页。

楚，楚亡则天下并矣"。公元前316年，秦国三朝宿将司马错从石牛道上转战千里，将蜀地并入大秦版图。公元前256年，秦昭王委任知天文、识地理、隐居岷峨的李冰为蜀国郡守。在未有都江堰之前，岷江上游穿深谷而出的湍急江水一到成都平原立刻速度减缓，导致其裹挟而下的大量泥沙、岩石随即沉积于此，久而久之就淤塞了河道。因此，当每年的雨季到来之时，岷江和其他支流水势骤涨，往往泛滥成灾；但当雨水不足时，又会给下游造成干旱。远在都江堰修成数百年前，古蜀国就曾在岷江出山处开辟了一条类似今天泄洪沟的人工河流，用以分岷江之水入沱江，减轻下游压力。李冰上任后，意欲通过发展川西地区的农业来造福成都平原上生活的百姓，遂下决心根治岷江水患。李氏父子二人依靠当地人民群众，在前人治水的基础上于岷江出山口处的灌县（今都江堰市），建成了都江堰这个集防洪、灌溉、航运为一体的综合性水利工程。李冰采用中流作堰的方法，在岷江峡内用石块砌成石埂，取名为"都江鱼嘴"。鱼嘴的作用在于把岷江水流一分为二，东边的内江为百姓提供灌溉渠用水，西边的外江则作为岷江的正流通行航运。此外，他还在灌县县城附近的岷江南岸筑了夹于内外江之间的"离碓"，其东侧为内江的水口"宝瓶口"，具有节制水流的功用。如若江水暴涨淹没了都江鱼嘴，离碓就将成为第二道分水处。内江自宝瓶口进入分布于川西平原之上的灌溉水网，供给着约300万亩良田的农业生产水源，使成都平原成为旱涝保收的"天府之国"，并为秦国一统天下奠定了经济基础。1872年（清朝同治年间），德国地理学家斐迪南·李希霍芬慕名来到都江堰进行实地考察，并在当年的《李希霍芬男爵书简》中设专章介绍都江堰。李希霍芬是将都江堰详细介绍给世界的第一人，他在书中称赞"都江堰灌溉方法之完善，世界各地无与伦比"。都江堰作为一个设计科学、结构完整、发展潜力巨大的水利工程体系，实现了人、地、水三者间的高度协调统一，是全世界硕果仅存且能够"古为今用"的大型生态水利工程，开创了中国古代水利史乃至人类水利史的新纪元。因势利导、因时制宜，小小的都江堰巧妙调节着岷江悬河与成都平原的生态矛盾，变水害为水利，世世代代造福着中华民族，成为中华文明天人合德、役物厚生的成功典范。

二、"万物并育"的生态智慧引申出了道并行而不相悖的文明境界

"万物并育"的概念出自《礼记·中庸》，原文为"万物并育而不相害，道并行而不相悖，小德川流，大德敦化，此天地之所以为大也"。朱熹在《四书章句集注》中，将以上这段话的意思解释为用"取譬"的方法"言天道"，其意在赞美孔子倡导的儒家思想，夸耀"其教化天下的作用可以无所不包，有如天之覆帱，地之持载，四时之交替，日月之代明"。当然，在中华优秀传统文化兼容并包、交互交融的发展进程中，"万物并育"的原有内涵在"天人合一"的审度视角下获得了极大拓展，不仅形象地描绘了自然界应有的生物多样性图景，还为当代人类文明发展的多元化愿景注入了历久弥新的智慧养分。

（一）生态智慧与考古见证

倘若想用寥寥数语来直观道明"万物并育"的内在逻辑关系，那就不得不提到下面这段入选中学语文课本、在中国堪称家喻户晓的论述："不违农时，谷不可胜食也；数罟不入洿池，鱼鳖不可胜食也；斧斤以时入山林，材木不可胜用也。谷与鱼鳖不可胜食，材木不可胜用，是使民养生丧死无憾也。养生丧死无憾，王道之始也。"《孟子·梁惠王上》这段话的含义是，如果兵役徭役不妨害农业生产的季节，粮食便会吃不完；如果细密的渔网不到深的池沼里去捕鱼，鱼鳖就会吃不光；如果按季节拿着斧头入山砍伐树木，木材就会用不尽。粮食和鱼鳖吃不完，木材用不尽，那么百姓便对生养死葬没有什么遗憾。百姓对生养死葬都没有遗憾，就是王道的开端了。孟子对于农牧业生产与国家王道关系的精辟分析，成为华夏传统生态哲学的不朽名篇，以此为代表的类似主张被后世概括为"尽性顺时"的生态伦理观念。这里的

"性"，指的是万物生灵在自然规律下所呈现的本源天性；而"时"则首先是指自然节气不以人的主观意志为转移的客观变迁。荀子就提出"群道当则万物皆得其宜，六畜皆得其长，群生皆得其命"；"春耕、夏耘、秋收、冬藏，四者不失时，故五谷不绝，而百姓有余食也；洿池、渊沼、川泽谨其时禁，故鱼鳖优多而百姓有余用也；斩伐养长不失其时，故山林不童而百姓有余材也"（《荀子·王制》）。换言之，只要人按照自然节律去改造自然环境，就能够在自然的生命历程中成为积极的辅助力量，促进自然生命的繁荣，实现人与自然的平衡与和谐。

除了思想家的理论阐述，考古专家还发现了古代有关此类问题的官方文献，证明了中华民族自古便对该问题有着较为清醒的认识。湖北云梦睡虎地出土的名为《田律》的秦简上明确规定：早春二月，不许到山林中砍伐树木；夏季七月前，不许烧草以及采取刚发芽的植物；不许捕捉幼鸟幼兽，不能毒杀水生动物，也不能用陷阱或网捕捉野生动物及鸟类。《田律》是中国迄今发现得最早的环保法律条文，在世界范围内也尚未发现有先例。如果说这些秦代的法律条文还略显简单，那么甘肃省悬泉置遗址出土的西汉《四时月令五十条》不仅内容更加翔实，甚至还附带有大量的司法解释。《四时月令五十条》颁布于汉平帝时期，是一份以诏书形式向全国颁布的法律。它规定，每年一月禁止伐木（在该条款后还特别注明无论树木大小，都不得砍伐），不能破坏鸟巢和鸟卵，勿杀幼虫、怀孕的母兽、幼兽、飞鸟和刚出壳的幼鸟。二月不能破坏川泽，不能放干池塘，竭泽而渔，不能焚烧山林。三月则修缮堤防沟渠，以备春汛将至，不能设网或用毒药捕猎。四月不得砍伐树林。五月不能烧草木灰。六月官府要派人到山上巡视，察看是否有人伐木。每个季度地方州府都必须逐级向上汇报这些法规的执行情况。这份诏书表明，汉朝统治者清楚地意识到只有在春夏季节保护好生态环境，才能确保秋季的丰收和生态的良性发展，从而实现王朝的长治久安。

（二）资源掠夺的历史教训

当我们为先人的远见和智慧感到叹服之际，也千万不要忘记那些铭刻在史册上的沉痛教训。东汉赵晔编撰的《吴越春秋》中，就曾有如下字字千钧的记载："越王乃使木工三千余人，入山伐木，一年，师无所幸。"吴越两国所处的历史时期正是春秋战国的过渡期，连年的征战使得国家对于木石等重要战争资源的需求激增，导致书中所记载的入山伐木而无所获的情况出现。无独有偶，《墨子·公输》篇中曰，"宋无长木"，反映出的也是宋国国境内优质林木大量遭到砍伐的情况。林木被大量砍伐所造成的影响肯定并不单纯作用在森林本身，因为生态系统是一个完整的循环体系，一旦"万物并育"宏观架构下的某一处环节遭受重创，必将在系统内部产生雪上加霜的连锁反应。譬如人类的过度砍伐行为必然会导致山中的鸟兽丧失栖息家园而逃离，以山为中心的局部生态系统将会失去生命活力。虽然以当时的自然再生能力来衡量，人类的这些过度砍伐行为尚不足以对生态系统的全局造成致命的伤害，但这种行为模式被作为人类社会公认的法则被固定与沿袭了下来。只要损失的不是人类本身，其他的一切行为都是合理而可行的。这种思维叠加上片面工业化路线后演化形成的"极端人类中心主义"，是对"天人合一、万物并育"生态美好图景的致命威胁。在资本主义的趋利导向下，"西方工业文明将自然看作满足人类无限欲望的对象，虽然创造了空前的物质财富，却消耗了亿万年积累的自然储备"[1]；而马克思提出的科学社会主义"作为完成了的自然主义，等于人道主义，而作为完成了的人道主义，等于自然主义"[2]，遵循其基本原理的中国特色社会主义伟大实践始终把尊重自然、顺应自然摆在重要位置，不断探索更能令"万物各得其和以生，各得其养以成"的文明发展新路。习近平总书记曾一语中的地指出："人的命脉在田，田的命脉在水，水的命脉

---

[1] 李卓：《"天人合一"观念的哲学基础、古典意涵与现代价值》，《中国哲学史》2023年第6版。

[2] 马克思：《1844年经济学哲学手稿》，人民出版社2018年版，第78-79页。

在山，山的命脉在土，土的命脉在林和草，这个生命共同体是人类生存发展的物质基础。"①正是基于对"天人合一、万物并育"生态理念的传承和发展，中国式现代化绝不走西方"先污染、后治理"的老路，更不搞"吃祖宗饭、断子孙路"的破坏性发展，而是站在人与自然和谐共生的高度，用实践证明了绿水青山就是金山银山、保护生态环境就是保护生产力、改善生态环境就是发展生产力，指明了实现发展和保护协同共生的新路径。

（三）中国绿色发展的战略选择

进入21世纪，面对越发复杂多变的国际格局和层出不穷的全球性问题，中国共产党人在更加广阔的世界舞台上，以负责任的态度将"万物并育而不相害，道并行而不相悖"落到实处。2022年12月15日晚，习近平以党和国家最高领导人的身份，通过视频方式向在加拿大蒙特利尔举行的《生物多样性公约》第十五次缔约方大会第二阶段高级别会议开幕式致辞："人类是命运共同体，不论是战胜新冠疫情，还是加强生物多样性保护，实现全球可持续发展，唯有团结合作，才能有效应对全球性挑战。生态兴则文明兴。我们应该携手努力，共同推进人与自然和谐共生，共建地球生命共同体，共建清洁美丽世界。"②党的十八大以来，为了实现人与自然和谐共生的庄严承诺与发展目标，中国在习近平生态文明思想的科学指引下统筹推进生物多样性保护各项工作，深度参与全球生物多样性治理，为推动人类可持续发展贡献了中国智慧、中国方案、中国力量。新华每日电讯在2022年的主题报道中，曾列举过如下一长串成绩清单："国家公园已成为中国建设生态文明和美丽中国最亮丽的名片，中国正在建设全世界最大的国家公园体系；中国是全球森林资源增长最多和人工造林面积最大的国家，成为全球'增绿'的主力军；中国近十年新增和修复湿地80多万公顷，现有国际重要湿地64处，13地入选'国际湿地城市'，是全球入选'国际湿地城市'数量最多的国家"；"通过多年保护，

---

① 习近平：《推动我国生态文明建设迈上新台阶》，《求是》2019年第3期。

② 《开启构建地球生命共同体的新篇章》，《人民日报》2022年12月17日，第3版。

中国境内亚洲象野外种群数量从20世纪80年代的180头增至目前的300头左右；大熊猫野生种群40年间从1100余只增至1800多只，受威胁程度等级从'濒危'降为'易危'；朱鹮由发现之初的7只增至目前的9000余只，'吉祥鸟'初步摆脱'灭绝'的紧迫风险；藏羚羊野外种群数量从20世纪八九十年代的不足7万只增加至目前的约30万只，'万羊齐奔'壮丽景象在青藏高原复现……目前，中国90%的陆地生态系统类型和74%的国家重点保护野生动植物种群得到有效保护，112种特有珍稀濒危野生动植物实现了野外回归，300多种珍稀濒危野生动植物野外种群数量稳中有升"[①]。

从2014年5月在中国国际友好大会暨中国人民对外友好协会成立60周年纪念活动上指出中国"和"文化蕴含着天人合一的宇宙观，到2015年11月在气候变化巴黎大会开幕式上指出"万物各得其和以生，各得其养以成，中华文明历来强调天人合一、尊重自然"，再到2021年4月在领导人气候峰会上指出"中华文明历来崇尚天人合一、道法自然，追求人与自然和谐共生"，习近平总书记对"天人合一"的重视可谓一以贯之。以习近平同志为核心的党中央还作出力争2030年前实现碳达峰、2060年前实现碳中和的庄严承诺，构建完成碳达峰碳中和"1+N"政策体系。近十年来，我国大力推动产业绿色转型和能源结构调整，加快推进大型风电、光伏基地建设，坚决遏制高能耗、高排放、低水平项目盲目发展，单位国内生产总值能耗累计下降约26.2%。持续深入打好蓝天、碧水、净土保卫战，污染防治攻坚战阶段性目标胜利完成。山水林田湖草沙一体化保护和系统治理扎实推进。"天人合一、万物并育"的生态哲学与生态智慧，在与马克思主义自然观的呼应契合中，深度融贯于习近平生态文明思想的科学理论体系之中，为推动中国式现代化、推进社会主义生态文明建设、实现中华民族伟大复兴注入了强大的精神力量。

---

① 黄堃、冯玉婧、林小春：《万物并育和合生——中国积极推动全球生物多样性治理进程》，《新华每日电讯》2022年12月9日，第8版。

三、书写人与自然和谐共生的美好画卷

在探寻现代化之路的漫长旅程中，工业文明以其超前的生产力和对物质资源的无尽渴求，犹如一列高速行驶的列车，带动了人类社会的进步。然而，在这股追求发展的热潮中，人类将自身置于宇宙的中心，宣称人类是万物的主宰，这虽然在一定程度上推动了科技和经济的飞速发展，但也带来了严重的全球资源消耗和环境污染问题。长期以来，以牺牲环境为代价的发展方式，不仅使人类自身的健康状况面临巨大威胁，同时也破坏了生态系统平衡，导致许多物种走向灭绝。面对这些严峻的环境问题，习近平总书记把生态文明建设作为关系中华民族永续发展的根本大计，开展了一系列开创性工作，决心之大、力度之大、成效之大前所未有，生态文明建设从理论到实践都发生了历史性、转折性、全局性变化，美丽中国建设迈出重大步伐。党的二十大报告将人与自然和谐共生的现代化列为中国式现代化的5个方面的中国特色之一，就"推动绿色发展，促进人与自然和谐共生"作出了战略部署，这是以习近平同志为核心的党中央深刻洞察人类文明发展大势、站在新的历史起点上作出的重大历史判断和战略布局。我们要站在促进人与自然和谐共生的高度，扎实推进绿色发展和生态文明建设，谋划经济社会发展，为全面建设社会主义现代化国家奠定坚实基础。

（一）促进人与自然和谐共生是中国式现代化的中国特色和本质要求

在世界现代化的早期，人们的民主意识、法治意识、权利意识尚未充分觉醒，还没有生态文明的理念，一个国家进行现代化建设无须兼顾物质文明、政治文明、精神文明、社会文明和生态文明的协调发展，而只要专注于物质文明这一主要目标就可以了。作为现代化的先行者，西方国家大都是在没有任何环境约束的条件下实现了工业化，现代化建设普遍经历了先污染、后治理的过程。从1850年到2019年，全球累计排放是2.42万亿吨二氧化碳，其中发达国家排放大约是1.4万亿吨，占比是57%。工业化创造了前所未有的物质财

富，但也制造了难以弥补的生态创伤。随着现代化进程的推进，人们的环保意识逐渐凸显，杀鸡取卵、竭泽而渔的发展方式走到了尽头。相比之下，当中国开启现代化进程时，在发展中仅专注于单一物质文明发展的机会窗口早已关闭，先污染、后治理的发展模式更是不可行。

生态兴则文明兴，生态弱则文明衰。伴随着社会主要矛盾的变化，中国人民对美好生活的要求不再局限于物质生活领域，而是在民主、法治、公平、正义、安全、环境等方面都有了更高的要求。过去人们"盼温饱"，今天人们"盼环保"。过去人们"求生存"，今天人们"求生态"。我们已经彻底解决了过去"吃不饱饭"的难题，绝不能再掉进"喝不上干净水、呼吸不到新鲜空气、吃不上无污染食品"的陷阱，更不能走"单兵突进""先污染后治理"的资本主义现代化老路，而必须满足人们对良好生态环境的需求。习近平总书记指出："良好生态环境是最公平的公共产品，是最普惠的民生福祉。对人的生存来说，金山银山固然重要，但绿水青山是人民幸福生活的重要内容，是金钱不能代替的。你挣到了钱，但空气、饮用水都不合格，哪有什么幸福可言。"①环境就是民生，青山就是魅力，蓝天也是幸福。我们高举生态文明的伟大旗帜，就是高举人与自然和谐共生的伟大旗帜，建设人与自然和谐、人与人和谐的社会图景。人与自然和谐共生的现代化，彰显的是尊重自然、顺应自然、保护自然的生态文明理念，彻底改变了工业文明人与自然的对立关系，化解了西方现代化进程中环境与发展二元对立的矛盾，创造了中国式现代化新道路，进而成为创造人类文明新形态的重要路径。

（二）强化生态文明发展理念

地球是人类唯一的家园，人类能不能在地球上幸福地生活，同生态环境有着密切关系。人与地球共生共存，破坏地球环境最终将反噬人类自身。在人类的发展历程中特别是工业革命以来的两百多年中，伴随着西方资本主义

---

① 中共中央文献研究室编：《习近平关于社会主义生态文明建设论述摘编》，中央文献出版社2017年版，第4页。

在世界的扩张，其文化中所蕴含的个人主义、人类中心主义、物质主义、消费主义也"浸透"世界，成为影响当今世界社会生产方式和生活方式的重要思想之源。无节制地生产、无节制地消费，最终引发了全球的生态危机。在生态危机面前，无论是地球，还是人类社会，都难以独善其身，他们已成为唇齿相依的生态命运共同体。就我国国内而言，社会主义初级阶段的现实国情决定了实现社会主义现代化的核心依然是解决发展问题，我们用了几十年的时间就走完了发达国家几百年走过的发展历程，创造了世界现代化历史上的奇迹。然而，经过数十年的迅猛增长，我国的环境承载能力已接近或达到上限，发达国家几百年积累出现的环境问题，在我国也集中显现出来。在这样的历史条件下，如果我们仍然坚持传统的发展主义观念，即"社会发展等同于经济发展"以及"经济发展就是经济增长"，那么其影响将远超环境层面，直接威胁到发展的可持续性。因此，中国要实现工业化、信息化、城镇化、农业现代化，走欧美老路是走不通的，必须转变视角，从更宽广的维度去理解和追求发展，确保我国的发展既经济又环保，既快速又持久。

习近平总书记指出："我们既要绿水青山，也要金山银山。宁要绿水青山，不要金山银山，而且绿水青山就是金山银山。"[①]"要正确处理好经济发展同生态环境保护的关系，牢固树立保护生态环境就是保护生产力、改善生态环境就是发展生产力的理念。"[②]理念是行动的先导。绿水青山就是金山银山，阐述了经济发展和生态环境保护的关系，揭示了保护生态环境就是保护生产力、改善生态环境就是发展生产力的道理，指明了实现发展和保护协同共生的新路径。正是在不断总结反思的基础上，党的十八届五中全会审议通过的《中共中央关于制定国民经济和社会发展第十三个五年规划的建议》首次提出了创新、协调、绿色、开放、共享五大发展理念。党的十九大报告、二十大报

---

① 中共中央文献研究室编：《习近平关于社会主义生态文明建设论述摘编》，中央文献出版社2017年版，第21页。

② 中共中央文献研究室编：《习近平关于社会主义生态文明建设论述摘编》，中央文献出版社2017年版，第20页。

告反复强调要"推进绿色发展",特别是党的二十大报告更是明确指出要"加快发展方式绿色转型",强调"推动经济社会发展绿色化、低碳化是实现高质量发展的关键环节"①。我们要坚决克服把保护生态与发展生产力对立起来的传统思维,我们要坚持人与自然共生共存的理念,对自然心存敬畏,尊重自然、顺应自然、保护自然,牢固树立"保护生态环境就是保护生产力、改善生态环境就是发展生产力的理念"②,下大决心、花大气力改变不合理的产业结构、资源利用方式、能源结构、空间布局、生活方式,从而在更高层次上促进生态文明建设,实现经济社会发展与生态环境保护的共赢。

(三)深入推进环境污染防治

党的二十大报告再次指出要"深入推进环境污染防治","坚持精准治污、科学治污、依法治污,持续深入打好蓝天、碧水、净土保卫战"③。在全国生态环境保护大会上,习近平总书记进一步强调:"要持续深入打好污染防治攻坚战,坚持精准治污、科学治污、依法治污,保持力度、延伸深度、拓展广度,深入推进蓝天、碧水、净土三大保卫战,持续改善生态环境质量。"④打好污染防治攻坚战,必须着力处理好大气、水、土壤污染严重问题。

一是深入打好蓝天保卫战。大气污染防治关系人民群众的身体健康和切身利益,打赢蓝天保卫战是广大人民群众的热切期盼。2013年6月,中共中央政治局常委会审定批准了《大气污染防治行动计划》。2018年6月21日,国务院印发蓝天保卫战三年行动计划,要求通过三年努力大幅减少主要大气污染

---

① 习近平:《高举中国特色社会主义伟大旗帜 为全面建设社会主义现代化国家而团结奋斗——在中国共产党第二十次全国代表大会上的报告》,人民出版社2022年版,第50页。

② 中共中央文献研究室编:《习近平关于社会主义生态文明建设论述摘编》,中央文献出版社2017年版,第4页。

③ 习近平:《高举中国特色社会主义伟大旗帜 为全面建设社会主义现代化国家而团结奋斗——在中国共产党第二十次全国代表大会上的报告》,人民出版社2022年版,第50页。

④ 《习近平在全国生态环境保护大会上强调 全面推进美丽中国建设 加快推进人与自然和谐共生的现代化》,《人民日报》2023年7月19日,第1版。

物排放总量，明显降低细颗粒物浓度，明显减少重污染天数，明显改善大气环境质量，明显增强人民的蓝天幸福感。经过数年的大气污染防治行动，我国大气污染治理工作力度和措施强度前所未有，大气环境质量总体向好。北京市生态环境局发布的《2022年北京市生态状况公报》显示，2021年和2022年北京生态环境连续两年达到国家二级标准。2022年北京市优良天数为286天，与2013年相比增加了110天，重污染天数由58天减少到3天，实现了空气质量全面大幅度改善，大气治理成效被联合国环境署誉为"北京奇迹"。

二是深入打好碧水保卫战。针对日益紧迫的水污染防治问题，2015年，国务院发布《水污染防治行动计划》，旨在阶段性改善全国水环境质量，减少污染严重水体，提升饮用水安全保障水平，并严格控制地下水超采和污染趋势。党的二十大报告强调，要"统筹水资源、水环境、水生态治理，推动重要江河湖库生态保护治理，基本消除城市恶臭水体"[1]，这要求我们系统推进城市黑臭水体治理，充分发挥河长制、湖长制作用，巩固城市黑臭水体治理成效，确保清水绿岸、鱼翔浅底的景象得以重现；加强饮用水安全保障，推进城市水源地规范化建设，保障重大输水工程水质安全，确保城乡居民饮水清洁安全；把海洋生态文明建设纳入海洋开发总布局之中，坚持开发和保护并重、污染防治和生态修复并举，科学合理利用海洋资源，维护海洋自然再生产能力，让人民群众享受碧海蓝天、洁净沙滩的美景。

三是深入打好净土保卫战。相对大气和水，土壤污染直接影响到人民群众的米袋子、菜篮子、水缸子安全。"毒地""镉大米""癌症村""砷中毒"等公共事件的出现，无不是土壤生态恶化给予的最极端警示。近年来，从国务院印发《土壤污染防治行动计划》，不断加大土壤污染治理专项资金投入力度，到首部《土壤污染防治法》的正式实施，一张土壤污染防治的大网正在逐渐织就。党的二十大报告指出："加强土壤污染源头防控，开展新污染物治

① 习近平：《高举中国特色社会主义伟大旗帜 为全面建设社会主义现代化国家而团结奋斗——在中国共产党第二十次全国代表大会上的报告》，人民出版社2022年版，第50、51页。

理。"①在防治土地污染的过程中，要在以农用地和重点行业企业用地为重点的基础上，开展土壤污染状况详查；加强固体废弃物和垃圾处置，建立生活垃圾分类处理系统，提高危险废物处置水平；全面禁止"洋垃圾"入境，严厉打击危险废物破坏环境违法行为；稳步推进"无废城市"建设，健全"无废城市"建设相关制度、技术、市场、监管体系，推进城市固体废物精细化管理。

（四）提升生态系统多样性、稳定性、持续性

一要牢固树立生态红线理念。生态系统是大自然的有机组成部分，国家重点生态功能区、生态保护红线、自然保护地是生态系统保护的重点。其中，生态保护红线，这一继"18亿亩耕地红线"后另一条被提到国家层面的"生命线"，为全球生物多样性保护提供了中国智慧。习近平总书记指出，在生态环境保护问题上，就是不能越雷池一步，否则就应该受到惩罚。②捍卫生态红线，就是强调要在精心研究和科学论证究竟哪些要列入生态红线的基础上，完善相关法律制度，加大制度执行力度，将生态保护红线评估结果纳入各级党政领导干部的综合考核评价体系，强化触碰生态红线就是触碰"高压线"的观念，切实让生态系统保护工作落实落地。

二要优化国土空间开发格局。习近平总书记指出，要按照人口资源环境相均衡、经济社会生态效益相统一的原则，整体谋划国土空间开发，科学布局生产空间、生活空间、生态空间，给自然留下更多修复空间。③要按照人口资源环境相均衡、经济社会生态效益相统一的原则，控制开发强度，调整空间结构，促进生产空间集约高效、生活空间宜居适度、生态空间山清水秀，

---

① 习近平：《高举中国特色社会主义伟大旗帜 为全面建设社会主义现代化国家而团结奋斗——在中国共产党第二十次全国代表大会上的报告》，人民出版社2022年版，第51页。
② 《习近平在中共中央政治局第六次集体学习时强调 坚持节约资源和保护环境基本国策 努力走向社会主义生态文明新时代》，《人民日报》2013年5月25日，第1版。
③ 《习近平在中共中央政治局第六次集体学习时强调 坚持节约资源和保护环境基本国策 努力走向社会主义生态文明新时代》，《人民日报》2013年5月25日，第1版。

给自然留下更多修复空间，给农业留下更多良田，给子孙后代留下天蓝、地绿、水净的美好家园。要按照中央有关加快实施主体功能区的战略决策，根据"优化开发区"、"重点开发区"、"限制开发区"和"禁止开发区"四类主体功能区的要求，规范开发秩序，控制开发强度。要提高海洋资源开发能力，保护海洋生态环境，坚决维护国家海洋权益，建设海洋强国。

三要科学开展大规模国土绿化行动。党的十八大以来，我国着力整体谋划国土空间开发，持续开展大规模国土绿化行动，厚植了美丽中国的绿色底图。截至2021年，我国森林覆盖率达到24.02%、森林蓄积量达到194.93亿立方米，近十年全球增加的森林面积四分之一来自我国。全国草地面积39.68亿亩，划定基本草原37亿亩。十年累计完成防沙治沙任务2.82亿亩、石漠化治理任务5385万亩，实现了从"沙进人退"到"绿进沙退"的历史性转变。党的二十大报告提出要"科学开展大规模国土绿化行动"[①]。要坚持科学绿化、规划引领、因地制宜，开展造林绿化和种草改良空间适宜性调查评估，确定造林种草空间并纳入国土空间规划统筹安排，实行造林绿化任务带图斑下达。要充分考虑区域水资源承载能力，坚持以水而定、量水而行，宜绿则绿、宜荒则荒，科学恢复林草植被，实施沙化土地封禁保护等。实施巩固提升生态系统碳汇能力专项行动，有效发挥森林、草原、湿地、海洋、土壤、冻土的固碳作用。

（五）在国际合作中共同促进全球生态安全

建设生态文明关乎人类未来。国际社会应该携手同行，共谋全球生态文明建设之路。2015年4月25日颁布的《中共中央、国务院关于加快推进生态文明建设的意见》提出，要"发扬包容互鉴、合作共赢的精神，加强与世界各国在生态文明领域的对话交流和务实合作，引进先进技术装备和管理经验，促进全球生态安全。加强南南合作，开展绿色援助，对其他发展中国家

---

① 习近平：《高举中国特色社会主义伟大旗帜 为全面建设社会主义现代化国家而团结奋斗——在中国共产党第二十次全国代表大会上的报告》，人民出版社2022年版，第51页。

提供支持和帮助"①。党的二十大报告指出，要"积极参与应对气候变化全球治理"②。应持之以恒加强应对气候变化、海洋污染治理、生物多样性保护等领域国际合作，主动承担同国情、发展阶段和能力相适应的环境治理义务，为全球提供更多公共产品，不断增强制度性权利，实现义务和权利的平衡，展现我国负责任大国形象。

伴随着生态环境问题的凸显和人们环境意识的觉醒，国际社会围绕生态环境问题，签订和加入了一系列旨在加强生态文明建设的国际环境宣言和公约，它们既是人类生态文明意识觉醒的结果，也是引领人类未来发展的重要文献。中国多年来一直积极履行国际环境公约，为一些落后国家提供援助，积极参与推动《京都议定书》的谈判进程，制定并颁布实施了《中国应对气候变化国家方案》。我们致力于发展低碳经济、循环经济、绿色经济，大幅降低国内单位生产总值能耗，努力为遏制全球变暖作出贡献。然而也要看到，尽管宣言已经发表，公约也已签订，但由于一些发达国家缺乏政治诚意，国际环境公约的履约工作仍然任重道远。特别是美国政府一度退出来之不易的应对气候变化《巴黎协定》，这无疑暴露了一些发达国家在履行国际环境公约时的消极态度。作为负责任的大国，中国不仅要继续坚定履行自己的国际承诺，还要积极倡导和推动全球环境治理体系的完善，加强与各国特别是发展中国家的合作，共同应对气候变化和环境挑战。此外，我们还应深化国际环境公约的履约监督和评估机制，确保每个参与国都能够忠实履行其承诺，从而推动全球环境治理体系的持续完善和发展。

① 《十八大以来重要文献选编》（中），中央文献出版社2016年版，第502页。
② 习近平：《高举中国特色社会主义伟大旗帜 为全面建设社会主义现代化国家而团结奋斗——在中国共产党第二十次全国代表大会上的报告》，人民出版社2022年版，第52页。

第九章

讲信修睦、亲仁善邻的交往之道
与走和平发展道路

同一些国家通过战争、殖民、掠夺等方式实现现代化不同，中国式现代化是走和平发展道路的现代化。中国式现代化坚持走和平发展道路，不是权宜之计，更不是外交辞令，而是从历史、现实、未来的客观判断中得出的结论。它既来源于中国共产党对世界发展大势的把握，也来源于对中华文化所推崇的"讲信修睦、亲仁善邻"交往之道的自觉传承。

一、讲信修睦、亲仁善邻的交往之道塑造了中华文明的和平性

20世纪20年代，第一次世界大战的硝烟还没有完全消去。战争带来的创伤，迫使人们从不同的视角进行了反思，也在寻找可以避免战争重演的方法。英国哲学家罗素把目光投向了遥远的东方。他在《中国问题》一书中写道："中国至高无上的伦理品质中的一些东西，现代世界极为需要，这些品质中我认为和气是第一位的。"[1]这种品质"若能够被全世界采纳，地球上肯定会比现在有更多的欢乐祥和"[2]。事实也的确如此。"中华民族历来注重敦亲睦邻，讲信修睦、协和万邦是中国一以贯之的外交理念。"[3]这一理念主张以道德秩序构造一个群己合一的世界，在人己关系中以他人为重，并倡导交通成和、反对隔绝闭塞，倡导共生并进、反对强人从己，倡导保合太和、反对丛林法则。讲信修睦、亲仁善邻是中华文明五千多年来一直传承的理念，塑造了中华文明突出的和平性。

（一）安土重迁

同早熟的西方商业文明相比，中华文明可以说是早熟的农耕文明。形成这样的文明形态，同中华民族所处的地理环境有着紧密的关系。中华民族先祖们生活的地域，东南口衔沧海，北接大漠草原，西南横亘青藏高原，四面屏障，地理环境颇具特征：其地理位置处于亚热带、暖温带，三面封闭、气

---

① ［英］罗素：《中国问题》，秦悦译，学林出版社1996年版，第167页。
② ［英］罗素：《中国问题》，秦悦译，学林出版社1996年版，第7页。
③ 《习近平外交演讲集》第一卷，中央文献出版社2022年版，第182页。

候温湿，地理环境较为单一，其核心位置是人们惯常所称的中原，这里气候宜人、雨量充分、土地肥沃，特别适合农业生产。这种原发内生型农耕经济，具有鲜明的特征：农民固守在小土地上，日出而作，日落而息，起居有时；春种夏华，秋实冬藏，劳作不已，耕种有时。与特定的地理条件与小农经济内涵相适应，农民形成了安土重迁的牢固观念。这既与小农经济的切身利害相联系，又得到统治者的倡导。因此，安土重迁就成为中华农耕民族几千年来的固有观念和心态。

定居而非流动的生活习性、自给自足的自然经济形式、人与土地的相互依赖关系，催生了农耕文明特有的固土自守、安土重迁的民族心理和文化价值取向。《周礼·系辞》曰："安土敦乎仁，故能爱。"《礼记·哀公问》也说："不能安土，不能乐天；不能乐天，不能成其身。"当代学者也对安土重迁的民族心理进行了概括："农耕经济是和平自守的经济。由此派生的民族心理也是防守型的……汉人所追求的是从事周而复始的自产自销的农业经济所必需的安定，这与中亚、西亚多次崛起的游牧民族以军事征服、战争掠夺为荣耀的心理大相径庭；与以商品交换和海外殖民为致富手段的海上民族对外展拓的意向也判然有别。"[①]今天中国的辽阔版图并不是通过武力扩张的，而是农耕文明合并与同化的结果。虽然中国人也有"一天下""平四海"的理想，但采取的方式并非武力征服，而是以较高的文明程度来辐射和影响周围的民族。《论语·季氏》记载的"远人不服，则修文德以来之。"《汉书·贡禹传》记载的"陶冶万物，化正天下"都表达了这一思想。与这种中华农耕文明所蕴含的"安土重迁"心理有着深刻的联系的、非强权的、建立在文化认同基础上的"世界大同"思想是古代军事人本思想形成的重要思想根源。

（二）以群为上

人是社会的存在物，个体总是生活在一定的群体之中。"群己"作为哲学

---

① 冯天瑜：《中华文化史》，山东人民出版社1992年版，第120-121页。

的基本范畴，实质就是如何正确认识和处理好个人与社会的关系。西方文化具有重视个体的特点，表现出了明显的个体性，是一种以个人为本位的文化。古希腊岛国的自然环境、多神教的信仰、自由民阶层的发展以及大规模的民族迁徙、跨海远征的殖民活动等因素，使"英雄"的形象深入人心，人的个体价值受到普遍重视。被称为西方文化始祖的苏格拉底就曾言，作为思维者的人是万物的尺度。亚里士多德认为，人人都爱自己是人的本性，是人的天赋。文艺复兴以后，西方文化的个体性有了更为显著的发展，突出表现在肯定个人人格、价值和尊严以及倡导个人的独立性等方面。

较多保留了原始社会公有观念的中国传统文化，则以人禽之辩为着眼点来考察人的价值，认为人与动物的根本区别在于"人能群"；人之所以"最为天下贵"，就是人有名分、知礼义、讲道德，即人具有社会性。社会性使一个个地位不同、分工不同的个人按照一定的秩序组合起来成为一个群体，协同行动，就产生了战胜恶劣环境的巨大力量。为了维护"群"的地位，作为中国古代主导思想的儒家文化提出了"礼"的概念，以此规约个人的行为。在中国文化中，礼最初指的是祭神的器物和仪式，后来又加进了规范、礼制等内容。《左传·隐公十一年》云："夫礼，经国家，定社稷，序民人，利后嗣者也。"《论语·颜渊》更是提出了"齐之以礼"的要求，强调"非礼勿视，非礼勿听，非礼勿言，非礼勿动"。礼也就成为中国封建社会整肃各种社会力量、维持社会稳定的思想武器。在礼的管制约束下，人们按照统一的模式规范自己的一言一行，反思自己的违礼表现，这样的结果，就加强了全社会的群体认同。除了道家，先秦其他学派大都持群体本位。墨子在《尚同上》篇中强调尚同，主张逐级上同而不下比，用天子的思想统一群体民众的思想："天下之百姓，皆上同于天子。"墨子的思想中含有尊民以抑君的意思，但他强调人的社会价值的倾向也是十分明显的。以崇尚法治、权术、权势为特色的法家思想则公开表明，法、术、势皆是"帝王之具"，是为"尊主安国"服务的。在封建社会，国家是最大的社会群体，皇帝是国家的代表，是代表天意统治人间的，处于不同社会阶层的人们，都把维护皇权、实现天下大治作为自己的本然使命。荀子综合当时诸家的思想，把隆礼与重法结合起来，主张以礼治为主、兼行法治。他认为，礼是为了"养人之欲，给人之求"，即礼是适应人的物质生活要求产生的，具有维护社会秩序、滋养人的情性，使社会贵贱贫富各得其所的功能。必须重礼义、用贤人、行赏罚，通过带有强制性的法律制度、社会规范，入情入理的道德教化等手段，努力使民众顺从统治者。

可以说，在群己关系上，中国传统文化推崇的是群体价值而贬抑个体价值。也正因为此，有学者提出："中国文化的人文主义和西方的人文主义不同的地方在于中国的人文主义习惯于把人看成群体的分子，不是个体而是角色。人是具有群体生存需要、有伦理道德自觉的互助个体，每个人都是他所属关系的派生物。他们的命运同群体息息相关。"[1]

（三）重义轻利

一个民族或一个国家的文化体系不论怎样庞大、复杂，总有它的基本精神与性格特征。正是这种文化精神和性格特征使他们保持了民族文化的独立和国家的特色。中西文化的差异，集中体现在伦理价值观的差异。在西方，伦理价值观的探讨主要是围绕美德与幸福等问题而展开，而中国则集中于义利之辩。中国历史上的义利之辩源远流长，不仅体现在先秦时代儒道墨法几大家的互辩论争中，也贯穿于儒释道三教的抗衡、分化与合流的全过程。高度重视义利之辩，不只是中国历史上某一时期或某一学派的独特现象，而是中国文化的共同特征。

先秦诸子从"救世之弊"出发，竞相注目于伦理价值领域，把义利问题的探讨看作自己理论思考的出发点和目的，把建立新型的伦理价值观看作自己义不容辞的责任。面对"周道衰而王泽竭，利害兴而人心动"，传统价值

---

① 庞朴：《中国文化的人文精神》，《光明日报》1986年1月16日，第4版。

观受到严重挑战的社会情势，孔子、孟子一生往来于各国之间，进行义利问题的辩解，提出了"君子喻于义，小人喻于利"的重义轻利的伦理价值观，同时儒家还把自己重义轻利的伦理价值观同经济生产、政治统治和军事活动联系起来，提出了德治、仁政、礼教、义战等观点和学说。墨家则主张"以兼相爱交相利之法"来改变"别相恶交相贼"的混乱局面，并在此基础上创立了既贵义又重利的义利并重的价值观，在这种思想的指导下，墨家阐发了"非攻""非乐""节葬"和"尚贤"等一系列政治、经济、军事思想。道家虽尖锐抨击儒墨两家的"义利观"，提出"绝仁弃义"的义利俱轻说，但背后却隐含着推崇真义的因素。庄子讥讽当时的世道"捐仁义者寡，利仁义者众"，表达了反对道德形式主义，主张把义之名实统一起来的思想感情。与儒墨歧见迭起的法家一方面提出"贵法不贵义"，"任功不任德"的崇利贬义论，另一方面又按照自己的理解重新界定了义利，把义同宗法等级秩序的维护等同起来，将利视为趋善避恶的私欲，主张纳义于法制之中来限制人们的利益欲望，提出了"去私心，行公义"的命题。汉代之后，随着汉武帝"罢黜百家，独尊儒术"政策的实行，儒家重义轻利的观念在理论上占据了统治地位，成为官方的主流意识形态。而宋明理学"存天理灭人欲"的理欲之辨的实质是先秦义利之辨在宋明时期的延续和发展。明清时期进步思想家们对儒家传统、对宋明理学的批判，最核心的部分仍可称之为义利之辩、理欲之辩。

追溯义利之辩发展的流程和递变轨迹，我们可以清楚看到，每一次较大的义利之辩，都反映着中华民族探寻社会和人生要义的努力，都在某种程度上深化和促进着人们的伦理思维。延绵两千多年的义利之辩，虽也不乏种种不同观点的碰撞和对峙，但始终有一根主线贯穿其中，即对崇高道义的追求。

（四）重文轻武

与世界上一些崇尚武勇、刚猛好斗的民族相比，中国人则崇尚礼义，反对逞强用武。儒家历来主张以和为贵，反对战争。孔子像轻视农业一样轻视战争，他在《卫灵公》篇中自称"军旅之事，未之学也"。《礼记·檀弓》云：

"讲信修睦，谓人之利；争夺相杀，谓人之患。"作为仁人君子，应当"以德服人"，"远人不服，则修文德以来之"。应当具有温良恭俭让的美德，善于用道德的力量去化解和克服各种怨恨、矛盾，在正确的原则基础上达到和解。孟子也是坚决反对战争和暴力的。他把"好勇斗狠"视为危害父母的不孝行为，主张实行"王道"，反对"霸道"。所谓"王道"，就是以仁义统一天下、治理天下；所谓"霸道"，就是凭借武力和威胁、权术称霸天下、统治民众。他在《梁惠王上》篇中认为"仁者无敌"，只要王能"施仁政于民，省刑罚，薄税敛"，以"善政得民财，善教得民心"，使全国上下都"修其孝弟忠信"，即"可使制梃以挞秦楚之坚甲利兵"，达到"天下顺之"的目的。

在中国历史上，"尊王贱霸"的重文轻武思想一直占据主导地位。除了开国皇帝，帝王之中普遍重习文、轻练武。对内推行"一夫刚万夫柔"的政策，消除民众的勇武之气；对外则实行"怀柔"、笼络政策，不喜欢"穷兵黩武"。《三国演义》中的诸葛亮是一介文弱书生，但他的地位明显高于武艺高强的赵云、张飞、关羽。《吴志·陆绩传》记载有吴国的神童陆绩小小年纪便认识到："今论者，不务道德怀取之术，而惟尚武。绩虽童蒙，窃所未安也。"与西方文学中经常歌颂战争中的英雄相比，中国古代文学作品则更多反映的是战争给人民带来的灾难和痛苦。"一将功成万骨枯"，"战场白骨缠草根"，表现的都是中国古人对战争的反思。这种重文轻武的心理，有利于树立礼仪之邦的形象，当然也在一定程度上弱化了中国古人对武备的重视程度。

二、和平性与中国古代外交战略的价值取向

文化不是行为，但是文化可以影响行为。英国的地缘政治学家麦金德有一句名言，政治的进程是驱动和导航两种力量的产物，这种驱动的力量源于过去，它根植于一个民族的特质和传统的历史之中。人们在永远创造着文化，也永远处于一定的文化之中并受其影响和制约，在外交领域也是如此。中华文明突出的和平性特征，使得中国在处理同其他国家之间的关系时，注重的

是政治、文化取向，对军事和经济性目标，如领土扩张、军事强盛和经济增长则较少重视。在这种文化背景下，求和平、重防御、谋统一，就成为中国古代外交战略的主要价值取向。

（一）"耕读传家"的和平主义倾向

得益于特殊的地理环境，中华文明形成了较为发达的农耕经济。中国发达的农耕经济对中华文明性格的形成产生了重大影响。"在中国占主导地位的传统文化，无论是物质的，还是精神的，都是建立在农业生产的基础上的，它们形成于农业区，也随着农业区的扩大而传播。"①以家庭为单位，以村寨自然群落为依托，以家族血缘关系为纽带的自给自足的农耕经济，决定了中华文明是一个不需要对外掠夺与扩张就可以满足自身发展需要的文明。对外扩张对于中华文明来说，只能意味着生产力的破坏，乃至文明的重心失去平衡和整个社会秩序的崩溃。这在相当大的程度上影响了古代中国人的世界观和价值观，使中华文明形成了"耕读传家"的和平主义倾向。

首先，要保证农作物按时播种和收获，一个重要的条件就是社会环境的安定和秩序的稳定。而战争则会破坏社会正常的生产和生活秩序，《老子·三十章》云："师之所处，荆棘生焉；大军过后，必有凶年"。其次，以个体小生产方式进行的中国古代农业，需要依靠大量的劳动力来满足生产的需要。战争则迫使大量的青壮年抛下犁锄，离开土地，加入军队，造成熟练农业劳动力的匮乏。加之大规模战争所带来的人员伤亡，而短时间内的人口自然增长是难以弥补战争所造成的劳动力损失。最后，主要依靠劳力而非科学技术的农业经济难以满足战争的巨大消耗。一场战争的消耗不仅可能造成百姓的贫苦和劳动力的大量损失，而且会导致国家财源枯竭，甚至严重削弱国家的经济实力，导致国家的衰亡。正因为如此，长期以来，中华民族在维护农业生产和民族生存的不懈努力中养成了"以耕读传家为荣，以穷兵黩武为戒"的

---

① 张岱年、方克立：《中国文化概论》，北京师范大学出版社1994年版，第26页。

传统。中国历代百姓在向苍天祈求风调雨顺的同时，更企盼国泰民安，获得一个平稳、安宁，可以"日出而作，日落而息"专心从事农业生产的社会环境。中国的古代先贤们也以他们如椽巨笔抒发了"反战""厌战"的心声。即使是以研究战争为己任的兵学家孙子在《火攻篇》中，也反复强调："非利不动，非得不用，非危不战；主不可以怒而兴师，将不可愠而致战……故明君慎之，良将警之，此安国全军之道也。"意思是说没有利就不要行动，不能取胜就不要用兵，不是很危急就不要出战，国君不可因一时之怒而发动战争，将帅不可因一时之愤而出阵求战，这才是安定国家、保全军队的关键。

军事家们不仅从军事功利主义的角度表达了他们对战争的慎重态度，也从战争对民生所造成破坏的角度表达了他们的"慎战"思想。孙子在《作战》篇中的论述最具有代表性："凡用兵之法，驰车千驷，革车千乘，带甲十万，千里馈粮，内外之费，宾客之用，胶漆之材，车甲之奉，日费千金，然而十万之师举矣。"所以孙子在《计篇》中将战争视为"国之大事，死生之地，存亡之道"，作为君主和将领都必须认真对待、慎重决策。管仲则认为国家勤于用兵必然会使老百姓困苦不堪，而最终导致民变："勤于兵必病于民，民病则多诈。"《三略》的作者也看到了战争对社会经济的破坏和给人民带来的灾难等，不希望进行战争，"夫兵者，不祥之器，天道恶之。"即把战争看作违背"天道"的"不祥"现象。总之，战争的目的在于保国安民，不是国君逞威的手段，所以战争的决策者必须从国家、民众的利益出发，"非危不战"，不能为追求形式上的战胜攻取而轻言战事。特别是提倡"仁"学的儒家思想主导地位的确立，更使战争被赋予了浓厚的道德色彩，和平主义也因此获得更加深厚的文化支撑。

在中国的各个朝代里，统治者都十分重视采取用和平的手段来谋求和谐的秩序。如唐朝就坚持"华夷一家、爱之如一"的民族观，对待少数民族与中原汉人一视同仁，并实行怀柔远人、义在羁縻的边防观，通过和亲和封册等手段来加强与边疆少数民族之间的政治、经济和文化关系。封建社会时期，中国对于周边国家也曾经发动过侵略战争。对此，近代军事家蒋百里所作的评价尤为中肯："历史上开疆辟土之豪杰，我国民未尝加以特别的赏识，而独于效死勿去之英雄，则啧啧焉诵之而犹有余欣。"[①]在中国封建社会，儒家士大夫们对战争的发动具有很大的舆论主导权，如果他们认为君主发动的战争不符合社会的道德规范，就会进行强烈抵制，甚至通过史书进行道德谴责。甚至少数民族的将领接受了中华文化，也会对君主的不义战争进行抵制。元朝世祖时期，身为"西夏将军"之后的昂吉尔，自己"领其父军，从征诸国有功"。当他知悉元世祖下令阿塔海等率领十万大军前往"教训"日本时，马上上疏劝阻，请求罢兵息兵。"一个战功显赫，以战争为其祖传事业的人，知道'连事外夷'打的是不正义的、可以导致国内政治动乱的战争，并坚决地加以反对，正反映了蒙古上层集团在中华文化的熏陶之下，它的成员也有人不再以穷兵黩武为荣了。"[②]实际上，边疆少数民族统治者入主中原初期，往往乐于以武力对周边国家进行征伐，这是游牧民族尚武精神的延续。随着中华秩序的建立以及中华礼乐文化的熏陶，他们逐渐放弃了原有的黩武意识，转而接受中华文化德礼教化的王道理想，把万邦和谐的和平秩序作为主要的价值追求目标，认为有德就可以无敌于天下，即对内实行仁政，获得民意，就可以不战自胜。

（二）"协和万邦"的天下主义情怀

"协和万邦"一词出自《尚书·尧典》之中，用以描绘传说中的中国圣人尧的政治理想。所谓"帝尧曰放勋，钦明文思安安，允恭克让，光被四表，格于上下。克明俊德，以亲九族。九族既睦，平章百姓；百姓昭明，协和万邦；黎民于变时雍"。这段话中的"俊德"即美德，"钦"指敬，"明"指明察，"恭"指谨慎，"让"指不骄，这些都是"俊德"的具体德目。"明德"的社会

---

① 蒋百里：《国防论》，商务印书馆1946年版，第112页。
② 黄枝连：《亚洲的华夏秩序》，中国人民大学出版社1992年版，第299页。

功能是亲睦九族、协和万邦，求得世界的普遍和谐。^①在这里，"明德"以求得世界的普遍和谐与和平，包括两个方面的意思：一是要求得内部的和谐与和平，即"亲睦九族"，二是要求外部各国的和谐与和平，即"协和万邦"。

在传统战略文化构建的天下秩序中，"重内轻外"是其安全追求的明显特征。在汉、唐、宋、明、清等朝代有作为的君主看来，只有国内政治清明，君臣和睦，民众归心，经济发展，制度健全，才可能抵御外侮，安定四方。他们把安全追求的重点放在内部安定上，对外只是实行军事防御，这种战略思想的形成可以视作传统民本主义政治思想的延伸和具体化。依照民本主义要求，作为最高统治者，主要任务不是对外征伐和开疆拓土，而是行"仁政"和"王道"，增进民生发展和保证社会秩序的安定。在这种安全目标的指导下，军队的主要使命与任务就是自卫与防御。明代万历年间来华的意大利耶稣会士利玛窦（他来华前曾遍游南欧列国以及印度）指出，明朝的军队是他所见到过的世界上数量最庞大、装备最精良的军队，但这支军队完全是防御性的，中国人没有想到过要用这支军队侵略别国。

中国封建士大夫们不但有志于实现中华内部的和谐，还试图把国内社会秩序的和谐推行到整个世界，以谋求世界秩序的和平与稳定。中国绝大多数封建王朝在对外交往中，都注意止戈息武，强调"协和万邦""万国咸宁""天下太平"。西汉以来的"和亲"政策，就是古代外交实践中对外倡导"社会和谐、天下太平"理想的集中体现。即便是实力鼎盛的唐朝，也将"和亲"政策作为处理对外关系的重要手段，因而才有"文成公主入吐蕃"的佳话。在"贞观之治"和"开元盛世"的大治时期，唐朝的经济发展水平达到了前所未有的高峰，社会文化也呈现开放、宽容、大度的特点，中华文化的辐射力空前强大。尽管如此，唐代中国也没有进行大规模的对外征服。"在中国的全盛时期，中国在全球没有可以与之匹敌的国家，这是指没有其他大国向中国的帝国地位挑战，甚至如果中国想进一步扩张，也没有任何其他大国

① 陈来：《古代宗教与伦理——儒家思想的根源》，人民出版社2002年版，第291–292页。

能够抵挡中国的扩张，但中国还是比较有限地使用武力。"①从总体上看，唐朝与周边国家的交往以和平为主调。清代"康乾盛世"也同样如此。总之，中国在历史上处理对外关系时所采取的天下主义文化模式无不体现了"社会和谐、天下太平"的理想追求。

为了进一步实现"协和万邦"的理想，自汉代开始，中国的封建统治者们就按照儒家关于社会秩序的思想，在东亚构建了一套礼仪制度，即"朝贡体系"，希望从制度上进一步规范中华文明与其他文明的关系。"朝贡体系包含了……传统中国社会结构的所有线索。中国与儒家的哲学观、道德观、经济观和战争观在这一体系中都得到了反映。"②在"朝贡体系"中，作为中心的中国始终坚持以自己的文化规范来处理与各个国家间的关系，把"仁"（天下一体意识）和"礼"（宗法伦理秩序）作为处理对外关系的指导思想，把"以诚待人""以理服人""以德怀柔远人"作为基本准则，把"协和万邦"作为它的理想目标。虽然在朝贡体系中，属国的统治者向"天朝""朝贡"或"称臣纳贡"，但这只是一种接受"天朝""洗礼"的象征，中国与四邻的关系只是一个形式上、道义上的"宗藩"关系，中国并不否定属国的独立和主权，不干涉属国的内政。"他们不受干扰地管理着自己的事务""彼此是通过一种政治上、道义上的承认而和平共处。"③这正是"协和万邦"的文化追求。协和万邦所强调的是彼此之间的交往要以文明的方式构筑秩序，而尽量不要诉诸武力。在这里，安全的需求与文化的追求是高度一致的。实际上，在中国的视野中，周边的朝贡国与自己之间，更多的是一种唇齿相依、休戚与共的关系。"天子守在四夷，此诚虑远忧深之计。古来敌国外患，伏之甚微，而蓄

---

① ［美］兹比格涅夫·布热津斯基：《大棋局》，中国国际问题研究所译，上海人民出版社1998年版，第21页。

② Mark Mancall , *China at the Center : 300 Years of Foreign Policy*, New York : The Free Press,1984, P.14.

③ 中国社会科学院：《外国资产阶级学者是怎样认识中国历史的》第二卷，生活·读书·新知三联书店1958年版，第665页。

之甚早。不守四夷而守边境，则已无及矣；不守边疆而守腹地，则更无及矣。我朝幅员广辟，龙沙雁海，尽列藩封。以琉球守东南，以高丽守东北，以蒙古守西北，以越南守西南：非所谓山河带砺，与国同休戚者哉？"[1]

与西方的殖民体系相比，朝贡体系虽然也表现出不平等的"中心—边缘"式的结构特点，然而其本质却恰恰相反，它不是建立在中心对边缘的征服与掠夺的基础上，它是以文化的认同为纽带，以经济从中心向边缘的流动为机制，以协和万邦为追求。古代中国同周边国家所建立的朝贡体系既不是为了谋求政治上的霸权地位，更不是为了谋求经济上的利益。据余英时的研究，汉代中国在给朝贡国的赏赐方面的支出，占政府每年薪俸总额的三分之一，或占帝国岁入总数的7%。因而，"就国家财政而言，朝贡体系很明显对于汉代中国是一种负担，而不是一种利益。它的经济价值，如果有的话，也远远低于它的政治意义"[2]。对于朝贡国来说，"与中国朝廷交往可提高它们的声望"[3]。被纳入朝贡体系，不仅意味着丰厚的经济回报，也意味着自己安全环境的改善。日本学者信夫清三郎就认为，作为后进国的日本，正是因为曾作为朝贡国而进入朝贡体系，才"在中华帝国的保护下实现了自立"[4]。古代中国之所以在明知朝贡体系是一种巨大负担的情况下，仍然维持它的运行，除了在经济上抱有"天朝富有四海"的物质优越感、在政治上确立自己作为"天子"的合法性，更深的层面就是朝贡体系反映了古代中国试图建立一种与世界良性的互动关系，以保证东亚国际社会的和平、秩序与安全的愿望。

（三）"和而不同"的文化包容精神

中华民族是个崇尚和谐、和睦的民族，中国文化自古"贵和"。《国语·郑

---

[1] 蒋廷黼：《中国近代史大纲》，东方出版社1996年版，第62页。

[2] 宫玉振：《中国战略文化解析》，军事科学出版社2002年版，第159页。

[3] ［美］斯塔夫里阿诺斯：《全球通史：1500年以后的世界》，吴象婴、梁世民译，上海人民出版社1992年版，第76页。

[4] ［日］信夫清三郎：《日本政治史》第一卷，周启乾、吕万和、熊达云译，上海译文出版社1982年版，第8页。

语》记载了史伯关于和同关系的一段论述："夫和实生物，同则不继。以他平他谓之和，故能丰长而物生之，若以同裨同，尽乃弃矣。故先王以土与金、木、水、火杂，以成百物。"也就是说，不同的因素处于和谐的状态，事物就能繁荣发展；如果同质的因素简单相加，则事物就陷于停顿或死亡。孔子在继承和发展史伯"和同之辩"的基础上进一步明确提出了"和而不同"思想，《论语·子路》云："君子和而不同，小人同而不和"……。君子讲和谐而不同流合污；小人只求完全一致，盲目附和，而不讲原则。"和而不同"作为儒家文化传统的核心理念，体现了该传统的宽容精神和包容胸怀。千百年来，中国文化历经大灾大难而生生不息，其主要原因，要归功于中国文化具有"和而不同"的包容精神。

这种"和而不同"的文化包容精神首先表现在汉族对待周边少数民族文明的态度上。早在春秋时期，由于地理、政治因素，当时还存在着多元文化的格局。秦汉统一帝国的建立，以华夏文化为主体加速吸收、融合、同化周边少数民族的文化成果，最后形成了以汉族为主体，延续至今的中华文化。战国以降，汉人学习胡人骑射、养马技术，任用胡人练兵统兵的记载屡有所见。司马彪在《续汉书·五行志》中记载，汉代北方民族的器用杂物、乐器歌舞，"京都贵戚皆竞为之"……。《魏书·崔浩》记载，从魏晋南北朝到唐朝，"漠北醇朴之人，南入中地，变风易俗，化洽四海"。充满生机的北方民族精神，为中原农耕文明注入了新鲜空气。唐朝是中国最为开放的时代，中华文明的包容性得到了最大限度的发挥，唐代元稹《法曲》记载："自从胡骑起烟尘，毛毳腥膻满咸洛。女为胡妇学胡妆，伎进胡音务胡乐。"胡汉文化的相互融合，推动了中华文明的极大发展。

中国传统文化的包容精神还体现在对待外域文明的开放态度上。在古代，中国汉文化先后吸收了西域各国的文化、印度佛教文化以及西方的文化成果，形成了古代的中华文明。近代以来，又吸收了西方文化的先进成果，形成了当代的中华文明。法国汉学家谢和耐在其所著的《中国社会史》一书中批评那些把中国看成是"孤立的"观点是"幼稚可笑"的。他认为"中国社会比其他任何一种社会都更与那些与其生活方式和文化与自己相差甚殊的民族保持着长久的接触和交流"①。美国学者费正清等则对不同历史时期中国文明的性质给予了总体评价，他强调六朝前期和唐朝前期，整个中国充满了文化的包容精神，认为"从任何观点来看，很显然唐宋时期以至马可·波罗时代的中国就其幅员和成就而言都比同一历史时期中世纪欧洲要文明得多。作为一个标志，可以看出在长期的历史发展过程中有多少主要的成果从中国传入欧洲，而不是从欧洲传入中国：首先是经过中亚直到罗马的丝绸贸易；其次是来自中国的一大批发明——传播文化的纸和印刷术、便于保持清洁的瓷器、汉代军队所用的弓箭、铸铁、运河的闸门、手推车、在海上行船的舵、航海用的罗盘……总之，欧洲人的扩张不仅反映了他们的贪婪、好奇、热情和爱国心，而且在某些方面反映了他们的落后。"②明末时期，虽然此时的中国已渐趋保守，但西学仍是当时士大夫中颇为流行的"时髦学问"，许多有识之士仍然提出要以"易佛补儒""会通西学，以求超胜"③，主张积极引进、学习西方文明。近代以来，面对西方列强的欺凌，一批先进的知识分子仍然不忘吸取世界先进文明成果，主张"师夷长技以制夷"。总的说来，在中国明代以前，中华文明对外域文明虽有排斥，但中国的对外交往是相当开放的，这种开放正是中华文明有容乃大的包容性的表现。

三、坚定不移走和平发展道路

20世纪，人类经历了两次惨烈的世界大战，也经历了两极对峙、长期冷战的局面。今天，我们都希望避免重蹈历史覆辙，但谁也不能保证历史不会重演。两极对峙的终结，并不能消除一些人的冷战和意识形态对抗思维。和

---

① ［法］谢和耐：《中国社会史》，耿昇译，江苏人民出版社1995年版，第29页。
② ［美］费正清、赖肖尔：《中国：传统与变革》，陈仲丹、潘兴明、庞朝阳译，江苏人民出版社1996年版，第199页。
③ 侯外庐：《中国早期启蒙思想史》，人民出版社1956年版，第28页。

平的环境不等于安全的环境。在地球已经变成"地球村"的今天，尤其要强调不同民族、不同国家、不同文明的协调、和谐、并存、共生，要倡导交通成和、反对隔绝闭塞，倡导共生并进、反对强人从己，倡导保合太和、反对丛林法则。

（一）走和平发展道路始终是中国共产党的不懈追求

在盛行弱肉强食、丛林法则的帝国主义时代，以实力强弱论高低，大欺小、富压贫、强凌弱成为世界的常态。近代中国的悲惨遭遇，使得我们党一成立就致力于打破强权主宰的旧国际秩序，创建各国互相尊重、平等相待、和平共处、友好合作的新型国际关系。在新中国成立前，毛泽东就明确指出："凡愿遵守平等、互利及互相尊重领土主权等项原则的任何外国政府，本政府均愿与之建立外交关系。"①在毛泽东的支持下，周恩来在1954年初代表中国政府首倡"互相尊重主权和领土完整、互不侵犯、互不干涉内政、平等互利、和平共处"五项原则。毛泽东在会见缅甸总理吴努时又强调："我们认为，五项原则是一个长期的方针。不是为了临时应付的。这五项原则是适合我国的情况的，我国需要长期的和平环境。五项原则也是适合你们国家的情况的，适合亚洲、非洲绝大多数国家的情况的。"②和平共处五项原则，最初是作为社会主义中国处理同资本主义世界中新独立的民族主义国家之间关系的指导原则的，但在1956年发生波匈事件、苏联变本加厉推行大国沙文主义之后，毛泽东超越意识形态和社会制度的局限，从维护社会主义国家的平等和独立自主地位出发，提出在社会主义国家之间也应实行和平共处五项原则。1957年，毛泽东在苏联庆祝十月革命胜利40周年会议上再次重申："我们坚决主张，一切国家实行互相尊重主权和领土完整、互不侵犯、互不干涉内政、平等互利、和平共处这样大家知道的五项原则。""我们反对大国有特别的权利，因为这样就把大国和小国放在不平等的地位。大国高一级，小国低一级，这是帝国

---

① 《毛泽东外交文选》，中央文献出版社、世界知识出版社1994年版，第116页。
② 《毛泽东外交文选》，中央文献出版社、世界知识出版社1994年版，第186页。

主义的理论。"①可以说，在美苏争霸的两极对立时期，和平共处五项原则是建立公正、合理的国际关系的指南和准绳，是区分强权政治与非强权政治、大国沙文主义与非大国沙文主义的试金石，是反对霸权主义、强权政治的强大思想武器。

　　20世纪后半期，世界形势发生了重大变化。世界多极化不可逆转，经济全球化深入发展，科技革命加速推进，发展经济、改善民生、增强综合国力成为各国的当务之急。邓小平敏锐地洞察到："现在世界上真正大的问题，带全球性的战略问题，一个是和平问题，一个是经济问题或者说发展问题。"②依据对时代主题的科学判断，以邓小平为核心的党的第二代中央领导集体开启了以经济建设为中心的现代化之旅，并在改革开放的伟大进程中进一步丰富了独立自主的和平外交政策。一是正式提出"独立自主的和平外交政策"概念，强调"中国的对外政策是独立自主的，是真正的不结盟。……中国对外政策的目标是争取世界和平"③。二是重新认识社会主义与资本主义的关系，强调"社会主义要赢得与资本主义相比较的优势，就必须大胆吸收和借鉴当今世界包括资本主义发达国家的一切反映现代社会化生产规律的先进经营方式、管理方法"④。三是提出对外开放战略，强调"要实现我们的第一步目标和第二步目标，不开放不行，不加强国际交往不行，不引进发达国家的先进经验、先进科学技术成果和资金不行"⑤。四是提出建立国际新秩序的思想，强调"我们的对外政策还是两条，第一条是反对霸权主义、强权政治，维护世界和平；第二条是建立国际政治新秩序和经济新秩序"⑥。

　　进入21世纪第二个十年，世界百年未有之大变局加速演进，中华民族伟

① 《毛泽东文集》第6卷，人民出版社1999年版，第378页。
② 《邓小平文选》第三卷，人民出版社1993年版，第105页。
③ 《邓小平文选》第三卷，人民出版社1993年版，第57页。
④ 《邓小平文选》第三卷，人民出版社1993年版，第373页。
⑤ 邓小平：《建设有中国特色社会主义》（增订本），人民出版社1987年版，第105页。
⑥ 《邓小平文选》第三卷，人民出版社1993年版，第353页。

大复兴进入关键时期。如何看待中国的崛起、崛起后的中国将如何看待世界，逐渐成为世界关注的焦点。面对世界的疑问，以习近平同志为核心的党中央在继承传统的基础上，高举"和平、发展、合作、共赢"的旗帜，进一步丰富和发展了我们党的独立自主和平外交政策。一是强调中国走和平发展道路是中华民族热爱和平的文化传统的继承和发扬，是中国人民从自身经历中形成的自觉选择，是思想自信和实践自觉的有机统一。二是提出人类命运共同体理念，强调"构建人类命运共同体是世界各国人民前途所在。万物并育而不相害，道并行而不相悖。只有各国行天下之大道，和睦相处、合作共赢，繁荣才能持久，安全才有保障"[1]。三是提出全球发展倡议、全球安全倡议、全球文明倡议，为世界安全与发展、人类文明进步贡献了中国智慧。四是积极参与引领全球治理体系改革和建设，强调"中国积极参与全球治理体系改革和建设，践行共商共建共享的全球治理观，坚持真正的多边主义，推进国际关系民主化，推动全球治理朝着更加公正合理的方向发展"[2]。这些政策理念和主张，坚持以对话促合作、以合作促和平、以和平保发展，回答了在国际战略格局深度调整的时代大背景下，如何处理不同发展阶段和文化传统的国家之间的关系问题，为人类文明的发展指明了方向。

（二）积极发展全球伙伴关系

独行快，众行远。在经济全球化的今天，没有与世隔绝的孤岛，国与国之间是伙伴关系。中国积极发展全球伙伴关系，扩大同各国的利益交汇点，推进大国协调和合作，构建总体稳定、均衡发展的大国关系框架，按照亲诚惠容理念和与邻为善、以邻为伴周边外交方针深化同周边国家关系，秉持正确义利观和真实亲诚理念加强同发展中国家团结合作。

---

[1] 习近平：《高举中国特色社会主义伟大旗帜 为全面建设社会主义现代化国家而团结奋斗——在中国共产党第二十次全国代表大会上的报告》，人民出版社2022年版，第62页。
[2] 习近平：《高举中国特色社会主义伟大旗帜 为全面建设社会主义现代化国家而团结奋斗——在中国共产党第二十次全国代表大会上的报告》，人民出版社2022年版，第62页。

　　大国关系在国际关系格局中始终居于核心地位，其发展和变化一直对国际战略格局具有决定性影响。切实运筹好大国关系、构建健康稳定的大国关系框架至关重要。中美关系在中国外交发展战略中占有特殊的地位。"中美合作可以办成有利于两国和世界的大事，中美对抗对两国和世界肯定是灾难。"①中美双方都应加深对彼此战略走向、发展道路的了解，多一些理解、少一些隔阂，多一些信任、少一些猜忌，防止战略误解误判，防止陷入"修昔底德陷阱"。俄罗斯是世界大国，也是我国最大邻国。中俄是友好邻居，也是世界舞台上的重要力量。双方应坚定支持对方发展复兴，坚定支持对方维护核心利益，坚定支持对方自主选择发展道路和社会政治制度，并大力加强在国际事务上的合作，促进国际政治经济秩序朝着更加公正合理的方向发展。欧洲是多极化世界的重要一极，是中国的全面战略伙伴。要从战略高度看待中欧关系，将中欧两大力量、两大市场、两大文明结合起来，共同打造中欧和平、增长、改革、文明四大伙伴关系，为中欧合作注入新动力，为世界发展繁荣作出更大贡献。

　　我国与周边国家，由于在地缘关系上河通水密、唇齿相依，因而自然在地缘政治、地缘经济和地缘文化上也成为病痒相关、安危与共的利益攸关方。习近平总书记指出："我们将继续坚持与邻为善、以邻为伴的方针，坚持睦邻、安邻、富邻的政策，在同邻国相处时秉持亲、诚、惠、容的理念。"②坚持与邻为善、以邻为伴的方针，就是要本着互惠互利的原则同周边国家开展合作，编织更加紧密的共同利益网络，把双方利益融合提升到更高水平，让周边国家得益于我国发展，使我国也从周边国家共同发展中获得裨益和助力。坚持睦邻、安邻、富邻的政策，就是要在同周边国家一起构筑友好和谐、和平稳定周边环境的基础上，促进经济上互利互惠，实现共同发展。秉持"亲、诚、惠、容"新理念，就是要巩固文化相联、国家相邻、人员相亲的友好情谊，

---

① 《努力构建中美新型大国关系》，《人民日报》2014年7月10日，第1版。
② 《习近平外交演讲集》第一卷，中央文献出版社2022年版，第171页。

坚持以诚待人、以信取义，坚持求同存异，实现合作共赢、共同发展。虽然周边国家的发展面临错综复杂的矛盾，但中国希望通过新的周边外交政策，能够消除周边国家的误解，减少摩擦，实现区域内的协同发展。

发展中国家是国际政治和国际关系中的最大群体，也是我国走和平发展道路的同路人。习近平总书记指出："要切实加强同发展中国家的团结合作，把我国发展与广大发展中国家共同发展紧密联系起来。"[①]对待非洲朋友，要讲一个"真"字；开展对非合作，要讲一个"实"字；加强中非友好，要讲一个"亲"字；解决合作中的问题，要讲一个"诚"字。中国与拉美和加勒比国家，政治上应坚持真诚友好，在涉及彼此核心利益和重大关切的问题上继续相互理解、相互支持；经济上应抓住双方转变经济发展方式带来的机遇，深挖合作潜力，创新合作模式，深化利益融合，建立持久稳定的互利经贸合作伙伴关系；人文上，应加强文明对话和文化交流，不仅"各美其美"，而且"美人之美，美美与共"，成为不同文明和谐共处、相互促进的典范。

（三）积极促进"一带一路"国际合作

发展没有止境，开放也没有止境。中国特色社会主义进入新时代，中国的对外开放也应进入新时代。习近平总书记指出："'一带一路'倡议是我国在新的历史条件下实行全方位对外开放的重大举措、推行互利共赢的重要平台。"[②]我们必须以更高的站位、更广的视野，以创新的理念和创新的思维，扎扎实实做好各项工作，让沿线各国人民实实在在感受到"一带一路"给他们带来的好处，也让中国在"一带一路"国际合作中进一步提升对外开放的水平。

"一带一路"倡议是中国提出来的，中国理所当然地要承担着倡议者、谋

① 《中央外事工作会议在京举行习近平发表重要讲话》，《人民日报》2014年11月30日，第1版。
② 《借鉴历史经验创新合作理念 让"一带一路"建设推动各国共同发展》，《人民日报》2016年5月1日，第1版。

划者、推动者的责任。正是在中国政府的大力推动下，"一带一路"倡议才能从构想变为现实，从战略规划变为具体项目，中国与"一带一路"共建国家互通互联的大格局才能逐渐形成。为此，我们还有很多的事情要做。要本着互利共赢的原则同共建国家开展合作，让共建国家更顺利地搭上我国快速发展的便车，切切实实从我国的发展中获益。要不断扩大合作领域，既要开展互联互通、产能合作、贸易投资等重点领域的务实合作，也要重视推动共建国家之间多种形式的人文交流，实现经济和文化的共同繁荣发展。要积极引导、协调和组织政治力量、智库媒体、工商企业、民间组织等参与"一带一路"建设框架内各领域交流合作，营造良好的政治、舆论、商业、民意氛围。

中国是"一带一路"建设的倡议者，无疑要承担着重大的主体责任，但这绝不意味着"一带一路"建设就是中国一家的事情。"一带一路"倡议，实际上是中国向全球提供的"公共产品"，无论是作为一种战略、机制、框架，还是作为一种理念、机制、平台，都具有鲜明的世界性和公共性。习近平总书记指出，"一带一路"倡议不是中国一家的独奏，而是共建国家的合唱，"不论来自亚洲、欧洲，还是非洲、美洲，都是'一带一路'建设国际合作的伙伴。"①只有坚持共商，才能使"一带一路"建设集纳各方智慧、兼顾各方利益；只有坚持共建，才能各施所长，各尽所能，把优势和潜能充分发挥出来；只有坚持共享，才能让建设成果更多更公平惠及沿线各国人民，打造利益共同体和命运共同体。

（四）推动建设开放型世界经济

世界经济发展的历史证明，开放带来进步，封闭导致落后。重回以邻为壑的老路，不仅无法摆脱自身危机和衰退，而且会收窄世界经济共同空间，导致"双输"局面。面对当下不时涌现的逆全球化思潮和贸易保护主义，党的二十大报告指出："中国坚持对外开放的基本国策，坚定奉行互利共赢的开

---

① 《习近平外交演讲集》第二卷，中央文献出版社2022年版，第39—40页。

放战略，不断以中国新发展为世界提供新机遇，推动建设开放型世界经济，更好惠及各国人民。中国坚持经济全球化正确方向，推动贸易和投资自由化便利化，推进双边、区域和多边合作，促进国际宏观经济政策协调，共同营造有利于发展的国际环境，共同培育全球发展新动能，反对保护主义，反对'筑墙设垒'、'脱钩断链'，反对单边制裁、极限施压。"①

应客观看待经济全球化。当前，世界经济低迷不振，一些西方国家经济困难重重，导致保护主义大行其道，民粹主义声势看涨，"逆全球化"思潮上扬。一些西方国家政治人物为迎合民意、赢得选票，高喊反对全球化的口号，到处寻找替罪羊。把困扰世界的问题简单归咎于经济全球化，既不符合事实，也无助于问题解决。历史地看，经济全球化是社会生产力发展的客观要求和科技进步的必然结果，不是人为造出来的。经济全球化为世界经济增长提供了强劲动力，极大地促进了商品和资本流动、科技和文明进步、各国人民交往。虽然，经济全球化确实带来了一些问题，但我们不能就此把经济全球化一棍子打死，而是要适应和引导好经济全球化，让它更好惠及每个国家、每个民族。

共同维护和发展开放型世界经济。改革开放以来，我国充分运用经济全球化带来的机遇，不断扩大对外开放，实现了自身同世界关系的历史性变革。美国人特德·菲什曼在其著作《中国公司》中，将中国的改革开放分为三个阶段：第一阶段是世界经济进入中国，第二阶段是中国经济开始走向世界，第三阶段是中国开始改变世界经济。作为负责任大国，中国以实际行动努力推动世界经济开放、包容和可持续发展。着力推动建立金砖组织、上海合作组织、亚洲基础设施投资银行、丝路基金等，提出共建"一带一路"倡议，积极参加多边对话会议等具体行动，为推动世界经济朝着开放、包容、可持续的方向发展贡献了中国力量。在新的历史起点上，要让经济全球化进程更

① 习近平：《高举中国特色社会主义伟大旗帜 为全面建设社会主义现代化国家而团结奋斗——在中国共产党第二十次全国代表大会上的报告》，人民出版社2022年版，第61页。

加有力、更加包容、更可持续，需要中国与世界各国主动作为、适度管理，让经济全球化的正面效应更多释放出来，实现经济全球化进程再平衡；顺应大势、结合国情，正确选择融入经济全球化的路径和节奏；讲求效率、注重公平，让不同国家、不同阶层、不同人群共享经济全球化的好处。这是中国应有的担当，也是世界各国共有的担当。

（五）积极参与全球治理体系改革和建设

随着全球化的深入发展和全球性问题的增多，推进全球治理体制变革已是大势所趋，这不仅事关应对各种全球性挑战，而且事关给国际秩序和国际体系定规则、定方向；不仅事关对发展制高点的争夺，而且事关各国在国际秩序和国际体系长远制度性安排中的地位和作用。要审时度势，抓住机遇，积极推动全球治理体制向着更加公正合理方向发展，为我国发展和世界和平创造更加有利的条件。

对于正在接近世界舞台中心的中国来说，必须充分认识公正合理的全球治理体系对中华民族伟大复兴中国梦的重要意义。习近平总书记指出："我们参与全球治理的根本目的，就是服从服务于实现'两个一百年'奋斗目标、实现中华民族伟大复兴的中国梦。"[①]我们必须从战略的、全局的高度认识和审视全球治理问题。若没有对参与全球治理重要性和必要性的深刻理解，中国作为负责任新兴大国的形象、地位与影响力也就无从树立。

伴随着国际战略格局的深度调整，全球治理体系也进入了加速演变期，中国要积极参与全球治理体系改革和建设。世界那么大，问题那么多，国际社会期待听到中国声音、看到中国方案，中国不能缺席。应积极发掘中华文化中积极的处世之道和治理理念同当今时代的共鸣点，继续深化人类命运共同体等主张，弘扬共商共建共享的全球治理理念，努力为推进全球治理体系改革和建设贡献中国智慧、中国力量。

---

① 《推动全球治理体制更加公正更加合理 为我国发展和世界和平创造有利条件》，《人民日报》2015年10月14日，第1版。

结束语

中国式现代化的世界文明意义

在贯彻党的二十大精神研讨班开班式上，习近平总书记指出："中国式现代化，深深植根于中华优秀传统文化，体现科学社会主义的先进本质，借鉴吸收一切人类优秀文明成果，代表人类文明进步的发展方向，展现了不同于西方现代化模式的新图景，是一种全新的人类文明形态。中国式现代化，打破了'现代化＝西方化'的迷思，展现了现代化的另一幅图景，拓展了发展中国家走向现代化的路径选择，为人类对更好社会制度的探索提供了中国方案。中国式现代化蕴含的独特世界观、价值观、历史观、文明观、民主观、生态观等及其伟大实践，是对世界现代化理论和实践的重大创新。中国式现代化为广大发展中国家独立自主迈向现代化树立了典范，为其提供了全新选择。"[1]中国式现代化，不仅创造了世所罕见的经济快速发展和社会长期稳定两大奇迹，引领中华民族走上了不可逆转的伟大复兴新征程，也创造了人类文明新形态，拓展了发展中国家走向现代化的途径。坚定以中国式现代化推进中华民族伟大复兴的信心信念，既要从中国的视角深刻理解中国式现代化理论是基于中国国情、中国现实的重大理论创新，也要从世界的视角认识中国式现代化是对全球现代化理论的重大创新，为世界现代化进程做出了开创性贡献。

一、打破"现代化＝西方化"的神话迷思，开创了发展中国家建设现代化的新道路

在人类发展史上，现代化起源于西方，至今已有三次大的浪潮。第一次现代化浪潮是从18世纪后期到19世纪中叶。随着纺织机、蒸汽机的发明，英国率先爆发了工业革命，生产方式实现了从手工工场到大机器生产的历史性转变。在英国的带动下，现代化浪潮逐渐从英国向西欧地区逐步传导和扩散。第二次现代化浪潮是从19世纪下半叶到20世纪初。工业化和现代化在西欧地

---

① 《习近平在学习贯彻党的二十大精神研讨班开班式上发表重要讲话强调 正确理解和大力推进中国式现代化》，《人民日报》2023年2月8日，第1版。

区取得巨大成就，并逐渐超出西欧地区走向北欧、北美以及大洋洲等地区。第三次现代化的浪潮是从20世纪中叶到现在。在第三次现代化浪潮中，现代化运动进一步拓展到了全世界，其中以东亚的进展最快。回顾世界现代化的历史可以发现，现代化的起源是西方（英国），取得成功的主要是西方国家。现代化在西方的成功，使得一些人在什么是现代化、如何实现现代化的问题上，逐渐形成了"现代化等于西方化"的思维定式。美国学者库马在《社会的剧变：从工业社会迈向后工业社会》一书中指出："由于战后经济的持续繁荣以及拥抱工业主义的全球性狂热，在50年代里，工业主义与进步理念的重新结合，几乎达到了百年之前的程度。而最重要的一点是，未来基本上是根据西方工业发展模型拟想的；西方工业文明乃是它的终点。发展乃是对已发展的史实模仿。"①

20世纪70年代末80年代初，英国首相撒切尔夫人和美国总统里根先后上台。为了扭转国内活力不强、效率低下的经济状况，他们举起新自由主义大旗，推动了一轮西方经济的快速增长。这一轮西方经济的增长进一步强化了西方中心主义倾向，并形成了以新自由主义为核心的"华盛顿共识"。在美西方国家的推动下，"华盛顿共识"一时风靡世界，俄罗斯及拉丁美洲、东南亚、中东欧的一些国家视"华盛顿共识"为推动自身经济发展的"灵丹妙药"，纷纷按"方"抓药，进行新自由主义改革。但是事与愿违，新自由主义改革不仅没有给这些国家带来预想的繁荣，反而引发经济社会发展的停滞。俄罗斯推行"休克疗法"差一点让自己国家"崩溃"，拉美国家作为美西方国家推销"华盛顿共识"的重点区变成了"重灾区"。阿根廷在1900年时人均国内生产总值一度高居世界第13位，但是到2000年的时候，已经下降到世界第40名以外。2001年12月，阿根廷爆发金融危机。对此，2002年1月7日《波士顿环球报》发表文章认为："阿根廷的经济崩溃是美国试图向发展中国家施加的一

---

① 　罗荣渠：《现代化新论：中国的现代化之路》，华东师范大学出版社2013年版，第24—25页。

刀切模式最近的一次失败。"①2008年国际金融危机的爆发，标志着"华盛顿共识""新自由主义"的彻底失败。

而与此同时，伴随着中国改革开放的推进和经济社会的快速发展，人们开始注意中国的现代化进程以及开始思考背后的原因。2004年5月7日，时任美国《时代》周刊高级编辑的乔舒亚·库珀·雷默在伦敦《金融时报》上首次提出了"北京共识"概念。5月11日，英国著名智库伦敦外交政策中心发表了题为"北京共识"的论文。该文对中国改革开放以来所取得的成就作了全面的思考与分析，指出中国通过艰苦努力摸索出了一个适合本国国情的发展模式：艰苦努力、主动创新和大胆实践；坚决捍卫国家主权和利益；循序渐进，集聚能力；创新和实验是灵魂；既务实，又理想，解决问题灵活应对，因事而异，不强求划一是其准则；不仅关注经济发展，也同样注重社会变化，并通过发展经济与完善管理改善社会。他把这种发展模式称为"北京共识"。②他认为，"北京共识"不同于新自由主义的"华盛顿共识"，其核心价值（创新、持续性和平等性的发展）正在全世界产生涟漪效应，并将给世界特别是广大发展中国家带来希望。《北京共识》的发表拉开了世界对"中国模式"高度关注的序幕。

如果说"北京共识"概念的提出反映了世界对中国现代化成功实践的关注，"中国式现代化"概念的正式提出，则意味着我们党对我国现代化建设的理论总结实现了从自发到自觉的升华。这无论是在中国的现代化历史上，还是在世界现代化的历史上，都具有重大历史意义。习近平总书记指出："中国式现代化理论是基于中国国情、中国现实的重大理论创新，体现了我国现代化发展方向，是对全球现代化理论的重大创新。"③一方面，这充分展现了中国对自身发展道路的坚定自信，愿意与广大发展中国家分享自身经验的愿望，

①　蒋仁翔：《阿根廷崩溃：新自由主义经济理论的代价》，《国外理论动态》2002年第10期。
②　乔舒亚·库珀·雷默：《从华盛顿共识到北京共识》，张达文译，《国外社会科学文摘》2004年第7期。
③　习近平：《在二十届中央政治局第一次集体学习时的讲话》，《求是》2023年第2期。

另一方面中国式现代化也以自身的理论创造丰富了世界发展道路的多元化、多样化，打破了"现代化等于西方化"的神话。南非约翰内斯堡大学非洲—中国研究中心主任戴维·蒙亚埃认为，中国式现代化道路是"人类社会发展的一项创举"，"从共享发展机遇到分享发展经验，中国式现代化探寻出一条更加公平的发展道路，中国的发展经验对世界特别是非洲国家和其他发展中国家持续产生深远影响。""对南非和其他非洲国家来说，中国式现代化已经证明了替代性现代化模式的存在。它表明现代化并不意味着西化，同时不管中国式现代化对非洲多么有吸引力，它也不应被全盘照搬。"[1]

二、打破"国强必霸"的陈旧逻辑，开创了内生性和平发展的新路径

习近平总书记指出："一个国家要发展繁荣，必须把握和顺应世界发展大势，反之必然会被历史抛弃。什么是当今世界的潮流？答案只有一个，那就是和平、发展、合作、共赢。中国不认同'国强必霸'的陈旧逻辑。"[2]"国强必霸"作为一种不适应时代发展要求的陈旧逻辑，是与西方大国所走过的历史道路相联系的。自人类进入全球化时代以来，世界体系中的大国几经更替，但它们始终无法走出"国强必霸"窠臼。一是通过殖民掠夺积累原始资本。比如日本逼迫清政府签订的《马关条约》，要求赔偿白银二亿两。这笔赔款不仅为日本扩充军备提供了经费，也为日本币制改革提供了准备金、为工业发展提供了资金，使日本在20世纪初就完成了资本主义工业化，成了亚洲的经济强国。二是通过战争角逐世界霸权。17世纪爆发的英荷战争、18世纪爆发的英法战争、19世纪爆发的普法战争，20世纪的第一次世界大战，本质上都是西方国家瓜分世界、争夺霸权的战争。三是通过霸权维护自身特权。比如，现在的美国政府为了维护自身特权，大搞"美国例外""美国优先"，动辄对

① http://news.china.com.cn/2022-12/12/content_85007371.htm.
② 《习近平外交演讲集》第一卷，中央文献出版社2022年版，第118页。

其他国家进行遏制打压制裁，不仅损害了相关国家的利益，也破坏了世界和平发展。回顾西方现代化的历史可以看出，西方现代化固然离不开其内部释放的发展动能，但更离不开疯狂的对外侵略、扩张和霸凌霸道霸权行径。

西方"国强必霸"的陈旧逻辑，既来源于西方国家对自身发展历史的经验总结，也来源于西方文明固有的文化基因。这表现在三个方面。一是对利益的推崇。西方文明本质上是商业文明，对利益有着天生的好感。资本主义制度建立以后，更是将对利益的追逐融入内政外交的各个方面。对此，马克思曾评价道："利益被提升为人的统治者。""人与人之间的一切关系，都被归结为商业关系，或者换句话说，财产、物成了世界的统治者。"①二是对"权力"的推崇。被人称为现实主义之父的古希腊哲学家修昔底德在《伯罗奔尼撒战争史》中指出："正义的标准是以同等的强迫力量为基础，强者能够做他们有权力做的一切，弱者只能接受他们必须接受的一切。"②作为现实主义的集大成者，汉斯·摩根索在《国家间政治：争取权力与和平的斗争》中，系统提出了"权力界定利益论"，认为国际政治就是权力之争，国家利益只有通过权力才能实现。三是对战争的推崇。马基雅维里认为："与人争雄，世间有两种方法：一种用法律，另一种凭暴力……不过第一种方法会时常觉得不足的，必须借助于第二种。"③尼采则喊出了"不要工作，要去作战……不要和平，而要胜利……因为只有战争才能将一切事业变得神圣。"④对于尼采的言论，斯宾格勒在其著作《西方的没落》中评价道："他的种种观念，诸如腐化轮回、军国主义、价值转换、权力意志，皆深植于西方文明的本质之中，且对于分析西

---

① 《马克思恩格斯全集》第1卷，人民出版社1956年版，第647页。

② ［希腊］修昔底德：《伯罗奔尼撒战争史》，谢德风译，商务印书馆1985年版，第414页。

③ ［意］尼科洛·马基雅维里：《君主论》，惠泉译，海南出版社2001年版，第23页。

④ ［德］弗里德里希·威廉·尼采：《查拉图斯特拉如是说》，黄明嘉译，漓江出版社2000年版，第44页。

方文明，有着决定性的重要意义。"①

　　同重利轻义、推崇冒险的西方文明相比，中华文明是一种重义轻利、以和为贵的内敛型文化。在西方人眼里，战争是正义的边界、谋取利益的手段；而在中国人眼里，战争则是"凶器"，不到生死存亡之际，一般不动用战争手段。因此，对于西方不断捏造的"中国威胁论""中国霸权论"，习近平总书记指出："中华民族的血液中没有侵略他人、称霸世界的基因，中国人民不接受'国强必霸'的逻辑，愿意同世界各国人民和睦相处、和谐发展，共谋和平、共护和平、共享和平。"②一方面，中国所取得的成就是依靠一代代中国人依靠自身力量用勤劳、智慧、勇气干出来的。1949年新中国成立时，为了尽快恢复国民经济发展，我们党确立了优先发展重工业的战略。1953年9月12日，毛泽东在中央人民政府委员会第二十四次会议上讲话指出："现在，我们施仁政的重点应当放在建设重工业上。要建设，就要资金。所以，人民的生活虽然要改善，但一时又不能改善很多。就是说，人民生活不可不改善，不可多改善；不可不照顾，不可多照顾。照顾小仁政，妨碍大仁政，这是施仁政的偏向。"③1954年5月10日，陈云出席全国各大区财委副主任会议时指出："我国工业化与资本主义工业化不同，资本主义工业化是长期的过程，我们是突击；资本主义可以去掠夺殖民地，我们要靠自己。"④依靠自力更生、艰苦奋斗和有限的外债，我们不仅解决了发展工业所需要的资金，还通过持续的不懈努力建立了世界上最完整的工业体系。正是因为此，在面对当前美国制造的贸易摩擦、科技封锁时，我们才能游刃有余、坦然面对。另一方面，依靠自身

---

① ［德］奥斯瓦尔德·斯宾格勒：《西方的没落》，陈晓林译，黑龙江教育出版社1988年版，第22页。

② 习近平：《在中国国际友好大会暨中国人民对外友好协会成立60周年纪念活动上的讲话》，《人民日报》2014年5月16日，第2版。

③ 中共中央文献研究室编：《毛泽东年谱（1949—1976）》第二卷，中央文献出版社2013年版，第163—164页。

④ 中共中央文献研究室编：《陈云年谱》中卷，中央文献出版社2015年版，第317页。

力量发展起来的中国更是始终高举和平发展的大旗，以自身的实际行动维护和推动世界和平发展贡献了中国力量、中国智慧和中国方案。10年来，我国在经济总量不断迈上新台阶的同时，对世界经济增长的贡献率长期居于首位。世界银行发布的数据表明，中国在2013—2021年间对全球经济增长贡献率超过38.6%，而G7国家加起来才达到25.7%。①

三、打破"东方从属于西方"的历史境遇，开创了人类文明发展的新格局

在人类发展史的长河中，中华文明曾长期领先于世界。然而，进入近代以后，中华文明颓势渐显，最终沦为半殖民地半封建社会，国家蒙辱、人民蒙难、文明蒙尘。而依托工业革命带来的现代化先发优势，西方文明不仅实现了自身发展的飞跃，更是走到了世界舞台的中央，并实现了对世界的主导。马克思、恩格斯在《共产党宣言》中指出："资产阶级，由于一切生产工具的迅速改进，由于交通的极其便利，把一切民族甚至最野蛮的民族都卷入到文明中来……正像它使农村从属于城市一样，它使未开化和半开化的国家从属于文明的国家，使农民的民族从属于资产阶级的民族，使东方从属于西方。"②随着"东方从属于西方"文明格局的形成，西方的发展模式也具有了普遍性意义，西方的语言（英语）也具有了世界语言的功能，甚至西方生活方式、饮食习惯都成为模仿的对象。法国总统马克龙认为："我们已经习惯了一种自18世纪以来，以西方霸权为基础的国际秩序。这是一个源自18世纪受到启蒙运动启发的法国。这是一个源自19世纪受到工业革命引领的英国，这是一个源自20世纪受到两次世界大战崛起的美国。法国、英国、美国，让西方伟大300年。法国是文化，英国是工业，美国是战争。我们习惯了这种伟大，它让

---

① https://finance.sina.com.cn/wm/2022-10-03/doc-imqqsmrp1398560.shtml?cref=cj.

② 《马克思恩格斯选集》第1卷，人民出版社1995年版，第276页。

我们对全球经济和政治掌控着绝对的支配权。"①

　　进入20世纪后半期特别是21世纪以来，世界在多极化发展轨道上快速前进，国际力量对比在均衡化的方向上不断发展。伴随着西方国家整体实力的相对下降，西方价值理念、西方发展模式的影响力、感召力、吸引力也呈现下降的态势。第一，"拉美陷阱"、东南亚金融危机以及2008年国际金融危机的爆发，意味着新自由主义、"华盛顿共识"的退潮；第二，叙利亚危机、西亚北非乱局的出现，意味着西方国家策动"颜色革命""民主人权输出"战略的失败；第三，2017年以来西方政治大选中频频出现的"黑天鹅"事件，意味着西方普通民众对西方政治制度怀疑的加剧；第四，美国保守主义的抬头、欧洲民粹主义的盛行，意味着西方社会内部凝聚力、对外包容性的下降；第五，美军仓促撤离阿富汗的行为，意味着美国反恐战略的失利；第六，乌克兰危机的爆发，意味着美国主导的国际安全体系正在失效。所有的这一切表明：西方国家所熟知的那个世界正在一步步远去，人们所熟知的西方价值观正在一点点失去光环。所以法国总统马克龙感慨道："当新兴国家找到了自己的国家文化而逐渐摆脱西方过去灌输的哲学文化，而西方的价值观无法再输出时，西方的衰落就此开始。"②

　　在"东升西降"的文明格局演变过程中，西方自身的衰落是重要原因，而新兴市场国家和发展中国家的崛起特别是中国式现代化的成功实践则是另外一个重要条件。世界现代化史表明，大国的崛起从来都不仅仅意味着国家经济政治的发展、国际权力地位的提升，也意味着一种新文明形态的形成。习近平总书记指出："我们党领导人民不仅创造了世所罕见的经济快速发展和社会长期稳定两大奇迹，而且成功走出了中国式现代化道路，创造了人类文明新形态。"③中国式现代化的成功实践，首先是中国经济的崛起，即中国已经

①　https://ishare.ifeng.com/c/s/7qmDBHi7JcN.
②　https://ishare.ifeng.com/c/s/7qmDBHi7JcN.
③　习近平：《以史为鉴、开创未来，埋头苦干、勇毅前行》，《求是》2022年第1期。

成为世界第二大经济体，对世界经济增长的贡献率多年保持在30%以上；更深层次是中华文明的复兴。美国学者熊玠在《大国复兴：中国道路为什么如此成功》一书的开篇就写道："中国不仅是一个国家，更是一个文明，因此可称为'文明大国'。许多关于中国的论著仅仅将中国视为普通国家，却忽略了其延绵至今的文明及其对当代的影响。"①对于一种发展模式或发展道路来说，其最高意义莫过于对人类文明演进的意义。中国式现代化的人类文明意义在于：从世界文明力量对比变化看，推动了中华文明的伟大复兴；从制度文明历史演进的角度看，推动了社会主义文明的复苏；从世界文明理论看，创造了不同于西方的中国式现代化理论体系。可以说，中国式现代化的成功实践，打破了"东方从属于西方"的旧文明格局，让"向东看"成为一种世界潮流。

四、打破"历史终结"的虚幻结论，开创了世界社会主义运动发展的新境界

20世纪80年代末90年代初，伴随着东欧剧变、苏联解体的发生，社会主义运动陷入低潮。在这种历史背景下，美国国务院顾问福山于1989夏天在《国家利益》杂志上发表了《历史的终结？》一文，不无得意地向世人宣告：大规模的国际冲突已经消失，自由民主可能形成"人类社会形态进步的终点"与"人类统治的最后形态"。几年后，福山在吸收并研究各种反馈意见和学术观念的基础上对前文进行了重新整理，并出版了《历史的终结与最后之人》一书。在书中，福山认为，冷战的结束标志人类历史的终结，因为资本主义的自由民主制度将在冷战后一统天下，再也不会有诸如法西斯主义、共产主义等不同思想意识形态的生死斗争，人类未来面临的挑战将是经济、技术和环境问题，而这些问题都不会构成资本主义自由民主制度体系的"矛盾"。因此，如果资本主义的社会形态和政治结构"完全能在最根本的特征上满足人

① ［美］熊玠：《大国复兴：中国道路为什么如此成功》，李芳译，湖北教育出版社2016年版，第1页。

类的要求，那么历史就已经到了尽头"。总体来看，福山力图用一种政治制度来代替现存的所有政治制度，用一种文明来代替现存的所有文明，用一种发展模式代替现存的所有的发展模式，试图把西方文明变成具有全球意义的价值规范。福山的"历史终结论"思想，虽然在国际学术界获得了一些掌声，但获得更多的是批评的声音——除了社会主义国家的知识分子，他还遭到了来自西方学术界内部的批评。后现代主义代表德里达对福山理论的内在矛盾和抽象人性论进行了驳斥。他认为，福山在这里将自由民主制度规定为一种实际存在的现实事物，而在那里则又将它规定为一种纯粹的理想。这一事件时而是现实，时而又是现实的预兆；福山狼狈不堪地在两种不可调和的话语之间犹豫不决，摇摆不定。

德里达的批判，让我们看到了"历史终结论"内在逻辑矛盾，但20世纪后期社会主义运动的曲折发展又使得"历史终结论"始终具有一定的市场。实践是检验真理的唯一标准，实践也是批判谬论最有力的武器。最终让"历史终结论"走向"历史终结"的，还是世界社会主义运动特别是中国特色社会主义的发展。在中国式现代化的引领下，世界社会主义运动再次展现出光明的前景。一是稳住了社会主义阵脚。苏东剧变发生时，很多人是惊慌失措的，认为社会主义运动岌岌可危。对此，邓小平说："只要中国不垮，世界上就有五分之一的人口在坚持社会主义。"[1]"只要中国社会主义不倒，社会主义在世界将始终站得住。"[2]事实证明，伴随中国式现代化的推进，社会主义不仅稳住了阵脚，而且很快走出了低谷。二是再现了社会主义的生机与活力。封闭与僵化，曾是社会主义给世界的一个总体印象。在封闭与僵化的体制下，社会主义的优越性不仅无法得到释放，反而受到极大局限。中国式现代化通过改革开放，不仅使社会主义优越性得到了极大释放，更是打破了一些人对社会主义的固有认识。比如，乔舒亚·库珀·雷默认为"北京共识"的核心

---

① 《邓小平文选》第三卷，人民出版社1993年版，第321页。
② 《邓小平文选》第三卷，人民出版社1993年版，第346页。

价值就是"创新、持续性和平等性的发展"。三是重塑了社会主义与资本主义的关系。"马克思主义中国化时代化不断取得成功，使马克思主义以崭新形象展现在世界上，使世界范围内社会主义和资本主义两种意识形态、两种社会制度的历史演进及其较量发生了有利于社会主义的重大转变。"①作为一场影响广泛而深远的伟大实践活动，中国式现代化不仅是中国的，也是世界的。它既展现了中华民族自强不息、顽强奋进的壮丽画卷，也谱写了世界社会主义运动的新篇章。

多年后，当有人问起福山如何看待"历史终结论"时，福山给出了另外的解读。第一，人们误读了"历史"和"终结"。福山认为，他所说的"历史"并非社会制度演变的历史，而是"现代化的进程"。"所谓历史的终结，实际上就是现代化进程最终把我们带往何处的问题。它可能是通往自由民主与市场经济的混合体，也可能是非自由民主但同样适合于一个完全现代化的社会模式。"第二，中国是唯一有资格成为替代选项的现代化模式。福山认为，"从经济上看，中国是稳定，它有可能成为在西方奉行的自由民主制的替代模式。""自1978年以来中国就在崛起。这不只是某一时刻碰巧撞见的现象，而是每年都在发生的，中国模式在不断演化，并且变得更加完善了。"②可以看出，福山虽然仍然坚持"历史终结论"，但内涵已经发生了变化，"历史的终结"不再是"资本主义终结社会主义的历史"，而是"现代化的历史进程"。而在现代化模式的选择上，西方现代化已不再是唯一选项，中国式现代化也是重要选项，人类思想宝库需要为中国传统留有一席之地。

---

① 《中共中央关于党的百年奋斗重大成就和历史经验的决议》，人民出版社2021年版，第63-64页。

② https://new.qq.com/rain/a/20211231A03WH900.

参考文献

1. 《马克思恩格斯选集》(1~4 卷), 人民出版社 2012 年版。

2. 《马克思恩格斯文集》(1~10 卷), 人民出版社 2009 年版。

3. 《列宁选集》(1~4 卷), 人民出版社 2012 年版。

4. 《毛泽东文集》(1~8 卷), 人民出版社 1996 年版。

5. 《毛泽东选集》(1~4 卷), 人民出版社 1991 年版。

6. 《毛泽东年谱 (1893—1949)》(上中下), 中央文献出版社 2013 年版。

7. 《邓小平文选》(1~3 卷), 人民出版社 1993、1994 年版。

8. 《邓小平年谱 (1975—1997)》(上下), 中央文献出版社 2004 年版。

9. 《江泽民文选》(1~3 卷), 人民出版社 2006 年版, 第 466 页

10. 《胡锦涛文选》(1~3 卷), 人民出版社 2016 年版, 第 291 页。

11. 《习近平著作选读》第一、二卷, 人民出版社 2023 年版。

12. 《习近平谈治国理政》(1~4 卷), 外文出版社 2014 年、2017 年、2020 年、2022 版。

13. 习近平:《高举中国特色社会主义伟大旗帜 为全面建设社会主义现代化国家 而团结奋斗——在中国共产党第二十次全国代表大会上的报告》, 人民出版社 2022 年版。

14. 习近平:《决胜全面建成小康社会 夺取新时代中国特色社会主义伟大胜利 ——在中国共产党第十九次全国代表大会上的报告》, 人民出版社 2017 年版。

15. 《中共中央关于党的百年奋斗重大成就和历史经验的决议》, 人民出版社 2021 年版。

16. 中共中央文献研究室编:《习近平关于社会主义文化建设论述摘编》, 中央文献出版社 2017 年版。

17. 中共中央文献研究室编:《习近平关于社会主义生态文明建设论述摘编》, 中央文献出版社 2017 年版。

18. 习近平:《论党的宣传思想工作》,人民出版社 2020 年版。

19. 中共中央党史和文献研究院编:《习近平关于社会主义精神文明建设论述摘编》,中央文献出版社 2022 年版。

20. 《习近平外交演讲集》第一、二卷,中央文献出版社 2022 年版。

21. 《习近平著作选读》第一、二卷,人民出版社 2023 年版。

22. 《建党以来重要文献选编(1921—1949)》,中央文献出版社 2011 年版。

23. 《十八大以来重要文献选编》(上中下),中共中央文献出版 2016 年版。

24. 《李大钊文集》(1~4 卷),人民出版社 1999 年版。

25. 《孙中山全集》,中华书局 1982 年版。

26. 费孝通:《中华民族多元一体格局》,中央民族大学出版社 2019 年版。

27. 刘华泽:《中国政治思想史集》(1~3 卷),人民出版社 2008 年版。

28. 龚书铎:《中国通史参考资料:近代部分》,中华书局 1985 年版。

29. 虞和平主编:《中国现代化历程》(1~3 卷),江苏人民出版社 2007 年版。

30. 罗荣渠:《现代化新论:中国的现代化之路》,华东师范大学出版社 2013 年版。

31. 罗荣渠主编:《从"西化"到现代化——五四以来有关中国的文化趋向和发展道路论争文选》(上中下),黄山书社 2008 年版。

32. 金冲及:《二十世纪中国史纲》(1~4 卷),社会科学文献出版社 2009 年版。

33. 中国人民大学马列主义发展史研究所编:《马克思主义史》(1~4 卷),人民出版社 1996 年版。

34. 〔美〕亨利·基辛格:《论中国》,胡利平等译,中信出版社 2012 年版。

35. 〔法〕谢和耐:《中国社会史》,耿昇译,江苏人民出版社 1995 年版。

36. 〔美〕费正清、赖肖尔:《中国:传统与变革》,陈仲丹译,江苏人民出版社 1996 年版。

37. 〔美〕费正清:《美国与中国》,张理京译,世界知识出版社 2000 年版。

38. 〔美〕列文森:《儒教中国及其现代命运》,郑大华、任菁译,中国社会科学出版社 2000 年版。

39. 〔美〕塞缪尔·亨廷顿:《变化社会中的政治秩序》,王冠华、刘为等译,上海世纪出版集团 2008 年版。

40. ［美］熊玠：《大国复兴：中国道路为什么如此成功》，李芳译，湖北教育出版社2016年版。

41. ［苏联］基里林主编：《国际关系和苏联对外政策史（1917—1945）》，中国社会科学出版社1990年版。

42. ［德］马克斯·韦伯：《新教伦理与资本主义精神》，彭强、黄晓京译，陕西师范大学出版社2002年版。

43. ［美］塞缪尔·亨廷顿：《文明的冲突与世界秩序的重建》，周琪、刘绯、张立平、王圆译，新华出版社2002年版。

44. ［美］吉尔伯特·罗兹曼：《中国的现代化》，国家社会科学基金"比较现代化"课题组译，江苏人民出版社1995年版。

45. 李泽厚：《中国现代思想史论》，东方出版社1987年版。

46. 杨耕：《东方的崛起：关于中国式现代化的哲学反思》，北京师范大学出版社2009年版。

47. 黄宗良、孔寒冰：《社会主义与资本主义的关系：理论、历史与评价》，北京大学出版社2002年版。

48. 路克利：《海外马克思主义中国化研究》，人民出版社2016年版。

49. 葛兆光：《古代中国社会与文化十讲》，清华大学出版社2002年版。

50. 王尔敏：《中国近代思想史论》，社会科学文献出版社2003年版。

51. 徐长安：《中华优秀传统文化与现代化》，海潮出版社1997版。

52. 冷成金：《文学与文化的张力》，学林出版社2002年版。

53. 潘岳：《中西文明根性比较》，新世界出版社2022年版。

54. 陈来：《传统与现代——人文主义的视界》，北京大学出版社2006年版。

55. 杜维明：《现代精神与儒家传统》，生活·读书·新知三联书店2013年版。

56. 冯友兰：《中国哲学简史》，北京大学出版社2013年版。

57. 胡适：《中国哲学史大纲》，武汉大学出版社2014年版。

58. 梁漱溟：《中国文化要义》，上海人民出版社2011年版。

59. 陈旭麓：《中国近代社会的新陈代谢》，中国人民大学出版社2012年版。